謎を解く古代語の

蜂矢真郷 著

HANDAI Livre 021

大阪大学出版会

古代語の謎を解く・目次

はしがき

近年は日本語ブームだと言われる。その一方で、古典についての興味は、以前に比べて薄れて行っているようでもある。

そうした中で、古代語に関心を持つ者として、古代語について興味を持ってほしい、これまでよりさらに持ってほしいと願う気持ちを込めて、現時点での最新の研究の一端を、中にはやや難しいこともあるではあろうが、専門的なことをできるだけわかりやすく書くことに留意しつつ、一冊の本の形に表すことにした。ここに書いたことは、古代語についての言わば断片であるが、それらの背後にある大きな問題とそのおもしろさに、少しでも多くの読者が近づいて貰えることを願うものである。

本書に述べること、とりわけ、第二章・第三章に述べることについては、しばしば恣意的な意見が述べられることがあるが、以下に簡略に見る上代特殊仮名遣やアクセントなど、客観的な根拠を持って述べるよう、特に留意した。その点にも注意して見て貰えればと思っている。

上代特殊仮名遣、(古代日本語における音節結合についての)有坂・池上法則、被覆形—露出形、(アクセントについての)金田一法則、古辞書、に関することについては、後の一つ一つの章節のところで述べると、何度も同じことを繰り返すことになるので、ここに、まとめて最小限のことを述べておくことにしたい。

○上代特殊仮名遣

古事記・萬葉集・日本書紀などに見える上代の萬葉仮名において、〔イ列〕キヒミ・〔エ列〕ケヘメ・〔オ列〕コソトノヨロ（古事記においてはモも）とその濁音〔イ列〕ギビ・〔エ列〕ゲベ・〔オ列〕ゴゾドに見える、甲類・乙類と呼ばれる二類の仮名の区別を、上代特殊仮名遣と言う。従来の通説では、イエオの母音に二類があり、上代語は八母音であった、とされている。平安初期まであったコの区別を最後に消滅する。なお、上代とは、奈良時代およびそれ以前を指して言う。

例、ユキ「雪」などのキ：「吉」「岐」など（キ甲類）、右に傍線を引いて示す。

ツキ「月」などのキ：「紀」「貴」など（キ乙類）、左に傍線を引いて示す。

なお、上代特殊仮名遣とは別のことであるが、やはり平安初期まで区別のあったア行エとヤ行エとについても、ア行エは右に傍線を引いて示し、ヤ行エは左に傍線を引いて示す。

○有坂・池上法則

池上禎造氏「古事記に於ける仮名「毛・母」に就いて」（『国語・国文』2-10［1932·10］）・有坂秀世氏「古代日本語に於ける音節結合の法則」（『国語音韻史の研究』［1944·7 明世堂書店、1957·10増補新版 三省堂］、もと「国語と国文学」11-1［1934·1］）が述べられるところの、古代日本語における音節結合の法則は、有坂・池上法則と呼ばれる。

有坂氏論文には、

第一則　甲類のオ列音と乙類のオ列音とは、同一結合単位内に共存することが無い。

第二則　ウ列音と乙類のオ列音とは、同一結合単位内に共存することが少い。就中ウ列音とオ列音とから成る二音節の結合単位に於て、そのオ列音は乙類のものではあり得ない。

第三則　ア列音と乙類のオ列音とは、同一結合単位内に共存することが少い。

とある。

○被覆形と露出形

有坂氏「国語にあらはれる一種の母音交替について」（『国語音韻史の研究』〔前掲〕、もと「音声の研究」４〔1931・12〕）は、名詞・動詞の末尾について、

(a)　エ列イ列に終る形はそれが単語の末尾に立つ場合にも用ゐられ得るものであり、

(b)　ア列ウ列オ列に終る形は、そのあとに何か他の要素がついて一語を作る場合にのみ用ゐられるものである。

と述べられ、(b)を被覆形と、(a)を露出形と呼ばれる。

例、サカ〔酒〕（被覆形、末尾がア列）・サケ〔酒〕（露出形、末尾がエ列乙類）

ツク〔月〕（被覆形、末尾がウ列）・ツキ〔月〕（露出形、末尾がイ列乙類）

コ〔木〕（被覆形、末尾がオ列乙類）・キ〔木〕（露出形、末尾がイ列乙類）

○金田一法則

金田一春彦氏㈠「現代語方言の比較から観た平安朝アクセント――特に二音節名詞に就て――」（「方言」7－6［1937・7］）・㈡「類聚名義抄和訓に施されたる声符に就て」（『日本語音韻音調史の研究』［2001・1 吉川弘文館］第二編二、もと橋本博士還暦記念会『国語学論集』［1944・10 岩波書店］）・㈢「国語アクセント史の研究が何に役立つか」（『日本語音韻音調史の研究』［前掲］第三編一、もと『金田一博士古稀記念言語民俗論叢』［1953・5 三省堂］）が、アクセントについて述べられることで、同氏㈢には、

《ある語が高く始まるならば、その派生語・複合語もすべて高く始まり、ある語が低く始まるならば、その派生語・複合語もすべて低く始まる》

とある。これを金田一法則と言う。高く始まるものを高起式、低く始まるものを低起式と呼ぶ。

平安末期の一種の漢和辞典である類聚名義抄《るいじゅみょうぎしょう》などの、片仮名などの訓に声点《しょうてん》が差されており、仮名の左上の声点は、上声《じょうしょう》と呼ばれて（「上」と示す）高いアクセントを表し、仮名の左下の声点は、平声《ひょうしょう》と呼ばれて（「平」と示す）低いアクセントを表し、また、例は多くないが、仮名の右上の声点は、去声《きょしょう》と呼ばれて（「去」と示す）上がるアクセントを表し、仮名の左下やや上の声点（この声点が見える文献は限られている）は、平声軽と呼ばれて（「東」と示す）下がるアクセントを示すことが知られていて、これらを利用して考える。

なお、類聚名義抄の諸本について、「図」「高」「観」と示したのは、それぞれ図書寮《ずしょりょう》本・高山寺《こうざんじ》

本・観智院《かんちいん》本を表している。

さらに、声点が横に二つ並んだ双点のものは濁音を表している（「平」「上」などに傍線を引いて示す）。

○古辞書

新撰字鏡《しんせんじきょう》は、平安初期の一種の漢和辞典で、和訓のある辞書では現存最古のものである。

和名類聚抄《わみょうるいじゅしょう》は、平安中期初めの一種の百科事典で、十巻本と二十巻本とがあり、巻によって、より古いと見られる例を挙げるようにした。地名は、二十巻本にしか見えない（第三章冒頭参照）。声点のある本もある。

類聚名義抄については、「金田一法則」の箇所で既に見た。

色葉字類抄《いろはじるいしょう》は、平安末期の、一種の国語辞典である。前田本には声点がある。


また、以下に挙げる用例は、できるだけ訓《よ》み下し文を示すようにし、原文の必要部分を山括弧内に合わせ示すようにした。

なお、この「はしがき」に振仮名を付したものは、後の章節では基本的に振仮名を付さないことにしたい。

本書には今昔文字鏡を使用した箇所があることをお断りしておく。

第一章　現代に続く古代語

この章では、現代に続く古代語をとり挙げる。つまり、現代で普通に用いられる語が、古代語ではどのようであったか、古代からほとんど変わらない語もあれば、いろいろな変化を経ている語もあるが、それらの様相を明らかにして行きたい。また、古代語がどのように構成されているかなどを考えると、現代語だけを見ていては気づかれないことが見えてくることがしばしばある。それを見出だすことには、あたかも謎を解くようなおもしろさがあると言える。

具体的には、「一　縦と横」「二　男と女」「三　ヲ［小］とコ［小］」「四　多少と大小」「五　高低と深浅」「六　ワラフ［笑］とヱム［笑］」のように、対比的にとらえられる語などを意図的に選んだ。対比するということは、両者の性格を明らかにしようとするのに、最も基礎的な方法であると言えよう。

このうち、「一」「二」は対義語の範囲に入り、「三」「六」は類義語の範囲に入る。「四」は、「多」と「少」、「大」と「小」とはそれぞれ対義語に当たるが、「多」と「大」、「少」と「小」とはそれぞれ類義語に当たり、「五」は、「高」と「低」、「深」と「浅」とはそれぞれ対義語に当たるが、「高」と「深」とも対義語に当たるというものであり、その意味で、「四」と「五」とはやや複雑である。その他、「三」は「二」に対して補足的な面を持っている。これらの一つ一つは無論のこと、全体としてのおもしろさを汲み取って貰えれば幸いである。

一　縦と横

現代語のタテ［縦］・ヨコ［横］については、國廣哲彌氏編『ことばの意味3　辞書に書いてないこと』[1]、岩野靖則氏㈠「タテ・ヨコの基本的意義」[2]、久島茂氏『〈物〉と〈場所〉の対立　知覚語彙の意味体系』[3]が述べられ、また、上代～近世のタテ［縦］・ヨコ［横］については、岩野氏㈡「タテ・ヨコの成立」[4]が述べられる。それら、とりわけ岩野氏㈡をも参照しつつ、古代語のタテ［縦］・ヨコ［横］について見ることにしたい。

タテ［楯・縦］

まず、タテの例を挙げるが、タテ［楯］とタテ［縦］とがある。

タテ［楯］

タテ［楯］　……木幡《こはた》の道《みち》に　逢《あ》はしし嬢子《をとめ》　後手《うしろで》は　小楯《をだて》ろかも〈袁陁弖呂母〉歯並《はな》みは　椎菱《しひひし》なす……（古事記・応神・四二）

右のタテ［楯］の例は、ヲトメ（古事記本文によると「矢河枝比賣《やがはえヒメ》」）の形容で、「木幡の道で出会った乙女。後ろ姿はまっすぐで、楯のようだ。歯並びは椎の実や菱の実のようにまっ白だ。」（土橋寛氏『古代歌謡全注釈古事記編』(5)のような意であり、タテは楯の意に用いられている。なお、ヲダテ［小楯］のヲ［小］については、後に第一章三に見る。

タテ［縦］

タテ［縦］　天の衣と經緯《[に]タテヌキ》有(こと)無《な》し（石山寺蔵大智度論《だいちどろん》　天慶元［938］年点・大坪併治氏釈文）

右の例には「經緯《タテヌキ》」とあって、タテとヌキとが対義的に用いられる例である。タテ［経］は縦の織糸を、ヌキ［緯］は横の織糸を表しているが、タテ［経］はタテ［縦］の一種ととらえられる。天の衣には縦糸も横糸もない、というような意と見られる。

ヌキ［緯］

ヌキ［緯］　機経緯、附けたり。（略）説文に云《い》はく、緯（略）和名、沼岐《ヌキ》。（略）〈緯（略）和名　沼岐（略）〉は横の織絲なりといふ（和名類聚抄・二十巻本十四）

ヌキ［緯］は、『時代別国語大辞典上代編』に「織糸の横糸。」「【考】貫《ヌ》クの名詞形であろう。」とあるように、動詞ヌク［抜・貫］の連用形ヌキが名詞化したものと見られる（動詞の連用形が名詞化することは、動詞ヒカル［光］の連用形ヒカリなどのように多くある）。つまり、タテ［経］（縦の織糸）に対して、ヌキ［緯］（横の織糸）は、機《はた》を織る際に、縦糸の間に梭《ひ》を用いてヌク［抜・貫］ところの横糸であって、それ故にヌキと言うと考えられる。

ヌク［抜・貫］

動詞ヌク［抜・貫］は、引き抜く意にも貫《つらぬ》く意にも用いられ、前者を［抜］で、後者を［貫］で示

すと、

〔抜〕 大太刀《おほたち》を 垂《た》れ佩《は》き立《た》ちて 抜《ぬ》かずとも 〈農哿儒登慕〉 末果《すゑは》たしても 闘《あ》はむとぞ思《おも》ふ（日本書紀・武烈・八九）

〔貫〕 橘《たちばな》は 己《おの》が枝々《えだゞ》 生《な》れゝども 玉《たま》に貫《ぬ》く時《とき》 〈陥麻尓農矩騰岐〉 同《おや》じ緒《を》に貫《ぬ》く 〈於野児弘儞農倶〉（日本書紀・天智・一二五）

のようであるが、ヌキ〔緯〕はヌク〔貫〕に対応していて、貫くものを表している。

被覆形タタ〔楯・縦〕

一方、タテ〔楯・縦〕に対して、タタ〜の形で用いられる例もある。タタは被覆形と、タテは露出形と呼ばれる（「はしがき」参照）。以下に挙げる被覆形タタの例のうち、タタナミ〔盾列〕・タタナメテ〔枕詞〕は露出形タテ〔楯〕に対応して、タタ〔楯〕ととらえられ、タタサ・タタサマは露出形タテ〔縦〕に対応して、タタ〔縦〕ととらえられるものである。

タタ〔楯〕

タタナミ〔盾列〕

若帯日子天皇《わかたらしひこのすめらみこと》、近淡海《ちかつあふみ》の志賀《シガ》の高穴穂宮《たかあなほのみや》に坐《いま》して、天《あめ》の下《した》治《し》らしめしき。（略）御陵《みささぎ》は沙紀《サキ》の多他那美《タタナミ》に在り〈御陵在㆓沙紀之多他那美㆒也〉。（古事記・成務）

天皇《すめらみこと》 崩《かむあが》りましぬ。明年《くるつとし》の秋九月《あきながつき》の壬 辰《みづのえたつ》の朔《ついたち》 丁 酉《ひのとりのひ》に、倭国《やまとのくに》の狭城盾列《さきのたたなみの》 陵《みささぎ》に葬《はぶ》りまつる。

盾列、此をば多《タ》〻《ヽ》那《ナ》美《ミ》と云《い》ふ。〈葬㆓于倭國狭城盾列陵㆒盾列 此云多〻那美〉（日本書紀・仲哀天皇即位前）

右の「若帯日子天皇《わかたらしひこのすめらみこと》」（古事記）・「天皇《すめらみこと》」（日本書紀）は成務天皇を指していて、成務天皇陵がサキノタタナミ［佐紀盾列］にあると記されている。タタナミ［盾列］は、楯が横に並んでいるさまを表すと見られる。

また、神功皇后陵も、

皇后《おほきさき》は御年《みとし》一百歳《ももとせ》にして崩《かむあが》りましき。狭城《さき》の楯列《たたなみ》の陵《みささぎ》に葬《はぶ》りまつりき〈葬㆓于狭城楯列陵㆒也〉。（古事記・仲哀）

皇太后《おほきさき》、稚桜宮《わかさくらのみや》に崩《かむあが》りましぬ。（略）狭城盾列陵《さきのたたなみのみさぎき》に葬《はぶ》りまつる〈葬㆓狭城盾列陵㆒〉。（日本書紀・神功皇后摂政六十九年四月・十月）

のように、サキノタタナミ［佐紀盾列］にあると記されている。その後、世の人に相伝わるところでは、二つの楯列《たたなみ》の山陵の、南が神功皇后陵、北が成務天皇陵であったが、神功皇后の祟《たた》りがあり、図録を捜し撿《しら》べると、それらは逆であったので改めたと、続日本後紀・承和十[843]年四月の記事にある。

なお、平城宮以北は佐紀の地で、東方のウワナベ古墳・コナベ古墳・磐之媛《いわのひめ》陵（佐紀ヒシアゲ古墳）・平城天皇陵（市庭古墳、円墳形、平城宮造営時に前方後円墳の宮域内にある前方部が削られて円墳形になった、よって平安時代初めの平城天皇の陵ではあり得ない）・神明野《しめの》古墳（宮域内にあり、平城宮造営時に削られて現存しない）、西方の日葉酢媛《ひばすひめ》陵（佐紀御陵山古墳）・成務天皇陵（佐紀石塚山古墳）・称徳（＝孝謙）天皇陵（佐紀高塚古墳）・神功皇后陵（五社神《ごさし》古墳）などは、佐紀盾列《たたなみ》《たてなみ》古墳群と呼ばれている。

　タタナメテ〔枕詞〕　楯並《たゝな》めて〈多ゝ那米弖〉伊那佐《いなさ》の山《やま》の　木《こ》の間《ま》よも　い行《ゆ》き目守《まも》らひ……（古事記・神武・一四）

　タタナメテは、「枕詞。楯を並べ連ねて弓を射るの意で、地名の伊那佐・泉ノ川などのイの音にかかる。」（『時代別国語大辞典上代編』）とされる。

　タタナミ〔盾列〕のナミは、横に並ぶ意のナム〔四段〕「浜も狭《せ》に　後れ並《な》み居て〈後奈美居而〉…」（萬葉集一七八〇《一七八四》）の連用形と見られ、タタナメテ〔枕詞〕のナメは、横に並べる意のナム〔下二段〕「…友並《な》めて〈友名目而〉遊ばむものを　馬並《な》めて〈馬名目而〉行かまし里を…」（萬葉集九四八《九五三》）の連用形と見られる。

タタ〔縦〕

　タタサ　縦《たゝ》さにも〈多ゝ佐尓毛〉かにも横《よこ》さも　奴《やっこ》とそ　我《あれ》はありける　主《ぬし》の殿戸《とのど》に（萬葉集四一三二《四一五六》）

　タタサマ　樅（略）毛牟乃木《モムノき》　又太ゝ佐万《タヽサマ》〈毛牟乃木　又太ゝ佐万〉（新撰字鏡・享和本）

　右のタタサマの例は、訓「毛牟乃木《モムノき》」（樅《もみ》の木）に当たる「樅」字と、訓「太ゝ佐万《タヽサマ》」に当たる「縦」字とが混同されたものである。また、右のタタサの例は、ヨコサと対義的に用いられており、これらのタタサ・タタサマについては、後にヨコサ・ヨコサマと合わせて見ることにする。

ヨコ［横］

次に、ヨコ［横］の例を挙げる。下に動詞を伴う例、同じく名詞を伴う例、同じく接尾辞を伴う例が見える。

ヨコ［横］＋動詞

ヨコサラフ［横去］……百伝《もゝづた》ふ　角鹿《つぬが》の蟹《かに》〈都奴賀能迦迩〉横去《よこさ》らふ〈余許佐良布〉何処《いづく》に至《いた》る……（古事記・応神・四二）

モモヅタフは枕詞かと見られる。ツヌガ［角鹿］は、今の福井県敦賀《つるが》市に当たり、ツヌガ—ツルガはナ行—ラ行の子音交替と見られる（第三章三(二)参照）。サラフはサル［去］＋助動詞フ（反復・継続）ととらえられて、ヨコサラフは横に去り続ける意と見られる。

ヨコホル　ひんがしのかたに、やまのよこほれるをみて（土左日記）

ヨコホルは、諸説があるが、横に広がる意かと見られ、そのホルは、広いさまを表すホラホラ「鼠《ねずみ》来て云《い》はく、「内《うち》は冨良〻〻《ホラ、、》、此の四字は音を以ゐよ。〈内者冨良〻〻此四字以音〉外《と》は須〻夫〻《スブ、、》。此の四字は音を以ゐよ。〈外者須〻夫〻此四字以音〉」といひき。」（古事記・神代）とともにとらえられよう。ホラホラのホラとヒロシ［広］のヒロとは母音交替ととらえられ、狭いさまを表すスブスブのスブとセバシ［狭］のセバとは母音交替ととらえられる。

ヨコタフ　琴《こと》の声《こゑ》を以《もち》て、天皇《すめらみこと》に悟《さと》らしめむと欲《おも》ふ。琴《こと》を横《よこた》へて〈横《ヨコタヘ》(二)琴《を》(一)て〉弾《ひ》きて曰《い》はく（日本書紀・雄略天皇十二年十月・前田本）

ヨコタハル〔四段〕　横《よこ》たはれる松《まつ》の木高《こだか》きほどにはあらぬに（源氏物語・藤裏葉）・〔下二段〕おほきなる木の、風に吹《ふ》きたう《(ふ)》されて、根《ね》をさゝげ横《よこ》たはれふせる（枕草子）

ヨコタフは下二段動詞でよこたえる意であり、ヨコタハルはよこたわる意であるが四段動詞・下二段動詞両方の例が見える。ヨコタハルはヨコタフが接尾辞ルを伴ったものであるが、ヨコタフのタフが何であるかは明らかでない。あるいは、このタフが接尾辞ス・ルを伴ったものが、それぞれ、倒す意のタフス〔倒〕、倒れる意のタフル〔倒〕であると見られようか。因みに、有名な芭蕉の「あら海や佐渡に横たふあまの川」は、ヨコタフをよこたえる意ではなくよこたわる意に用いたものである。

ヨコ〔横〕＋名詞

ヨコヤマ〔横山〕　妹《いも》をこそ相見《あひみ》に来《こ》しか眉引《まよびき》の横山辺《よこやまへ》ろの〈与許夜麻敝呂能〉猪鹿《しし》なす思《おも》へる（萬葉集三五三一・東歌）

ヨコギ〔横木〕　桄与己木《ヨコぎ》三五五二　又万久良《マクラ》〈与己木　又万久良〉（新撰字鏡）　笆《ませ》の縦木《たて》には紫壇《したん》、横木《よこ》には沈《ぢむ》（宇津保物語・吹上下）

ヨコガミ〔軸〕　軸〈略〉与己加弥《ヨコガミ》なり〈与己加弥也〉（新撰字鏡）

ヨコハキ〔横佩〕　伏突与己波支《ヨコハキ》〈与己波支〉（新撰字鏡）

ヨコヤマ〔横山〕は、「起伏少なくなだらかに、横に長くつらなった山。」（『時代別国語大辞典上代編』）の意とされる。ヨコギ［横木］は、新撰字鏡の「桄」字は大棗《なつめ》の意であるのでその点ははっきりしないが、枕の意と見られる「万久良《マクラ》」の訓もあり、横にした木の意と見てよいであろう。同じく、宇津保物語の例は、タテギ［縦木］と対義的に用いられている。ヨコガミ［軸］は、車軸の意とされる。ヨコハキ［横佩］は、太刀の異称で、身体の横に佩《は》くところから横佩《よこは》きと言うとされる。

ヨコ［横］＋接尾辞

ヨコサ　縦《たゝ》さにも　かにも横《よこ》さも　〈加尓母与己佐母〉奴《やつこ》とそ　我《あれ》はありける　主《ぬし》の殿戸《とのど》に（萬葉集四一三二）

ヨコサマ 四一五六　伊字の三の點の、若(し)並《ヨコサマ》『上白、並ハ横也』(にし)ても則《（すなは）》(ち)伊に成(ら)不《（ず）》、縦《タタサマ》に(し)ても亦成(ら)不《（ず）》、（石山寺蔵法《ほ》華経《けきょう》玄賛《げんさん》　平安中期点・中田祝夫氏釈文）　まろは、目《め》はたゝさまにつき（略）鼻《はな》は横《よこ》さまなりとも（枕草子）

右のヨコサの例は、先にタタサの例として挙げたものでもあり、タタサと対義的に用いられていて、タタサ・ヨコサは、縦であるさま、横であるさまを表している。右のヨコサマの例は、いずれもタタサマと対義的に用いられていて、タタサマ・ヨコサマも、縦であるさま、横であるさまを表している。

種々のタテ［縦］・ヨコ［横］

タテ［縦］・ヨコ［横］の種々の例をさらに挙げる。

日本書紀古訓の例

則《すなは》ち山河《やまかは》を隔《さか》ひて国県《くにあがた》を分《わか》ち、阡陌に随《したが》ひて〈随㆓阡陌㆒〉、邑里《むら》を定《さだ》む。因《よ》りて東西《ひむがしにし》を日縦とし〈東西為㆓日縦㆒〉、南北《みなみきた》を日横とす〈南北為㆓日横㆒〉。山《やま》の陽《みなみ》を影面《かげとも》と曰《い》ふ〈山陽曰㆓影面㆒〉。山の陰《きた》を背面《そとも》と曰ふ〈山陰曰㆓背面㆒〉。（日本書紀・成務天皇五年九月）

右に傍線を引いて示した「阡陌」「日縦」「日横」の部分が、日本書紀の北野本・熱田本・守晨本・兼右本・寛文九年板本、日本書紀私記（＝日本紀私記）甲本・丙本、和名類聚抄所引日本紀私記においてどう訓《よ》まれているかを見ると、次のようである。

「阡陌」：
タ、サマヨコサマノミチ（北野本）
タ、サノミチヨコサノミチ（熱田本、守晨本右訓、兼右本右訓、寛文九年板本右訓）
タチシノミチヨコシノミチ（守晨本左訓、兼右本左訓、寛文九年板本左訓、和名類聚抄所引日本紀私記「多知之乃美知」「与古之乃美知」）

「日縦」：
ヒノタ、シ（北野本）
ヒノタツシ（兼右本左訓「比乃多都志　養老」、日本書紀私記・甲本）
ヒタ、シ（熱田本、守晨本、兼右本右訓、寛文九年板本）

「日横」：

ヒノヨコシ（北野本、兼右本左訓「比乃与己之」、日本書紀私記・甲本）
ヒヨコシ（熱田本「日横《ヨコシ》」、守晨本、兼右本右訓、寛文九年板本、日本書紀私記・丙本「日與古之」）

他に、「阡陌」に対して、タ、サノヲ《［オ］》ホヂ（日本書紀私記・丙本「太〻左乃乎《ママ》保知」）の訓があるが、ヨコサノオホヂと続けるべきところである。また、「日縦」に対して、日本書紀私記・丙本に「日太〻末之」とあり、「末」字があるが、ヒタ、シと見ておくことにする。その他に、日本書紀私記・甲本では、「日横」の訓「ヒノヨキシ」が、誤って「日縦」の箇所にある。

このように、先に見たタタサ・タタサマ、ヨコサ・ヨコサマを含めてその他に、タタシ・タツシ・タチシ、ヨコシ・ヨキシが見える。「日縦」に対する兼右本左訓ヒノタツシに「養老」とあるのは、養老五［721］年の日本書紀講書の訓と見られて、そのことから見ると、「日縦」はヒノタツシと、「日横」はヒノヨコシと訓《よ》むのが本来かとも思われる。

また、カゲトモ〔影面〕はカゲ〔光〕＋ツ〔連体〕＋オモ〔面〕の約《つづ》まったもの、ソトモ〔背面〕はソ〔背〕＋ツ〔連体〕＋オモ〔面〕の約まったものととらえられて、この日本書紀の例において、「影面」が「山陽」すなわち南を、「背面」が「山陰」すなわち北を指しているのはそれでよいけれども、「日縦」が「東西」を、「日横」が「南北」を指しているのには問題があるので、これについては後に述べる。

萬葉集の例

……大和の 青香具山は 日の経《たて》の 〈日経乃〉 大き御門に 春山と しみさび立てり 畝傍の この瑞《みづ》山は 日の緯《よこ》の 〈日緯能〉 大き御門に 瑞《みづ》山と 山さびいます 耳成の 青菅山は 背面《そとも》の 〈背友乃〉 大き御門に 宜《よろ》しなへ 神さび立てり 名ぐはしき 吉野の山は 影面《かげとも》の 〈影友乃〉 大き御門ゆ 雲居にそ 遠くありける……　（萬葉集五二、藤原宮御井歌）

この歌は藤原宮で詠まれたものであり、藤原宮から見ると、およそ、大和三山の香具山《かぐやま》は東に、畝《うね》傍山《びやま》は西に、耳成山《みみなしやま》は北に、そして、吉野山は遠く南に見えるので、この例の「日の経《たて》」は東を、「日の緯《よこ》」は西を、「背面《そとも》」は北を、「影面《かげとも》」は南を指していると見られる。『日本国語大辞典』〔初版・第二版とも〕（タテ〔縦・竪・経〕の項）は、右の萬葉集の例を「東。」の意として挙げていて、これはよいが、同（ヨコ〔横〕の項）は、右の萬葉集の例を「南北の方向に対して、東西の方向。」の意として挙げていて、これは正しくない。

『校本萬葉集』によると、右の五二番歌の例に対して、大矢本の「「經」ノ左ニ「タツシ」アリ。」とあり、同じく温故堂本・大矢本の「「緯」ノ左ニ「ヨクシ」アリ。」とあるが、それによって「日の経《たつし》の」「日の緯《よくし》の」と訓《よ》むと字余りになるので、ヒノタテノ・ヒノヨコノと訓んでよいと考えられる。ただ、ここにヨクシの訓があることには注意しておきたい。

高橋氏文の例

日竪《ひのたつし》 日横《ひのよこし》 陰面《かげとも》 背面乃《そともノ》 〈日竪 日横 陰面 背面乃〉 諸国人《もろもろのくにひと》を割《さ》き移《うつ》して （高橋氏文）

萬葉集五二番歌の例に倣《なら》って、「日竪」は東を、「日横」は西を、「陰面」は南を、「背面」は北を表すと見られる。「陰面」は、「陰」字からすると北を表すかとも考えられようが、「背面」が北を表すと見られるところからすると、「陰面」は南を表すと見る方がよいであろう。「影面」（日本書紀・成務天皇五年）・「〈影友〉」（萬葉集五二）が南を表しており、「陰面」もともにカゲトモと訓《よ》まれるので南を表すということになる。

本来とのずれ

また、

直広肆佐味朝臣少麻呂《ぢきくわうしさみのあそみすくなまろ》を山陽　使者《かげとものみちのつかひ》とし〈為二山陽《カゲトモノミチ》　使者一〉、直広肆巨勢朝臣粟持《ぢきくわうしこせのあそみあはもち》を山陰　使者《そとものみちのつかひ》とす〈為二山陰《ソトモノミチ》　使者一〉。（日本書紀・天武天皇下十四年九月・北野本）

のように、山陽道をカゲトモノミチと、山陰道をソトモノミチとする例があるが、

山陰道跡に云《い》はく、影友《かげとも》といふ。〈山陰道跡云　影友〉（略）山陽道跡に云はく、疏止毛《ソトモ》といふ。〈山陽道跡云　疏止毛〉（令　集解《りょうのしゅうげ》三十四・公式令）

の例では、カゲトモとソトモとが逆になっている。これは、日本書紀・北野本の訓の方が正しいと言える。

ところで、先に挙げた日本書紀・成務天皇五年の例では、「日縦」が「東西」を、「日横」が「南北」を指していたが、『時代別国語大辞典上代編』（タテ［経・縦］の項の【考】）に、「成務紀の例も、中国で東西を緯、南北を経というのにならったのであろうが、逆になっている。」とあるように、

「経」は南北を、「緯」は東西を表すのが本来である。現代の経度（東経・西経）・緯度（北緯・南緯）が参考になる。

先に見た、「阡陌」の訓タチシノミチヨコシノミチの、和名類聚抄所引日本紀私記の例は、詳しくは、

大路　唐韻に云《い》はく、道路（略）南北を阡（略）日本紀私記に云はく、多知之乃美知《タチシノミチ》といふ。と曰《い》ひ〈南北曰(レ)阡（略）日本紀私記云　多知之乃美知〉、東西を陌（略）同私記に云はく、与古之乃美知《ヨコシノミチ》といふ。と曰ふ〈東西曰(レ)陌（略）同私記云　与古之乃美知〉といふ（略）（十巻本三）

のようで、「南北」をタチシノミチ［阡］と、「東西」をヨコシノミチ［陌］としていて、こちらの方が正しいと見られる。

また、萬葉集の「日の経《たて》」「日の緯《よこ》」はそれぞれ東と西とを表していて、高橋氏文の「日竪」「日横」も同様と見られるが、経《たて》を南北と、緯《よこ》を東西と考えるのが本来であるとすると、これらも本来とずれがあることになる。

タタシマ・ヨコシマ

さて、これまでに挙げていないものに、タタシマ・ヨコシマがある。

タタシマ　衡従ヨコシマ《サ》　タタシマ《サ》（類聚名義抄）

ヨコシマ　河《かは》の水《みづ》横《よこしま》に逝《なが》れて、流末《かはじり》駃《と》からず。聊《いささか》に霖雨《ながめ》に逢《あ》へば、海潮《うしほ》逆上《さかのぼ》りて、巷里《むらさと》船《ふね》に乗《の》り、道路《みちおほぢ》亦泥《またうひぢ》になりぬ。故《かれ》、群臣《まへつきみたち》共《とも》に視《み》て、横《よこしま》の源《うなかみ》を決《さく》りて〈決《サクリ》(二)横-源《ヨコシマノウナカミを》(一)而〉海《うみ》に通《かよ》

はせて、逆流《さかふるこみ》を塞《ふさ》ぎて田宅《なりどころ》を全《また》くせよ。（日本書紀・仁徳天皇十一年四月・前田本）

右のタタシマの例は、ヨコシマ　タタシマ・ヨコサマ　タタサマ両訓の例である。タタシマ・ヨコシマは、タタサマ・ヨコサマと同様の意と見られる。

ここに、サ・シおよびマはいずれも接尾辞と見て、タタサはタタ＋サの、タタシはタタ＋シの構成と、タタサマは［タタ＋サ］＋マの、タタシマは［タタ＋シ］＋マの構成ととらえられ、タツシ・タチシはとりあえずタタシの母音交替と見られる。また、ヨコサはヨコ＋サの、ヨコシはヨコ＋シの構成と、ヨコサマは［ヨコ＋サ］＋マの、ヨコシマは［ヨコ＋シ］＋マの構成ととらえられ、ヨクシ・ヨキシはとりあえずヨコシの母音交替と見られる。

正しくない意のヨコ［横］（一）

正しくない意のヨコ［横］の例

ヨコ［横］は、タテ［縦］の対義語として横の意に用いられるが、それとはやや異なり、正しくない意に用いられる例もある。(6) 東京教育大学大学院中田教授ゼミナール編『金剛般若経集験記古訓考証稿』(7)（辻星児氏担当部分）は、後に挙げるヨコス［譏］について述べられる中で、以下のヨコ〜の例（ヨコシ・ヨコメ［横目］・ヨコタブ［訛］を除く）を挙げられる。

ヨコサマ　横《ヨ己》サマに毀謗を生ぜり。（西大寺蔵金光明《こんこうみょう》最勝《さいしょう》王経《おうぎょう》　平安初期点・春日政治氏釈文）

ヨコシ　裂（略）不正なり〈不正也〉（略）与己之《ヨコシ》〈与己之〉（新撰字鏡）

ヨコシマ　匿（略）ヨコシマ　穢なり〈穢也〉邪なり〈耶［邪］也〉（類聚名義抄）

右のヨコサマ・ヨコシ・ヨコシマの例は、「毀謗」「不正」「穢」「邪」などとあって、いずれも正しくないさまを表している。

ヨコス［讒］　王崇一に報じて真如の告《よこ》せる所〈真如所(レ)告《ヨ已セル》〉、此れは是れ延命大吉なり（石山寺蔵金剛波若経集験記《こんごうはんにゃきょうしゅうげんき》　平安初期点）　讒（略）毀なり　与己須《ヨコス》　又不久也久《フクヤク》〈毀也　与己須　又不久也久〉（新撰字鏡）……誰《たれ》か誰《たれ》か　この事《こと》を親《おや》に　まうよこし申《まう》しゝ〈末宇与己之末宇之ゝ〉……（催馬楽三〇・葦垣）

ヨコス［讒］は、悪口を言う意を表している。新撰字鏡の例には、「毀」とあり、フクヤクの訓もあるが、フクヤクは、欺く、人を悪く言う意と見られる。

ヨコメ［横目］　盱［盻］（略）邪に見るなり　恨み見るなり　与己目尓三留《ヨコめニミル》　又尓良弥《ニラミ》〈邪見也　恨見也　与己目尒三留　又［尒］弥良弥〉（新撰字鏡）

ヨココト［横辞］　垣ほなす　人の横言《よこごと》〈人之横辞〉繁みかも　逢はぬ日まねく　月の経ぬらむ……（萬葉集一七九三［一七九七］）

ヨコメ［横目］の例は、「横目《よこめ》に見《み》る」の形で用いられているが、これは現代でも用いる表現である。「邪に見る」「恨み見る」とあり、ニラミの訓もある。ヨココト［横辞］は、横からの悪口の意を表している。

ヨコナマル［訛］など

ヨコナマル［訛］　方《まさ》に難波碕《なにはのみさき》に到《いた》るときに、奔《はや》き潮《なみ》有りて太《はなは》だ急《はや》きに会《あ》ひぬ。因りて、名《なづ》けて浪速国《なみはやのくに》とす。亦浪花《またなみはな》と曰《い》ふ。今、難波《なには》と謂《い》ふは訛《よこなま》れるなり。訛、此をば与許奈磨盧《ヨコナマル》と云《い》ふ。〈今謂㈡難波㈠訛也訛　此云与許奈磨盧〉（日本書紀・神武天皇即位前）

これは、地名「難波《なには》」の起源説話であるが、ナマル［訛］の上にヨコ［横］を伴ったヨコナマルが、言葉が訛《なま》る意に用いられている。ヨコ［横］を伴わないナマル［訛］は、やや時代が下るが「ゐたりける所のきたのかたにこゑなまりたる人の物いひけるをききて」（金葉集二度本六四八《六九二》詞書）のような例がある。

ヨコナバル［訛］　爰《ここ》に新羅《しらき》の人《ひと》、恒《つね》に京城《みやこ》の傍《ほとり》の耳成山《みみなしやま》、畝傍山《うねびやま》を愛《め》づ。則《すなは》ち琴引坂《ことひきのさか》に到《いた》りて、顧《かへり》みて曰《い》はく、「宇泥咩巴椰《ウネメハヤ》、彌ゝ巴椰《ミ、ハヤ》」といふ。是風俗《これくにひと》の言語《ことば》を習《なら》はず。故《かれ》、畝傍山《うねびやま》を訛《よこなば》りて、宇泥咩《ウネメ》と謂《い》ひ、〈故訛《ヨコナバリ》㈡畝傍山㈠て謂㈡宇泥咩《ニメ》㈠〉耳成山《みみなしやま》を訛《よこなば》りて、瀰ゝ《ミ、》と謂へらくのみ。
（日本書紀・允恭天皇四十二年十一月・図書寮本）

ヨコナバス［訛］　故《ことさら》ニ口ヲ喎《ゆが》メテ音《こゑ》ヲ横ナバシテ乞食ノ音ヲ學《まね》ブ（今昔物語集・十四―二十八）

ヨコナマルとヨコナバルとは、マ行―バ行の子音交替と見られる。また、ヨコナバスは、ヨコナバルの他動詞化ととらえられ、言葉を訛らせる意に用いられる。

ヨコタバル［訛］　訛（略）タガフ　カサル　アヤマレリ　イツハル　ヒナフ　ウゴカス《ク》　ヨコタハル《ナ》　カマヒスシ（略）（類聚名義抄）

ヨコタブ［訛］　さらにくちをゆがめこゑをよこたべて經をまねびてよむ（三宝絵詞《さんぼうえことば》・中九・東大寺切）

右のヨコタバルの例は、ヨコタバル・ヨコナバル両訓の例である。ヨコタバルのタバルは、訛《なま》る意のタブ［訛］「うぐひすは　ゐなかの谷の　すなれども　たびたるねをば　なかぬなりけり」（山家集九九二）が接尾辞ルを伴ったものととらえられる。また、ヨコナバスの例（今昔物語集）とヨコタブの例（三宝絵詞）とは同話であり（日本霊異記《にほんりょういき》・上十九も同話である）、ヨコタブはヨコタバルの他動詞化かととらえられ、言葉を訛らせる意に用いられる。

これら正しくない意のヨコ［横］の例の中で、現代で最もよく用いられるのはヨコシマであろう。先にはヨコサマとヨコシマとは基本的に同様の意と見る方向で述べてきたが、ヨコサマに対してヨコシマの方が正しくない意に偏る可能性はあろう。

タツ［立］とヨク［避］

実は、タテ［縦］は動詞タツ［立］とともに、また、ヨコ［横］は動詞ヨク［避］とともにとらえられる。『時代別国語大辞典上代編』（ヨコ［横・緯］の項の【考】）に「なお、避《ヨ》クはおそらく横《ヨコ》と同根、」とあり、『岩波古語辞典』（タテ［縦・竪・経］の項）に「《タテ（立）と同根》」と、同（ヨコ［横］の項）に「《ヨキ（避）と同根。（略）》」とある。

タツ［立］・ヨク［避］

タツ［立］〔四段〕　さねさし　相模《さがむ》の小野《をの》に　燃《も》ゆる火《ひ》の　火中《ほなか》に立《た》ちて　〈本那迦迩多知弖〉　問《と》ひし君《きみ》はも　（古事記・景行・二四）

タツ［立・建］〔下二段〕　この御酒《みき》を　醸《か》みけむ人《ひと》は　その鼓《つづみ》　臼《うす》に立《た》てヽ　〈宇須迩多弖〔ゝ〕〉　……（古事記・仲哀・四〇）

ヨク［避］〔上二段〕　家人の　使ひにあらし　春雨の　避《よ》くれど我を　〈与久礼杼吾等乎〉　濡らさく思へば……　（萬葉集一六九七〔一七〇一〕）

このようにとらえると、先に「タテ［楯・縦］」の箇所で挙げたところのタテ［楯］は、タツ［立］〔下二段〕の連用形タテが名詞化したものであり、立てる物であることが理解される。また、有坂秀世氏も挙げられるように、タタはタテ［縦・楯］の被覆形のみならずタツ［立］の被覆形でもあり、また、ヨコ［横］はヨク［避］の被覆形であると見られる（「はしがき」参照）。

先に「種々のタテ［縦］・ヨコ［横］」の箇所で、タツシ・タチシはとりあえずタタシの母音交替と見たが、タツシのタツはタツ［立］の終止形と同形、タチシのタチはタツ［立］〔四段〕の連用形と同形であり、また、同じく、ヨクシ・ヨキシはとりあえずヨコシの母音交替と見たが、ヨクシのヨクはヨク［避］の終止形と同形、ヨキシのヨキは同じく連用形と同形である。右のようにとらえると、タツシ・タチシ、ヨクシ・ヨキシという母音交替形が見える（タトシ・ヨカシなどが見えない）理由をよりよく説明できることになる。

正しくない意のヨコ［横］（二）

ところで、ヨコ［横］が正しくない意に用いられる例について、これまでにいくつかの指摘がある。

正しくない意のヨコ［横］についての諸説

前掲『金剛般若経集験記古訓考証稿』（辻氏担当部分）は、ヨコス［讒］を「悪口を言う、中傷する」意とし、「ヨコ（横）が、この語のように不正、邪悪を意味した例」として先に挙げた例の多くを挙げられ、次のように述べられる。

> 漢字「横（略）」は平声ではタテヨコのヨコであるが、去声では「恣也、非理来」の意。つまり勝手気儘に振まって道理に合わぬことをする意である。従って、右のような不正の意のヨコは、或いは「横」という漢字の用法の影響によって生じたものかもしれない。

また、前掲『ことばの意味3　辞書に書いてないこと』の「タテ・ヨコ」の項は、重力の方向を基準とする「絶対用法」として「タテ1〈垂直方向〉」「ヨコ1〈水平方向〉」を考え、また、それに対して、「相対用法」としての「タテ2〈垂直な姿勢の話し手を基準にした前後方向〉」「ヨコ2〈水平な姿勢の話し手を基準にした左右方向〉」を考えて、そして、「ヨコには〈好ましくない行動〉という含みを持った比喩的用法が多い。」として、「ヨコ取りする。」「ヨコ槍を入れる。」「ヨコ車を押す。」「ヨコ恋慕。」「へたのヨコ好き。」「話をヨコにそらす。」の例を挙げて[8]（この他に「ヨコ紙破り」も挙げられよう）、次のように述べられる。

これはおそらく、人間の進行方向がつねにタテ2であるために、タテ2が〈正常な方向〉というニュアンスを帯びてとらえられているためであろう。

そして、『岩波古語辞典』（ヨコ［横］の項）には、次のようにある。

平面上の中心を、右または左にはずした所、また、その方向の意。また、タテ（垂直）に対して、水平の方向の意。転じて、意識的に中心点に当らないようにする、真実・事実をさける意から、「よこごと（中傷）」「よこしま（邪悪）」など、故意の不正の意にも用いた。

「絶対用法」のタテが「垂直方向」であるのは、タテ［縦］がタツ［立］とともにとらえられるからと考えられる。また、ヨコが正しくない意にも用いられるのは、〝蟹の横這い〟のような例を見ると「人間の進行方向がつねにタテ2である」こととの関係と言えるが、むしろ、まっすぐに行かず横によける（ヨク［避］）ところから、まっすぐではない意に、そして、正しくない意にも用いられることになったものであろう。ヨコが正しくない意にも用いられることは、ヨコ［横］をヨク［避］とともにとらえることによってよく説くことができると言える。このように見ると、「漢字の用法の影響」もあるかもしれないが、基本は和語の側にあるかと思われる。

なお、『岩波古語辞典』は、「意識的に」「故意の」としている。「〈好ましくない行動〉」（傍点、蜂矢）を表すところからするとそのようにも思われ、「悪口を言う、中傷する」意のヨコス［讒］などは確かにそのようでもあると言える。しかしながら、ヨコナマル［訛］・ヨコナバル［訛］・ヨコタバル［訛］はむしろ自然と訛《なま》るのであって、正しくない意のヨコ［横］全体に対して「意識的に」「故意の」とするのは当たっていないと考えられる。

余　談

余談であるが、作家立松和平《たてまつわへい》の本名は横松和夫《よこまつかずお》であり（立松和平の著書などの絵を描く横松桃子《よこまつももこ》は娘）、また、横山《よこやま》ホット・ブラザーズの弟子に立山《たてやま》センター・オーバー（一九八五年、NHK上方漫才コンテストで優秀賞二組の中に入った）がいる。ともにヨコからタテへの変化であることが注意される。この両者に影響関係があったとは考えられず、現代においてもヨコが正しくない意に用いられることから、それを避けてヨコをタテに変えたかとも思われないではない。尤も、現代語では、ヨコシマを別にすると、ヨコに正しくない意もあることはあまり意識されていないので、これは偶然の可能性もある。センター・オーバーが立山《たてやま》（萬葉集ではタチヤマ）のある富山県の出身であれば事情は変わるが、センターは奈良県の、オーバーは大阪府の出身である。ただ、センターの趣味は登山だそうで、その辺に「立山」になる理由の一つがあるかもしれない。

なお、上座の意の〝横座《よこざ》〟は、ヨコが正しくない意とはむしろ逆のプラスの意味に用いられる例であるが、畳や敷物を横に敷くところからそのように言うものである。

以上、古代語のタテ［縦］・ヨコ［横］などがどのように用いられているか、ヨコ［横］が正しくない意に用いられること、タテ［縦］・ヨコ［横］が動詞タツ［立］・ヨク［避］とともにとらえられること、などについて述べた。(9)

注

（1）［1982・5 平凡社（平凡社選書73）、のち 2003・10 平凡社（平凡社ライブラリー481）］、「タテ・ヨコ」の項（「八〇年六月・國廣」と、執筆時期・執筆者が示される）

（2）『国語語彙史の研究』4［1983・5 和泉書院］

（3）［2001・6 くろしお出版］第2章、もと「〈物〉と〈場所〉の量の捉え方の統一的理解――〈形態〉と〈方向〉の連関――」（「国語学」181［1995・6］）

（4）「日本語学」3－3［1984・3］

（5）［1972・1 角川書店］

（6）ナマル［訛］・タブ［訛］を含めて、「正しくない意のヨコ［横］（一）」の以下の例については、蜂矢「日本霊異記訓釈「波リ天」考」（「訓点語と訓点資料」80［1988・6］）参照。

（7）［1975・5 私家版］

（8）なお、Handai-Asahi 中之島塾「古代語の謎を解く」受講者の肥塚美代子氏から、「朝日新聞」［2006・6・6］の大岡信氏「折々のうた」欄に、稲垣多佳子氏の短歌

横車、横槍《よこやり》、横取り、横恋慕、横の字あわれ縦の字よりも（『虎が雨』2006）

が紹介されていることを御教示いただいた。

（9）以上のことの多くについては、蜂矢「タテ［縦］・ヨコ［横］とその周辺」（「語文」（大阪大学）86［2006・6］）参照。

二　男と女

男と女を表す語彙については、大野晋氏『日本語をさかのぼる』(1)がかなり詳しく述べられ、岩松空一《ただかつ》氏『万葉余滴　やまとことば』(2)も多く述べられていて、そこに述べられていることは納得できることも多いのであるが、後にふれる阪倉篤義氏「書評　大野晋著『日本語をさかのぼる』(3)」もあり、疑問の点もないではないので、大野氏・岩松氏の述べられるところをも参照しつつ、男と女を表す語彙について改めてとらえ直してみたいと考える。

キとミ

イザナキ・イザナミ

男と女を表すもので、さかのぼることができる最も古い形が、国生みの二神とされるイザナキ・イザナミなどに見えるところの、キとミとであると見られることは、大野氏が述べられる通りである。

イザナキ・イザナミ　次に、伊耶那岐神《イザナキのかみ》。次に、妹伊耶那美神《いもイザナミのかみ》。此の二神の名も亦、音を以ゐること上の如くせよ。〈次伊[耶]那岐神　次妹伊耶那美神此二神名亦　以音如上〉(古事記・神代)　次に神有《ま》す。伊奘諾尊《イザナキのみこと》、伊奘冉尊《イザナミのみこと》。〈伊奘諾尊　伊奘冉尊〉(日本書紀・神代上・第二段本書)

イザナキは男の神でありイザナミは女の神であって、それらの末尾のキ・ミがそれぞれ男女を表すととらえられる。イザナキ・イザナミに共通するイザは、誘う意の動詞イザナフ［誘］「…ますらをの 伴誘《ともいざな》ひて〈登母伊射奈比弖〉…」（萬四〇一一《四〇三五》）のイザと見られる。それはまた、『時代別国語大辞典上代編』（イザナフ［率］の項）に、「誘う。ひきいる。感動詞イザを動詞化したもの。」とあるように、人を誘う際に言うところの感動詞イザ「いざ吾君《あぎ》〈伊奢阿藝〉痛手負《いたてお》はずは 鳰鳥《にほどり》の 淡海《あふみ》の海《うみ》に 潜《かづ》きせなわ」（古事記・仲哀・三八）でもある。また、イザナキ・イザナミのナは、現代語ではノに当たる連体の助詞である。

因みに、右の古事記・日本書紀の例に見えるイザナキの末尾は、清音キであり、濁音ギではない。例えば、一九六五年一一月〜一九七〇年七月の好景気は「いざなぎ景気」と呼ばれ、兵庫県淡路市（旧、津名郡一宮町）にある伊奘諾神宮はイザナギ神宮であるように、現代では濁音ギとされるが、キからギに濁音化した例は、

イザナギ・イザナミ　伊奘諾《以左奈支（平平平上）》　伊奘冉《以左奈美（平平平上）》（日本書紀私記・御巫本《みかなぎ》）

が比較的早いかと見られる。同書は、応永三十五[1428]年の書写であるが、鎌倉時代の音韻の資料と見られるものであって、イザナギと濁音ギになるのは鎌倉時代以降ということになる。(4)

カムロキ・カムロミ、スメロキ

カムロキ・カムロミ　高天《たかま》の原《はら》に神留《かむづま》り坐《ま》す皇親神漏伎《すめむつかむロキ》、神漏弥《かむロミ》の命《みこと》を以《もち》て〈皇睦神漏伎 神漏弥乃命以弖〉（祝詞《のりと》・祈年祭《としごひのまつり》）

カムロキとカムロミも、それらの末尾のキ・ミがそれぞれ男女を表し、男女の対ととらえられる。これらは、皇祖神を表すかとされる。

カムロギ・カムロミ　高天《たかま》の原《はら》に神留《かむづま》り坐《ま》す皇親神漏義《すめむつかむロギ》、神漏美《かむロミ》の命《みこと》を持《もち》て〈皇親神漏義　神漏美乃命持弖〉（祝詞・鎮火祭《ほしづめのほかひ》）

祝詞にカムロギの例も見え、上代から濁音ギの例が見えるが、この例は、上代特殊仮名遣のギ乙類の萬葉仮名「義」が用いられていて、カムロキのキが甲類であるところから見るとギ甲類が期待されるところであるので、仮名遣に問題があり、あるいは時代が下る可能性が考えられるかもしれない。

スメロキ　天皇《すめろき》の〈須賣呂伎能〉遠《とほ》の朝廷《（みかど）》と　韓国《から》に　渡《わた》る我《わ》が背《せ》は……（萬葉集三六八八（三七一〇））

天皇を表すスメロキのキは男を表すととらえられる。これに対する女を表すミの例（つまり、女帝を表す例）は、幕末まで時代が下るが、

スメラミ　†SUMERAMI　スメラミ　n. The Empress.（和英語林集成〔第三版〕）

の例がありはする。スメラの形とスメロの形とは母音交替と見られる。

スメラギ　天皇（一）スメラギ宣（上上上平）（類聚名義抄・図書寮本）

スメラギのように濁音ギである例は、平安末期の類聚名義抄・図書寮本に見える。この例には「宣」とあり、宣命を出典としているが、続日本紀・日本後紀・続日本後紀・文徳実録・三代実録の宣命にスメラギの確例は見当たらない。

オキナ・オミナ

オキナ［老父・老公］　……狂《たぶ》れたる　醜《しこ》つ翁《おきな》の〈之許都於吉奈乃〉言《こと》だにも　我には告《つ》げず……

（萬葉集四〇一一《四〇三五》）

オミナ［嫗・老女］　娠於弥奈《オミナ》〈於弥奈〉（新撰字鏡）

オキナ・オミナのキ・ミもそれぞれ男女を表すととらえられ、オキナ・オミナは老いた男女の対を表している。イザナギ・カムロギ・スメラギのように清音キがギに濁音化する例はキ・ギが語末のものであり、それに対して、オキナのキは語末ではないので濁音ギのオギナにはならないと見られる。

オミナと後に挙げるヲミナとを比べると、ヲミナは若い女を表す（後に女一般を表すようになる）ので、老いた女を表すオミナのオは、オホ［大］の意のオ［大］かと考えられる。ヲミナのヲは、ヲノ［小野］「さねさし　相模《さがむ》の小野《をの》に〈佐賀牟能袁怒迩〉燃《も》ゆる火《ひ》の　火中《ほなか》に立《た》ちて　問《と》ひし君《きみ》はも」（古事記・景行・二四）などのヲ［小］かと考えられる（第一章三参照）。また、ヲミナのミも、オミナのミと同様に女を表すととらえられる。そして、オミナと対になるオキナのオもオ［大］かと考えられる。

オ［大］について少し見ておくが、兄弟である仁賢天皇（兄）・顕宗天皇（弟）の名がそれぞれオケ「意祁命」・ヲケ「袁祁命」（いずれも古事記・清寧）であり、ヲケのヲがヲ［小］ととらえられるのに対して、オケのオはオ［大］ととらえられる。オホ［大］＋オミ［臣］の複合が約《つづ》まったオホミ［大臣］が、ツブラオホミ「都夫良意富美」・ツブラオミ「都夫良意美」（いずれも古事記・安康、人名）のようにオミともあり、このオミのオはオ［大］ととらえられる。オホバ［祖母］「祖父母古記に云《い》はく（略）、俗《ひと》の云はく、於保知於保波《オホヂオホバ》といふ。〈祖父母古記云（略）俗云　於保知於保波〉」（令集解《りょうのしゅうげ》・喪葬令）が、オバ［祖母］「阿婆於波《オバ》〈於波〉」（新撰字鏡）ともあり、このオバのオもオ［大］ととらえられる。

そして、オキナ・オミナおよびヲミナのナは、「ナは人の意。」（『岩波古語辞典』オキナ［翁・老夫］の項）ともされるが、「接尾語。人をよぶ語について親愛の意をあらわす。」（『時代別国語大辞典上代編』）と見る方がよいであろう。他に、セナ［夫］「ま遠《とほ》くの　野にも逢《あ》はなむ　心《こころ》なく　里のみ中《なか》に　逢《あ》へる背《せ》なかも〈安敝流世奈可母〉」（萬葉集三四六二《三四八二》・東歌）などの例がある。

これらのキ・ミは、複合語の中に見えるものばかりで、単独で用いられる例は見当たらない。

コ［子（男）］とメ［女］

男と女を表すもので、右に見たキ・ミの次に挙げるべき形は、コ［子（男）］・メ［女］と見られる。大野氏は、キ・ミの次にヲ［男］・メ［女］を挙げられるが、右に見たキ・ミとこのコ・メとは、それぞれキ―コ、ミ―メの母音交替の関係にあるので、キ・ミの次にコ・メを挙げるのがよいと考えられる。なお、男の意のコをコ［子（男）］と示すのは、後にふれる子供の意のコ［子（子供）］と区別するためであり、また、コ［男］としないのは、「子」字に子供の意も男の意もあるからである。

コ［子（男）］・メ［女］の例として挙げられるものに、それらを後項とする複合名詞であるヲトコ［男・壮夫］・ヲトメ［少女・処女］、ヒコ［彦］・ヒメ［姫・媛］、イラツコ［郎子］・イラツメ［郎女］、ムスコ［息子］・ムスメ［娘］などがある。

ヲトコ・ヲトメ

ヲトコ［男・壮夫］・ヲトメ［少女・処女］ 是《ここ》に、伊耶那岐《イザナキ》命《のみこと》の先づ言はく、「阿那迩夜志《アナニヤシ》愛《エ》袁登賣袁《ヲトメヲ》〈阿那［迩］夜志 愛袁登賣袁〉。」といひ、後《のち》に妹《いも》伊耶那美《イザナミ》命《のみこと》の言はく、「阿那迩夜志《アナニヤシ》愛袁登古袁《エヲトコヲ》〈阿那迩夜志 愛袁登古袁〉。」といひき（古事記・神代）

ヲトコはヲト＋コ［子（男）］の複合、ヲトメはヲト＋メ［女］の複合ととらえられ、それらに共通するヲトは、若返る意の動詞ヲツ［変若］「我《わ》が盛《さか》り いたくゝたちぬ 雲《くも》に飛《と》ぶ 薬食《くすりは》むとも またをちめやも〈麻多遠知米也母〉」（萬葉集八四七《八五一》）の被覆形と見られ、ヲトコ・ヲトメはそれぞれ若い男女を表すと見られる（ヲトコは、後に男一般を表すようになる）。また、ヲトコ・ヲトメに上接しているエは、いとしい意の接頭語である。

ヒコ・ヒメ

ヒコ［彦］・ヒメ［姫・媛］ 豊国《とよくに》の宇沙《ウサ》に到《いた》りし時に、其の土人《くにひと》、名は宇沙都比古《ウサツヒコ》、宇沙都比賣《ウサツヒメ》此の十字は音を以ゐよ。〈名宇沙都比古 宇沙都比賣此十字以音〉の二人《ふたり》、足一騰宮《あしひとつあがりのみや》を作りて、大御饗《おほみあへ》を献《たてまつ》りき（古事記・神武）生みし子は、沙本毗古《サホビコ》王《のみこ》。次に、袁沙本《ヲザホ》王《のみこ》。次に、沙本毗売《サホビメ》命《のみこと》、亦《また》の名は、佐波遅比売《サハヂヒメ》。〈生子 沙本毗古王 次袁沙本王 次沙本毗賣命 亦名佐波遅比賣〉（古事記・開化）

ヒコはヒ＋コ［子（男）］の複合、ヒメはヒ＋メ［女］の複合ととらえられ、それらに共通するヒは、ヒ｜［日］「…青山《あをやま》に 日《ひ》が隠《かく》らば〈比賀迦久良婆〉ぬばたまの 夜《よ》は出《い》でなむ…」（古事記・神代・三）と見られて、ヒコ［彦］・ヒメ［姫・媛］はそれぞれ男女の尊称として用いられる。

イラツコ・イラツメ

イラツコ［郎子］　太子《ひつぎのみこ》 菟道稚郎子《うぢのわかいらつこのみこ》〈菟道稚郎子《ウヂノワカイラツコノミコ》〉、位《みくらゐ》を大鷦鷯尊《おほさざきのみこと》に譲《ゆづ》りまして（日本書紀・仁徳天皇即位前・前田本）

イラツメ｜［郎女］　播磨稲日大郎姫《はりまのいなびのおほいらつめ》一に云《い》はく、稲日稚《わか》郎姫といふ。郎姫、此をば異羅菟咩《イラツメ》と云ふ。〈播磨稲日大郎姫 一云 稲日稚郎姫　郎姫 此云異羅菟咩〉を立てて皇后《きさき》とす（日本書紀・景行天皇二年三月）

イラツコ・イラツメに共通するイラは、イリビコ｜「御真木入日子《みまきいりびこ》はや〈美麻紀伊理毗古波夜〉御《み》真木入日子《まきいりびこ》はや〈美麻紀伊理毗古波夜〉…」（古事記・崇神・二二）・イリビメ｜「阿耶美能伊理毗賣《アザミノイリビメの》命《みこと》 此の女王の名は音を以ゐよ。〈阿耶美能伊理毗賣命此女王名以音〉」（古事記・垂仁）のイリ、イロセ｜［兄］「吾は天照大御神《あまてらすおほみかみ》の伊呂勢《イロセ》なり。伊より下の三字は音を以ゐよ。〈天照大御神之伊呂勢者也自伊下三字以音〉」（古事記・神代）・イロド｜［妹・弟］「弟の名は蠅伊呂杼《はへイロド》なり〈弟名蠅伊呂杼也〉」（古事記・安寧）などのイロとともに、同母の意とされる。イラツコは同母である男の子を、イラツメは同母である女の子を表すと見られる。また、イラツコ・イラツメのツは、現代語ではノに当たる連体の助詞である。

ムスコ・ムスメ

ムスコ［息子］　御息子《むすこ》の君だち、たゞ、この御宿直所《とのゐ》の宮仕《づか》へをつとめ給ふ（源氏物語・帚木）

ムスメ［娘］　娘《むすめ》を我にたべと、ふし拝《をが》み手をすりのたまへど（竹取物語）

ムスコ・ムスメのムスは、産む・生える意の動詞ムス［産］ととらえられ、ムスコは産んだ男の子を、ムスメは産んだ女の子を表すと見られる。動詞ムス［産］は、「川上《かはのへ》の ゆつ岩群《いはむら》に 草生《む》さず〈草武左受〉常《つね》にもがもな 常娘子《とこをとめ》にて」（萬葉集二二）のように、植物が生える意に用いられる例が多いが、神名タカミムスヒ［高皇産霊］・カムミムスヒ［神皇産霊］「次に高皇産霊尊《たかみむすひのみこと》。次に神皇産霊《かむみむすひの》尊《みこと》。皇産霊、此をば美武須毗《ミムスヒ》と云《い》ふ。〈次高皇産霊尊 次神皇産霊尊 皇産霊 此云（二）美武須毗（一）〉」（日本書紀・神代上・第一段一書第四）のムスでもあり、生み出すこと全般に言うと見られる。

コ［子（男）］・メ［女］は、本来、それぞれ男女を表すが、同母の意とされるイラや産む意のムスを上に伴って用いられる場合には、同母の意や産むの意によって、男女というより、男の子、女の子を表すようになると言える。

これらのコ［子（男）］は、複合語の中に見えるものばかりで、単独で用いられる例は見当たらない。それに対して、女を表すメは単独の名詞として用いられた例が見えるが、それは、ヲ［男］と対義的に用いられるものであるので、次の「ヲ［男］とメ［女］」の箇所で挙げることにしたい。

ヲ［男］とメ［女］

そして、男と女を表す語で、次に挙げるべきものは、ヲ［男］・メ［女］と見られる。メ［女］は、先に見たようにコ［子（男）］と対義的に用いられるものであったが、ヲ［男］とも対義的に用いられている。これらは、単独の名詞として用いられた例が見える。

ヲ・メ、ヲノコ・メノコ

ヲ［男］・メ［女］……吾《あ》はもよ 女《め》にしあれば〈賣迩斯阿礼婆〉汝《な》を置《き》て 男《を》はなし〈遠波那志〉……（古事記・神代・五）

このヲ［男］・メ［女］が連体の助詞ノを介してコ［子（子供）］を伴ったものが、ヲノコ・メノコである。なお、コ［子（子供）］の例は、後に挙げることにする。

ヲノコ　……鶏《とり》が鳴《な》く東男《あづまをのこ》は〈安豆麻乎能故波〉出《い》で向《む》かひ かへり見せずて……（萬葉集四三三一）四三五五

メノコ　愚癡《かたくな》なる婦人《めのこ》〈愚《カタク（ナナル）》癡婦人《メノコ》〉、天下《あめのした》に臨《きみとしのぞ》みて頓《ひたぶる》に其《そ》の県《あがた》を亡《ほろぼ》せり。（日本書紀・推古天皇三十二年十月・岩崎本平安中期点）

ヲノコ・メノコは、それぞれ身分の低い男女を表すとも言われるが、それはコ［子（子供）］を伴うところからそのような意を表すようになったとも考えられる。後に挙げるように、男子一般・女子一般を表すとも言われ、本来は男の子一般・女の子一般を表すかと考えられる。

ヲ・メは、右の古事記歌謡の例のように単独で用いられる例もあるが、多くは、それらを前項とする複合名詞（ヲ〜・メ〜）や、それらを後項とする複合名詞（〜ヲ・〜メ）として用いられる。

ヲ〜・メ〜

ヲ〜・メ〜の例として、ヲガキ［男餓鬼］・メガキ［女餓鬼］、ヲガミ［男神］・メガミ［女神］、ヲドリ［雄鳥］・メドリ［雌鳥］の例を挙げておく。

ヲガキ［男餓鬼］・メガキ［女餓鬼］ 寺々の 女餓鬼申さく〈女餓鬼申久〉大神《みわ》の 男餓鬼賜《たば》りて〈男餓鬼被(レ)給而〉その子産まはむ（萬葉集三八四〇《三八六二》）

ヲガミ［男神］・メガミ［女神］ あまのうきはしのしたにて、めがみをがみとなりたまへることをいへるうたなり（古今集・仮名序）

ヲドリ［雄鳥］ 庭《には》に立《た》つ ふゝきの雄鳥《をどり》〈布ゝ支乃乎止利〉しついついつら 愛子夫《いとこせ》我《わ》が夫《せ》 暁《あかつき》と知《し》らに 我《わ》が寝《ね》ば しついついつら 打《う》ち起《おこ》せ雄鳥《をどり》〈宇知於世己《レ》乎止利〉（琴歌譜九・庭立振）

メドリ［雌鳥］ 女鳥《めどり》の〈賣杼理能〉我《わ》が王《おほきみ》の 織《お》ろす服《はた》 誰《た》が料《たね》ろかも（古事記・仁徳・六六、人名）

ヲドリ・メドリには、「雄雌 毛詩注に云《い》はく、鳥の別れざるは翼を以て知る、右の左を掩《おほ》ふは雄、（略）和名、乎止里《ヲドリ》。〈右掩(レ)左雄（略）和名 宇止里《［乎］》〉左の右を掩ふは雌（略）和名、米止利《メドリ》。〈左掩(レ)右雌（略）和名 米止利〉といふ（略）」（和名類聚抄・二十巻本十八）のような例も見える。

〜ヲ・〜メ

〜ヲ・〜メの例として、シコヲ［醜男］・シコメ［醜女］、マスラヲ・タワヤメ（タヲヤメ）、および、ヤモヲ［鰥］・ヤモメ［寡・寡婦］の例を挙げておく。

シコヲ［醜男］ 生みし子は、大国主神《おほくにぬしのかみ》。亦《また》の名は、大穴《おほな》牟遅《ムヂ》神《のかみ》牟遅の二字は音を以ゐよ。と謂《い》ひ、亦《また》の名は、葦原《あしはら》色許《シコ》男神《をのかみ》色許の二字は音を以ゐよ。〈亦名 葦原色許男神色許二字以音〉と謂ひ（古事記・神代）

シコメ［醜女］　即《すなは》ち豫母都志許賣《ヨモツシコメ》此の六字は音を以ゐよ。〈豫母都志許賣此六字以音〉を遣《つかは》して、追はしめき（古事記・神代）

シコは、「醜」字を書くが、みにくい意ではなく、頑強である意に用いられ、シコヲ・シコメは、それぞれ頑強である男女を表している。

マスラヲ　……大伴の 氏《うぢ》と名に負《お》へる ますらをの伴《とも》〈麻須良乎能等母〉（萬葉集四四六五《四四八九》）

タワヤメ　逢《あ》はむ日の 形見《かたみ》にせよと たわやめの〈多和也女能〉思《おも》ひ乱《みだ》れて 縫《ぬ》へる衣《ころも》そ（萬葉集三七五三《三七七五》）

タヲヤメ　婦人　同（日本紀）私記に云《い》はく、手弱女人多乎夜米《タヲヤメ》といふ、婦人上に同じ。〈手弱女人多乎夜米　婦人上同〉（和名類聚抄・十巻本一）

も、〃〜ヲ・〜メ〃の例である。マスラは、立派なさまを表す。『岩波古語辞典』は、「《マスはマス（増・勝）と同根。（略）》」としている。タワヤとタヲヤとは母音交替と見られ、タワヤは、なよなよとしたさまを表す。タワヤのタワは、タワム［撓］「…ますらをの 心はなしに たわやめの〈手弱女乃〉思ひたわみて〈念多和美手〉…」（萬葉集九三五《九四〇》）のタワととらえられる。

ヤモヲ［鰥］・ヤモメ［寡・寡婦］　是《ここ》を以《もち》て、里《さと》に鰥寡《やもをやもめ》無《な》く〈里《に》無《ク》(二)鰥寡《ヤモヲヤモメ》(一)〉、家《いへ》に余儲《あまりのたくはへ》有り（日本書紀・仁徳天皇七年九月・前田本）

ヤモヲ・ヤモメには、「鰥夫　釈名に云《い》はく、妻无《な》きを鰥（略）和名、夜毛乎《ヤモヲ》。と曰《い》ふといふ〈鰥夫　釋名云　无(レ)妻曰(レ)鰥（略）和名(一)夜毛乎〉」・「寡婦　釈名に云はく、夫无《をひとな》きを寡寡婦、和名、夜毛米《ヤモメ》。と曰ふといふ〈寡婦　釋名云　无(レ)夫曰(レ)寡　寡(一)婦　和名(一)　夜毛米〉（略）」（和名類聚抄・十巻本一）のような例も見え、それぞれ独身の男女を表している。ヤモメに対して、ヤマメ「我《わ》が身《み》ぞ寡《やまめ》にていたづらにならめ」（宇津保物語・国譲中）の形の例もあるが、ヤモヲに対するヤマヲの例は見当たらない。

ヤモメの意味の変化

ヤモメは、右に見たように、独身の女を表す。ところが、平安時代には、ヤモメが独身の男について言う例も見える。「昔、をとこ、やもめにてゐて」（伊勢物語）の例がそうである。「鰥《クハン》　ヤモメ　妻无《な》きを鰥と曰《い》ふ　鰥夫〈鰥《クハン》　ヤモメ　无妻曰鰥(一)　鰥(一)夫〉」・「寡《クワ》ヤモメ　夫无きを寡と曰ふ　寡婦なり〈寡《クワ》ヤモメ　无夫曰寡(一)　寡(一)婦也(一)〉」（色葉字類抄・黒川本）の前者の例もそうで、独身の女の意の「寡」字にヤモメの訓があるのはよいが、独身の男の意の「鰥」字にもヤモメの訓がある。また、ヤマメも、「大納言殿はやまめのやうにておはすれど」（栄花物語十）のように、独身の男について言う例が見える。平安時代には、ヤモメ・ヤマメのメが女の意であることが認識されなくなっていたということであろうか。ないしは、ヤモヲが用いられなくなって行き（ヤモヲという語があったことを現代で知る人がどれほどいるであろうか）、ヤモメ・ヤマメが男女を問わず独身の人を表すようになったかとも考えられる。

なお、独身の男を表すもので、

ヲノコヤモメ　鰥鰥同じく作る（略）男也毛女《ヤモメ》〈男也毛女〉（新撰字鏡）　隣に耆《おきな》嫗《オウナ》有りて　各《おのおの》鰥《ヲノコヤモ（メ）》寡《やもめ》に居りて〈各居(二)鰥寡(一)《鰥乎乃古夜母》〉（日《に》本霊異記《ほんりょういき》・中十六・国会図書館本）　鰥ヲノコヤモメ（類聚名義抄）

ヲトコヤマメ　鰥寡《クハンクワ》ト書ク　鰥ヲバヲトコヤマメトヨミ、寡ヲバヲンナヤマメトヨム、（壒嚢鈔《あいのうしょう》・二36）

Votocoyamame. 男やもめ。（日葡辞書・補遺）

ヲ《オ》トコヤモメ　さすが男やもめにて送らんよしもなければ、かさねて妻《つま》をもとめ置《おき》しが（咄本《はなし》・醒睡笑《せいすいしょう》四）

のように、本来は独身の女を表すヤモメ・ヤマメの上に、男の意のヲノコ・ヲトコを伴った、言わば中間的な形態も見える。これらのうち、新撰字鏡の例は、類聚名義抄の例によってヲノコヤモメと訓《よ》み、日本霊異記の訓釈の例は、ヲノコヤモとあるが、新撰字鏡や類聚名義抄の例から見て、メの脱落したものととらえておく。室町時代の壒嚢鈔の例は、ヲトコヤマメとともにヲンナヤマメともあって、ヤマメが男女を問わず独身の人を表していることが注意される。現代でも用いられるヲ《オ》トコヤモメの形が見えるのは、江戸時代以降である。

ところで、ヤモヲ・ヤモメおよびヤマメのヤモ・ヤマは何であろうか。一つの考え方として、動詞ヤム［止・息］「…朝な朝《さ》な　言《い》ふこと止《や》み〈伊布許登夜美〉たまきはる　命絶《いのちた》えぬれ…」（萬葉集九〇四）の被覆形ではないかと見られよう。ヤム［止・息］は、「とまる。終わる。動作・状態が存在しなくなる。トマル・トドマルが、ものが動きを停止することを意味するのに対し、そのことがら自体が停止と同時になくなる意をあらわす。」（『時代別国語大辞典上代編』）とされるように、終わる・絶える意に近い意味を持っていて、子孫への継続がヤムところの男女をヤモヲ・ヤモメ（ヤマメ）と言ったのではないかと思われてくる。類聚名義抄に見えるアクセントは、

ヤム［止・息］　息ヤム易（上平）（図二三七）
ヤモヲ［鰥］　鰥カ《［ヤ］》モヲ（上上上）（観僧下四［3ウ］）
ヤモメ［寡・寡婦］　孀ヤモメ（上上上）（高51オ）

のようで、いずれもヤが上声で高く始まる高起式である。尤も、ヤモヲ・ヤモメ（ヤマメ）は独身の男女を言い、子供のない男女を言うのではないので、この考え方は当たっていないかもしれない。

現代語における〃ヲ〜・メ〜〃の例は、大野氏も言われるように、ヲ《（オ）》ウシ［牡］・メウシ［牝］のような動物、ヲ《（オ）》シベ［雄蘂］・メシベ［雌蘂］のような植物、ヲ《（オ）》ネジ［雄捻子］・メネジ［雌捻子］のような工作物などに用いられて、人に用いられる例があまり見当たらない。それに対して、〃〜ヲ・〜メ〃の例はマスラヲ・タヲヤメなど人に用いられる例が多く、〃ヲ〜・メ〜〃と〃〜ヲ・〜メ〃とは差違があると言える。

ヲトコ［男］とヲミナ［女］

ヲトメとヲミナ

ヲトコと対義的に用いられるものは、ヲトメであったが、ヲミナが用いられる例も見える。

ヲトコ［男］・ヲミナ［女］　秋野には　今《いま》こそ行《ゆ》かめ　もののふの　男女《をとこをみな》の〈乎等古乎美奈能〉花《はな》
にほひ見に（萬葉集四三一七[四三四一]）

また、

……木幡《こはた》の道《みち》に 逢《あ》はしし嬢子《をとめ》〈阿波志斯袁登賣〉……眉画《まよが》き 此《こ》に画《か》き垂《た》れ 逢《あ》はしし女《をみな》〈阿彼［波］志斯袁美那〉……（古事記・応神・四二）

のように、同じ歌謡の中でヲトメとヲミナとがほぼ同じ意に用いられている例もある。

先に見たように、ヲトメは若い女の意を表すものであった。これも先に見たように、ヲミナのヲはヲ［小］かと考えられ、ヲミナも若い女の意を表すものであった。つまり、ヲトメもヲミナも若い女の意を表すところから、ヲトメの代わりにヲミナが用いられるようになったものであろう。

因みに、右の古事記歌謡の例の「此《こ》に画《か》き垂《た》れ」の「此《こ》に」は、「濃《こ》に」ではない。原文の萬葉仮名「〈許〉」は、上代特殊仮名遣のコ乙類であり、形容詞コシ［濃］のコは甲類であるので仮名遣が合わず、また、工藤力男氏「上代形容詞語幹の用法について」(5)が言われるように、上代において「ク活用形容詞の語幹が、単独でニ語尾をとることはない」ので、形容詞コシ［濃］の語幹が単独でニを伴うことはなく、「濃《こ》に」ではない。尤も、マロニ「沈《ぢん》をまろに削《けづ》りたる貫簀《ぬきす》」（宇津保物語・菊の宴）・ユルニ「花さそふ風ゆるに吹《ふ》ける夕暮《ゆふぐれ》に」（宇津保物語・国譲下）のように、平安中期頃以降になると、ク活用形容詞の語幹が単独でニを伴う例が見えるようになる。(6)

なお、大野氏は、ヲミナの例「嬢婦人の美しきなり　美女なり　良女なり〈美女也　良女也〉肥大なり　乎美奈《ヲミナ》〈乎美奈〉」（新撰字鏡）に「美女」「良女」などとあることや、萬葉集に見える花の名のヲミナヘシの表記が「〈佳人部為〉」（萬葉集二一〇七《二一一一》）・「〈美人部師〉」（萬葉集二一一五《二一一九》）などとあって、ヲミナが「佳人」「美人」と表されることから、ヲミナがもと美女・佳人の意であると述べられるが、これには、先に挙げた阪倉氏の書評の批判があり（その際に『新明解古語辞典 補注版』ヲトコの項〔西宮一民氏執筆〕を引かれるが、それは後に挙げる）、美女・佳人の意に用いられることはあるが、それが本来の意ではないと考えられよう。

ヲトコとヲンナ

そして、平安時代に下ると、

ヲトコ・ヲンナ　をとこをむなのなかをもやはらげ、たけきもの丶ふの心をも、なぐさむるはうたなり（古今集・仮名序）　をとこもすなる日記といふものを、をむなもしてみんとてするなり（土左日記）

のように、ヲミナのミが撥音便化してヲンナとなって、ヲトコとヲンナが対義的に用いられるようになり、現代語につながる形となる。

男と女

西宮一民氏の説から

ところで、先にふれたように、阪倉氏の大野氏に対する書評は、西宮氏の説があることを指摘される。あまり知られていないので、やや長いが全て引用する。

ヲトコは原義的には「ヲト〔若〕コ〔男子〕」だから、「ヲト〔若〕メ〔女子〕」に対する語であった。ところが一般に男女という場合はヲトコ・ヲミナが対語として用いられている。ヲトコは右の如くヲトメの対語であり、ヲミナは実はヲグナ〔童男〕と対になる語である。すなわち、「ヲ〔小・若〕グ〔男性〕ナ〔人〕」に対する「ヲ〔小・若〕ミ〔女性〕ナ〔人〕」である。ところが、早く、男はヲトコ、女はヲミナという本来よりずれた形で対をなしてしまったものといえる。確かにずれてはいるが、ヲグナ・ヲミナは童男・童女であるから、ヲトコ〔若男〕・ヲトメ〔若女〕と、意味の上でさほど距離がなかったともいえよう。その反対は、オキナとオミナで、「オ〔大・老〕キ〔男性〕ナ〔人〕」「オ〔大・老〕ミ〔女性〕ナ〔人〕」という対語となる。また男子一般・女子一般としてヲノコ〔男の子〕・メノコ〔女の子〕という言い方もある。単にヲとメといえば、雄と雌、男性と女性、夫と妻という意の如く、性別上の意識が強い。このように、男性はK（g）の音、女性はMの音をもつ表現と、ヲとメとの表現との二系列があったわけである。（傍線、蜂矢）

ヲノコ・メノコについては、先に見た。

この西宮氏の説の注意されるところは、ヲグナのグが男を表すとされ、本来はヲグナとヲミナとが対になるととらえられる[7]ことである。ヲグナがなぜ清音クではなく濁音グであるかという点に問題が残るものの、非常におもしろいとらえ方である。

ヲグナ　是《こ》の小碓尊《をうすのみこと》は、亦《また》の名《みな》は日本童男《やまとをぐな》。童男、此をば烏具奈《ヲグナ》と云《い》ふ。〈亦名　日本童男童男　此云烏具奈〉亦は日本武尊《やまとたけるのみこと》と曰《まう》す。（日本書紀・景行天皇二年三月）

のように、ヲグナは、「童男」の訓としてあって、若い男の意と見られる。ヲミナは、若い女の意であること[8]、先にオミナとの対比によって見た通りである。先にヲミナのヲをヲ［小］と、同じくナを親愛の意の接尾語かと見ることについても見たが、ヲグナのヲ・ナについても同様である。

さて、西宮氏は、ヲトコもヲグナも若い男の意であり、ヲトメもヲミナも若い女の意であるので、ヲトコとヲミナという「本来よりずれた形で」対をなすことになったと述べられる。そして、「本来よりずれた形で」はあるが、この対が安定し、そのことによって、ヲトコが男一般を表し、ヲミナ（ないし、ヲンナ）が女一般を表すようになったと考えられる。

ところで、この西宮氏の述べられるところの最後に「二系列」とあるのは、

ヲト**コ** ↔ ヲト**メ**
ヲ**グ**ナ ↔ ヲ**ミ**ナ
オ**キ**ナ ↔ オ**ミ**ナ

と、

ヲ ↔ **メ**
ヲノコ ↔ **メ**ノコ

との二つの系列ということである。「K（g）の音」とあるのは太字で示したキ・コとグ（その中心的なものはコと見られる）であり、「Mの音」とあるのは太字で示したミ・メ（その中心的なものはメと見られる）である。

この場合に、女を表すものは「二系列」の間で大きく異なっていない（強いて異なる点を挙げれば、

前者ではミとメとがあるのに対して、後者ではメのみである）ことが注意されて、その点に注意して改めて見ると、

男は、〝キ―コ、グ（その中心はコ）〟と〝ヲ〟との二類

女は、〝ミ―メ（その中心はメ）〟の一類

ととらえ直すことができる。このように見てみると、男を表すものに〝コ〟と〝ヲ〟との二類があることが問題の中心であり、そして、男を表すものになぜ二類があるかが問われることになる。

コ［子（男）］とコ［子（子供）］との分化

先に少しふれたように、コ［子］には、男を表すコ［子（男）］と子供を表すコ［子（子供）］とがあった。本来、この二つの意味は未分化なものであったと思われる。コ［子（子供）］の例は、次のようである。

コ［子（子供）］　八田《やた》の　一本菅《ひともとすげ》は　子持《こも》たず〈古母多受〉　立《た》ちか荒《あ》れなむ　あたら菅原《すがはら》……あたら清《すが》し女《め》（古事記・仁徳・六四）

この例は、古事記本文によるならば「八田《やた》の一本菅《ひともとすげ》」とか「清《すが》し女《め》」と呼ばれているのは「八田若郎女《（やたのわかいらつめ）》」のことであり、「子《こ》」は男の意ではなく子供の意である。

男を表すコ［子（男）］が、ヒコ［彦］などの複合語の例しか見えず、子供を表すコ［子（子供）］が、右のように単独で用いられる例が見えることは、男の意の方がより古く、子供の意の方がより新しいことを想像させる。ヲ［男］もまた、単独で用いられる例が見えた。

すなわち、〝コ〟と〝ヲ〟との二類の発生は、コ［子］における男の意と子供の意との分化によって、コが子供の意の方に傾向するようになり、男の意を表すものとして新たにヲが用いられるようになった結果ではないかと推定される。(9)

注

（1）［1974・11 岩波新書 青版911］第一部第一章
（2）［2004・6 小学館スクウェア］第一部一
（3）「文学」43-4［1975・4］
（4）蜂矢「～キと～ギ」（『萬葉』150［1994・5］）参照。以下の、カムロギ・スメラギについても同様。
（5）『日本語史の諸相　工藤力男論考選』［1999・8 汲古書院］、もと「国語国文」42-7［1973・7］。工藤氏は、シク活用形容詞語幹も同様であることを指摘される。なお、林 浩恵氏「上代における形容詞語素とニ――なぜク活用形容詞語素は単独でニを伴わないか――」（『萬葉』194［2006・3］）をも参照。
（6）蜂矢「一音節語幹の形容詞」（『萬葉』178［2001・9］）・「語幹を共通にする形容詞と形容動詞」（『国語語彙史の研究』22［2002・3 和泉書院］）・「語基を共通にする形容詞と形容動詞」（『国語語彙史の研究』23［2003・3 和泉書院］）参照。
（7）ヲグナ―ヲミナの対と見るとらえ方は、西宮氏より先に、折口信夫「翁の発生」（『民俗藝術』1-1・3［1928・1-3］、『折口信夫全集』2［1965・12 中央公論社］）に、

おきな・おみなに対して、をぐな・をみなのある事を思ひ併せると、大（お）・小（を）の差別が、

き（く）・み（む）の上につけられてゐる事が知れます。つまりは、老若制度から出た社会組織上の古語であつたらしいのです。

とある。なお、木村紀子氏「ヤマトコトバと古代語」（「奈良大学紀要」36［2008・3］）参照。

（8）和名類聚抄の高山寺本・大東急記念文庫本の地名に、ヲンナ「童女乎无奈」（信濃国小縣郡・郷名）の例もある。

（9）以上のことの多くについては、蜂矢「上代特殊仮名遣に関わる語彙」（「萬葉」198［2007・6］）第一節参照。

三　ヲ〔小〕とコ〔小〕

オホ〔大〕の対義語

オホ〔大〕—ヲ〔小〕が対義語であるのに対して、オホ〔大〕—コ〔小〕も対義語であるが、ヲ〔小〕とコ〔小〕との差違や、両者の関係は、果たしてどうであるだろうか。

例えば、『時代別国語大辞典上代編』には、

接頭語。名詞に冠する。小さいの意を添え、また小さくかわいいものとして親しみをこめてもいう。（ヲ〔小〕の項）

接頭語。主として名詞に接するが、動詞に冠せられたものもある。ほぼ同義の接頭語にヲがある。（コ〔小〕の項）

とあり、ヲ〔小〕の項に「親しみをこめてもいう。」とあるが、コ〔小〕の項にも右の後に「②親愛の気持をあらわす。」とあり、結局「ほぼ同義」であって、コ〔小〕が動詞に上接することがある他は、両者の差違ははっきりしない。なお、右のヲ〔小〕の項に「名詞に冠する。」とあるが、後に挙げるように、平安初期には形容詞に上接する例も見え、また、右のコ〔小〕の項に「主として名詞に接するが、動詞に冠せられたものもある。」とあるが、後に挙げるように、平安初期には形容詞に上

接する例も見える。

以下には、ヲ［小］・コ［小］について（これらと対義的に用いられるオホ［大］についても）、上代および平安初期頃（平安中期初を含む）の例を中心として、それぞれ比較的古い例を挙げて見ることにしたい。ヲ［小］・コ［小］の平安初期頃の例については、「・」印を付して挙げることにする。

なお、「小」字のみで表記された例は、ヲと訓《よ》むかコと訓むかが確定できないので検討の対象としないことにする（「大」字のみで表記された例は、オホの他の訓はほとんど考えられないので挙げることにする）。

ヲ［小］

まず、ヲ［小］の例を、およそ何を表すかによって分類しながら挙げて行く。

地形等を表す例

ヲサカ［小坂］……朝妻《あさづま》の　避介《(ひけ)》の小坂《をさか》を　〈避介能烏瑳介烏〉片泣《かたな》きに　道行《みちゆ》く者《もの》も　偶《たぐ》ひてぞ良《よ》き（日本書紀・仁徳・五〇）
ヲサト［小里］　小里《をさと》なる　〈乎佐刀奈流〉花橘《はなたちばな》を　引《ひ》き攀《よ》ぢて　折《を》らむとすれど　うら若《わか》みこそ　（萬葉集三五七四・東歌）
ヲソネ［小确］三五九六　浅茅《あさぢ》原《はら》　小确《をそね》を過《す》ぎ　〈鳴贈祢鳴須擬〉百伝《もゝづた》ふ　鐸《ぬて》ゆらくもよ　置目《おきめ》来《く》らしも（日本書紀・顕宗・八五）

ヲダニ［小谷］　浅茅原《あさぢはら》　小谷《をだに》を過《す》ぎて　〈袁陁尓袁須疑弖〉　百伝《もゝづた》ふ　鐸《ぬて》ゆらくも　置目《おきめ》来《く》らしも（古事記・顕宗・一一〇 一一一）

ヲノ［小野］　さねさし　相模《さがむ》の小野《をの》に　〈佐賀牟能袁怒迩〉　燃《も》ゆる火《ひ》の　火中《ほなか》に立《た》ちて　問《と》ひし君《きみ》はも（古事記・景行・二四）

ヲバヤシ［小林］　小林《をばやし》に　〈烏麼野始儞〉　我《われ》を引入《ひきれ》て　奸《せ》し人《ひと》の　面《おもて》も知《し》らず　家《いへ》も知《し》らずも（日本書紀・皇極・一一一）

ヲミネ［小峰］　相模嶺《ね》の　小峰《をみね》見隠《かく》し　〈乎美祢見可久思〉　忘《わす》れ来《く》る　妹《いも》が名呼《よ》びて　我《あ》を音《ね》し泣《な》くな（萬葉集三三六二 三三七八・東歌）

ヲムレ［小山］　今城《いまき》なる　小山《をむれ》が上《うへ》に　〈乎武例我禹杯尓〉　雲《くも》だにも　著《しる》くし立《た》たば　何《なに》か歎《なげ》かむ（日本書紀・斉明・一一六）

ヲヤマダ［小山田］　小山田《をやま(だ)》の　〈乎夜麻田乃〉　池《いけ》の堤《つつみ》に　さす楊《やなぎ》　なりもならずも　汝《な》と二人《ふたり》はも（萬葉集三四九二 三五一二・東歌）

ヲヲ［小峰］　……大峰《おほを》には　〈意冨袁尓波〉　幡張《はたは》り立《だ》て　さ小峰《をゝ》には　〈佐袁〻尓波〉　幡張《はたは》り立《だ》て……（古事記・允恭・八九）

・ヲガハ［小川］　斑鳩《いかるが》の　富《とみ》の小川《をがは》の　〈止美能乎何波乃〉　絶《た》えばこそ　我《わ》が大君《おほきみ》の　御名《みな》忘《わす》らえめ（上宮聖徳　法王帝説《じょうぐうしょうとくほうおうていせつ》）

右のヲソネ［小确］の例とヲダニ［小谷］の例とは、ほぼ同様の歌謡のものである。また、ヲガハ

「小川」の上宮聖徳法王帝説の例は、『日本古典文学大辞典』によると、この例の部分は聖徳太子伝《しょうとくたいしでん》暦《りゃく》の撰述以後のものとされるので、平安初期頃のものとしておいたが、この歌の上代特殊仮名遣およびヤ行エの表記は全て合っているので、上代の例と見てよいかとも考えられよう。なお、この例の「富《とみ》の小川《をがは》」は、現在の富雄川《とみおがわ》である。

右のうち、ヲヲ「小峰」の例はオホヲ「大峰」と対義的に用いられていて、また、ヲノ「小野」、および、ヲガハ「小川」も、オホノ「大野」「面形《おもかた》の 忘《わす》れむしだは 大野《おほ(の)》ろに〈於抱野呂尓〉たなびく雲《くも》を 見つつ偲《しの》はむ」（萬葉集三五二〇《三五四一》・東歌）、および、オホカハ「大川」「度会《(わたらひ)》の 大川の辺《(へ)》の〈大川(ノ)邊(ノ)〉若久木 我が久ならば 妹恋ひむかも」（萬葉集三一二七《三一四一》）の例があり、オホ〜と対義的であると見られる。

また、『時代別国語大辞典上代編』に、ヲソネ「小确」のソネ「磽」は、「石まじりの固いやせた土地か。」と、ヲムレ「小村」のムレは、「山。朝鮮語に由来する語か。」とある。

地名の例

ヲサホ「小佐保」……春日《はるひ》の 春日《かすが》を過《す》ぎ 妻隠《つまごも》る 小佐保《を(さ)ほ》を過《す》ぎ〈嗚佐裒嗚須擬〉……（日本書紀・武烈即位前・九四）

ヲツクハ「小筑波」 小筑波《をつくは》の〈乎都久波乃〉繁《しげ》き木《こ》の間《ま》よ 立《た》つ鳥《とり》の 目ゆか汝《(な)》を見む さ寝《ね》ざらなくに（萬葉集三三九六《三四一四》・東歌）

・ヲクロザキ おくろざき《[を]》 みつのこじまの 人ならば 宮このつとに いざといはましを（古今集一

〇九〇）

・ヲヒレ　大《おほ》ひれや〈於保比礼也〉小《を》ひれの山《やま》は〈乎比礼乃也末者〉や　寄《よ》りてこそ　寄《よ》りてこそ　山《やま》は良《よ》らなれや　遠目《とほめ》はあれど（東遊歌八・片降）

固有名詞の例は基本的に挙げないこととしたが、ヲ［小］に「地形等を表す例」が多いことを考慮して、地名は挙げることにする（比較する必要から、コ［小］の場合も同様とする）。

右のうち、ヲヒレの例は、オホヒレと対義的に用いられている。

人を表す例

ヲヂ［翁・伯父・叔父］　其の事勝国勝神《ことかつくにかつかみ》は、是《これ》伊奘諾尊《イザナキのみこと》の子《みこ》なり。亦の名は塩土老翁《しほつつのをぢ》。（略）老翁、此をば烏膩《ヲヂ》と云《い》ふ。〈亦名　塩土老翁（略）老翁　此云（二）烏膩（一）〉（日本書紀・神代下・第九段一書第四・第五）

ヲバ［姨・姑］　姑古記に云《い》はく、釈親に云はく、父の姉妹を姑とすといふ。（略）俗《ひと》の云はく、乎婆《ヲバ》といふ。〈姑古記云　釋親云　父之姉妹爲姑（略）俗云　乎婆〉（令集解《りょうのしゅうげ》・喪葬令）

右のヲヂ・ヲバは、第一章二に見たように、オホヂ［祖父］・オホバ［祖母］「祖父母古記に云《い》はく（略）俗《ひと》の云はく、於保知於保波《オホヂオホバ》といふ。〈祖父母古記云（略）俗云　於保知於保波〉」（令集解・喪葬令）、オバ［祖母］「阿婆於波《オバ》〈於波〉」（新撰字鏡）の例があり、オホ～（・オ～）と対義的であると見られる。

また、第一章二に見たように、ヲミナ・ヲグナが加えられる。

ヲミナ　……眉画《まよが》き　此《こ》に画《か》き垂《た》れ　逢《あ》はしし女《をみな》〈阿彼［波］志斯袁美那〉……（古事記・応神・四二）

ヲグナ　是《こ》の小碓尊《をうすのみこと》は、亦《また》の名《みな》は日本童男《やまとをぐな》。童男、此をば烏具奈《ヲグナ》と云《い》ふ。〈亦名　日本童男童男　此云烏具奈〉亦は日本武尊《やまとたけるのみこと》と曰《まう》す。（日本書紀・景行天皇二年三月）

工作物等を表す例

ヲダテ［小楯］　……木幡《こはた》の　道《みち》に　逢《あ》はしし嬢子《をとめ》　後手《うしろで》は　小楯《をだて》ろかも　〈袁陁弖呂迦母〉……（古事記・応神・四二）

ヲドコ［小床］　寸戸人《きへひと》の　まだら衾《ぶすま》に　綿《わた》さはだ　入《い》りなましもの　妹《いも》が小床《をどこ》に　〈伊毛我乎杼許尓〉（萬葉集三三五四《三三六八》・東歌）

ヲバシ［小橋］　朝霜《あさしも》の　御木《みけ》のさ小橋《をばし》　〈瀰概能佐烏麼志〉侍臣《まへつぎみ》　い渡《わた》らすも　御木《みけ》のさ小橋《をばし》　〈瀰開能佐烏麼志〉（日本書紀・景行・二四）

ヲブネ［小舟］　沖辺《おきへ》には　小舟《をぶね》つらゝく　〈袁夫泥都羅ゝ玖〉　くろざやの　まさづ子吾妹《こわぎも》　国《くに》へ下《くだ》らす（古事記・仁徳・五二）

ヲヤ［小屋］　葦原《あしはら》の　しけしき小屋《をや》に　〈志祁志岐袁夜迩〉　菅畳《すがたゝみ》　いやさや敷《し》きて　我《わ》が二人寝《ふたりね》し（古事記・神武・一九）(1)

・ヲガメ［小瓶］　玉垂《たまだ》れの　小瓶《をがめ》を中《なか》に据《す》ゑて　〈乎加女乎奈加仁須恵天〉　主《あるじ》はもや　魚求《さかなま》きに　魚取《さかなと》りに　こゆるぎの　磯《いそ》の若藻《わかめ》　刈《か》り上《あ》げに　（風俗歌三・玉垂れ）

・ヲグシ［小櫛］　蘆《あし》の屋《や》の　なだの塩焼《しほやき》　いとまなみ　黄楊《つげ》の小櫛《をぐし》も　さゝず来《き》にけり（伊勢物語、和歌）

・ヲグルマ［小車］ 小車錦《をぐるまにしき》の〈乎久流末尓之木能〉 紐解《ひもと》かむ 宵入《よひり》を忍《しの》ばせ夫《せ》 よやな 我忍《われしの》ばせ
そよ まさに寝《ね》てけらしも （風俗歌八・小車）

右のうち、ヲダテ［小楯］、ヲバシ［小橋］、ヲブネ［小舟］、および、ヲグシ［小櫛］は、オホタテ［大楯］「皇太子《ひつぎのみこ》、天皇《すめらみこと》に請《まう》したまひて、大楯及《おほたておよ》び靫《ゆき》を作《つく》り〈以作㈡大楯及靫㈠〉」（日本書紀・推古天皇十一年十一月）、オホハシ［大橋］「しなでる 片足羽川の さ丹塗りの 大橋の上ゆ〈大橋之上従〉…」（萬葉集一七四二）一七四六、オホブネ［大船］「大舟《おほぶね》に〈於保夫祢尓〉ま梶《かぢ》しじ貫《ぬ》き 海原《うなはら》を 漕《こ》ぎ出《で》て渡《わた》る 月人をとこ」（萬葉集三六一一）三六三三、および、オホグシ［大櫛］「いとあやしき様《さま》なる衣《きぬ》をきて、大櫛《おほぐし》を面櫛《つらぐし》にさしかけてをりて」（大和物語）の例があり、オホ〜と対義的であると見られる。また、ヲドコ［小床］に対して、オホドコ［槨］「槨 野王曰《い》はく、槨（略）郭と同じ。和名、於保止古《オホドコ》。〈槨㈠（略）与郭同 和名 於保止古〉は棺を周《めぐ》るものなりといふ」（和名類聚抄・二十巻本十四）の例があり、これは、「棺を納める石、または木造のはこ。」（『日本国語大辞典』〈初版・第二版とも〉）の意であって、やや異なるが、合わせ挙げてよいかと見られる。

なお、ヲガメ［小瓶］の例については、後にコ［小］の「動物を表す例」として挙げるコガメ［小亀］の例を参照されたい。

動物を表す例

ヲカモ［小鴨］ 沖《おき》に住《す》も 小鴨《をかも》のもころ〈乎加母乃毛己呂〉 やさか鳥《どり》 息《いき》づく妹《いも》を 置《お》きて来《き》ぬかも（萬葉集三五二七・東歌）三五四八

「動物を表す例」のヲは、ヲ［男・雄］の意と見る可能性もある。

植物を表す例

ヲゴモ［小薦］　人言《ひとごと》の　繁《しげ》きによりて　まを薦《ごも》の〈麻乎其母能〉同《おや》じ枕《まくら》は　我《わ》はまかじやも（萬葉集三四六四・東歌）

・ヲフフキ［小蕗《三四八三》］　近江路《あふみぢ》の　篠《しの》の小蕗《をふゝき》〈之乃ゝ乎不ゝ支〉はや曳《ひ》かず　子持待《こもちま》ち　痩《や》せぬらむ　篠《しの》の小蕗《をふゝき》や〈之乃ゝ乎不ゝ支也〉さきむだちや（催馬楽一九・近江路）

「動物を表す例」と異なり、「植物を表す例」は、ヲ［男・雄］の意と見る可能性がほとんどないと言える。

〈程度〉を表す例〔形容詞〕

・ヲグラシ［小暗］　暗《［ヲ］オグラ》き夜-分には、世間幽-冥にして都《（かつ）》て見《み》（ゆる）所无《（な）》（く）して正道を迷失（し）ツ、（東大寺図書館蔵地蔵十輪経《じぞうじゅうりんぎょう》元慶七［883］年点・中田祝夫氏釈文）

ヲグラシ［小暗］は、少し暗い意に用いられていて、形容詞の程度を表していると言える。この例については、後に述べる。

コ［小］

次に、コ［小］の例を、同様に分類しながら挙げて行く。

地形等を表す例

―コシマ［小嶋］いやぜるの 安《あ》是《(ぜ)》の小松《こまつ》に 木綿垂《ゆふし》で丶 吾《わ》を振《ふ》り見《み》ゆも 安《あ》是《(ぜ)》小《こ》島《しま》はも〈阿是古志麻波母〉（常陸国風土記・香島郡、歌謡）

・コンヂ［小路］ 大宮《おほみや》の 西《にし》の小路《こむぢ》に〈尓之乃己无知尓〉漢女子産《あやめこむ》だり さ漢女子産《あやめこむ》だり たらりやりんたなり（催馬楽四八・大宮）

右のうち、コンヂ［小路］は、オホミチ［大路］「大路 唐韻に云《い》はく、道路（略）大路、和名、於保《オホ》美知《ミチ》。〈道路（略）大路（一）和名 於保美知〉といふ（略）」（和名類聚抄・十巻本三）の例があり、オホ～と対義的であると見られる。コンヂは、コ［小］＋ミチ［道］の複合の撥音便ととらえられて、その対義語は、オホ［大］＋チ［路］の構成のオホチ［大路］「あをによし 奈良の大路《おほち》は〈奈良能於保知波〉行《ゆ》き良《よ》けど この山道は 行《ゆ》き悪《あ》しかりけり」（萬葉集三七二八《三七五〇》）と見るより、オホ［大］＋ミチ［道］の構成のオホミチ［大路］と見る方がよいと言える。コ［小］＋ミチ［道］のウ音便ととらえられるコウヂ［小路］「夕暮《ゆふ》、夜《よる》の間《ま》にぞ、こうじ《［ぢ］》かくれせらるなるや」（宇津保物語・国譲下）の例もある。他方、オホチ［大路］の対義語であるべきコチ［小路］の例は見当たらない。

地名の例

・コイセ［小伊勢］ 伊勢《いせ》の海《うみ》なるや はれ 小伊勢《こいせ》の海《うみ》なるや〈古以世乃宇見奈留也〉鯨《くぢら》の寄《よ》る島《しま》の 百枝《もえ》の松《まつ》の……（風俗歌三七・伊勢風俗）

・コヨロギ［小餘綾］ 小餘綾《こよろぎ》の〈古与呂木乃〉磯立《いそた》ちならし 磯《いそ》ならし 菜摘《なつ》む少女《めざし》 濡《ぬ》らすな濡《ぬ》ら

すな　沖《おき》に居《を》れ居《を》れ波《なみ》や……（風俗歌二・こよろぎ）

「餘綾《よろぎ》」は、和名類聚抄・大東急記念文庫本に、「餘綾与呂支」（相模国・郡名）・「餘綾与呂木」（相模国餘綾《ヨロギ》郡・郷名、高山寺本には「与呂支」）とあり、相模国の郡名・郷名であると知られる。

人を表す例

・コアコメ　田中《たなか》の井戸《ゐど》に　光《ひか》れる田水葱《たなぎ》　摘《つ》め摘《つ》め吾子女《あこめ》　小吾子女《こあこめ》〈己安己女〉　たたりらり　田中《たなか》の小吾子女《こあこめ》〈太奈加乃己安己女〉（催馬楽五四・田中）

・コジウト　兄公　爾雅に云《い》はく、夫の兄を兄公和名、古之宇止《コジウト》。と曰《い》ふ〈夫之兄曰（二）兄公（一）和名（｜）古之宇止〉といふ（和名類聚抄・十巻本二）

・コジウトメ　女公　爾雅に云《い》はく、夫の姉を女公和名、古之宇止女《コジウトメ》。と曰《い》ふ〈夫之姉曰（二）女公（一）和名（｜）古之宇止女〉といふ（和名類聚抄・十巻本二）

コアコメの例の「吾子女《あこめ》」は、「少女をしたしんでよびかけることば。」（日本古典文学大系3『古代歌謡集』、頭注）とされる。

「地名の例」も、「人を表す例」も、上代の例が見えないことが注意される。

工作物等を表す例

コスズ［小鈴］　宮人《みやひと》の　足結《あゆひ》の小鈴《こすず》〈阿由比能古須受〉　落《お》ちにきと　宮人響《みやひととよ》む　里人《さとびと》もゆめ（古事記・允恭・八二）

コブスマ［小衾］　庭《には》に立《た》つ　麻手小衾《あさでこぶすま》〈安佐提古夫須麻〉　今夜《こよひ》だに　妻寄《つまよ》しこせね　麻手小衾《あさでこぶすま》〈安

佐提古夫須麻〉（萬葉集三四五四・東歌）
・コカナヘ　鍑（略）比《ヒ》良《ラ》加《カ》奈《ナ》戸《ヘ》　三四七三 又古《コ》加《カ》奈《ナ》戸《ヘ》〈又古加奈戸〉（新撰字鏡）
・コキヌ　襜（略）小襦なり　短《みじか》支《キ》古《コ》支《キ》奴《ヌ》〈短支古支奴〉（新撰字鏡）
・ココロモ　襖（略）袍なり　古《コ》己《コ》呂《ロ》毛《モ》〈古己呂毛〉（新撰字鏡）
・コハカマ　袨（略）小袴　古《コ》波《ハ》加《カ》万《マ》〈古波加万〉又波《ハ》〻《、》支《キ》（新撰字鏡）
・コヒツ［小櫃］　山崎《やまざき》の小櫃《こひつ》の絵《ゑ》も、まがりのおほぢの像《かた》もかはらざりけり（土左日記）
・コヘ［小家］　小家《こへ》のかどの端出之縄《しりくべなは》の鯔《なよし》のかしら、柊《ひゝらぎ》ら、いかにぞ（土左日記）
・コモタヒ　瓫（略）瓦器なり　古《コ》毛《モ》太《タ》比《ヒ》〈古毛太比〉（略）（新撰字鏡・享和本）
・コヤ［小屋］　助鋪　弁色立成に云《い》はく、助鋪和名、古夜《コヤ》。一に云《い》はく、比《ヒ》多《タ》岐《キ》夜《ヤ》といふ。〈助鋪和名 古夜 一云 比多岐夜〉は衛士の屋の如しといふ（和名類聚抄・十巻本三）
コヘは、コ［小］＋イヘ［家］の約まったものと見られる。
「工作物等を表す例」は、上代の例が少ないことが注意される。

動物を表す例

コウマ［小馬］　くへ越《ご》しに　麦食《むぎは》む小馬《こうま》の〈武藝波武古宇馬能〉はつ〻に　相《あひ》見し児《こ》らし　あやにかなしも（萬葉集三五三七・東歌）
コサル［小猿］　岩《いは》の上《へ》に　三五五八 小猿米焼《こさるこめや》く〈古佐屢渠梅野倶〉米《こめ》だにも　食《た》げて通《とほ》らせ　羚羊《かまし、》の翁《をぢ》（日本書紀・皇極・一〇七）

コマ［駒］ ま蘇《そ》我《が》よ 蘇《そ》我《が》の子《こ》らは 馬《うま》ならば 日《ひ》向《むか》の駒《こま》〈譬武伽能古摩〉……（日本書紀・推古・一〇三）

・コガメ［小亀］ たまだれの こがめやいづら こよろぎの 礒のなみわけ おきにいでにけり（古今集八七四）

「動物を表す例」のコは、コ［子（子供）］の意と見る可能性もある。

コマ［駒］は、コ［小］＋ウマ［馬］の約《つづ》まったものと見られる。

また、コガメ［小亀］の例については、先にヲ［小］の「工作物等を表す例」として挙げたヲガメ［小瓶］の例を参照されたい。『日本国語大辞典』（初版・第二版とも）は、右のコガメ［小亀］の例を、コガメ［小瓶］の例として挙げるが、「礒のなみわけ おきにいでにけり」とあるので、動物の亀と見るのがよいと考えられる。

植物を表す例

コシバ［小柴］ 庭中《にはなか》の 足羽《あすは》の神《かみ》に 小柴《こしば》刺《さ》し〈古志波佐之〉 我《あれ》は斎《いは》はむ 帰《かへ》り来《く》までに（萬葉集四三五〇 四三七四・防人歌）

コスゲ［小菅］ 足柄《あしがり》の 真間《まま》の小菅《こすげ》の〈麻萬能古須氣乃〉 菅枕《すがまくら》 あぜかまかさむ 児《こ》ろせ手枕《たまくら》（萬葉集三三六九 三三八六・東歌）

コナギ［小水葱］ 苗代《なはしろ》の 小水葱《こなぎ》が花《はな》を〈古奈宜我波奈乎〉 衣《きぬ》に摺《す》り なるるまにまに あぜかかなしけ（萬葉集三五七六 三五九八・東歌）

コマツ［小松］　いやぜるの　安《あ》是《（ぜ）》の小松《こまつ》に〈阿是乃古麻都爾〉木綿垂《ゆふし》で丶　吾《わ》を振《ふ》り見《み》ゆも　安《あ》是《（ぜ）》小島《こしま》はも（常陸国風土記・香島郡、歌謡）

コヤデ［小枝］　遅速《おそはや》も　汝《な》をこそ待《ま》ため　向《むか》つ峰《を》の　椎《しひ》の小枝《こやで》の〈四比乃故夜提能〉逢《あ》ひは違《たが》はじ（萬葉集三四九三《三五一三》・東歌）

・コカヤ［小萱］　走井《はしりゐ》の　小《こ》萱《かや》刈《か》り収《をさ》めかけ〈己加也可利乎左女加介〉それにこそ　繭《まゆ》つくらせて　絲引《いとひ》きなさめ（催馬楽七・走井）

・コスガムラ［小菅叢］　菅叢《すがむら》のや　はれ　小菅叢《こすがむら》のや〈己須加牟良乃也〉叢《むら》のや　菅叢《すがむら》のや　生《お》ひ出《で》ば　我《われ》こそ刈《か》らめ（風俗歌一八・菅叢）

・コセリ［小芹］　大芹《おほせり》は〈於保世利波〉国《くに》の禁物《さたもの》　小芹《こせり》こそ〈己世利己曽〉ゆで丶も旨《むま》し……（催馬楽一五・大芹）

・コタチバナ［小橘］　道《みち》の辺《べ》の　小橘《こたちばな》を　ふさ折《を》り持《も》つは　誰《た》が子《こ》なるらむ（皇太神宮年中行事、歌謡）

・コツヅラ［小葛］　深山《みやま》の小葛《こつゞら》〈見也末乃古津〻良〉繰《く》れ丶丶小葛《こつゞら》〈久礼〻〻古津〻良〉（神楽歌五九・早歌）

・コハギ［小萩］　宮木野の　もとあらのこはぎ　つゆをおもみ　風をまつごと　きみをこそまて（古今集六九四）

・コヒル　蒜（略）和名、古比留《コヒル》〈和名　古比留〉（本草和名《ほんぞうわみょう》十八）

・コミラ　韮（略）和名、古美良《コミラ》〈和名　古美良〉（本草和名十八）
・コムギ［小麦］　小麦麪、附けたり。周礼注に云《い》はく、（略）小麦和名、古牟岐《コムギ》。一に云はく、末牟岐《マムギ》といふ。〈小麦和名　古半[牟]岐　一云　末牟岐〉といふ。説文に云はく、麪（略）和名、古無伎乃加須《コムギノカス》。〈麪（略）和名　古無伎乃加須〉は小麦の皮の屑なりといふ。（和名類聚抄・二十巻本十七）
・コヤナギ［小柳］　我《わ》が門《かど》の　や　垂《しだ》ら小柳《こやなぎ》〈之太良古也奈支〉　さはれ　とうとう　垂《しだ》る小柳《こやなぎ》〈之太留古也奈支〉　垂《しだ》るかいては　なよや　垂《しだ》る小柳《こやなぎ》〈之太留古也奈支〉……（風俗歌二〇・我門）

右のうち、コセリ［小芹］の例は、オホセリ［大芹］と対義的に用いられていて、また、コヒル、コミラ、コムギ［小麦］も、オホヒル「菻蒜（略）葫　於保比留《オホヒル》〈於保比留〉」（新撰字鏡・享和本）、オホミラ「薤（略）（略）和名、於保美良《オホミラ》〈和名　於保美良〉」（本草和名十八）、オホムギ［大麦］「交易雑物／山城國大麥三石　小麥卅石（略）」（延喜式二十三民部下）の例があり、オホ〜と対義的であると見られる。

また、コヤデ［小枝］は、「小枝《こえだ》の東国語形。」（『時代別国語大辞典上代編』）とされ、ヤデとエダ［枝］（エダ［枝］のエはヤ行）とは母音交替と見られる。

身体の部分を表す例

「身体の部分を表す例」は、ヲ［小］に例が見えないことが注意される。
・コオヨビ［小指］　季指　儀礼に云《い》はく、季指古於与比《コオヨビ》〈季指（一一）古於与比〉といふ。野王案に、小指は第五指なりといふ。（和名類聚抄・十巻本二）

・コクビ［小頸］……袂《たもと》よく 着《き》よく肩《かた》よく 小《こ》頸《くび》安《やす》らに〈己久比也須良尓〉汝着《ましき》せめかも（催馬楽四・夏引）

・コツノ［小角］ 牛角鰓（略）角の中の骨なり（略）和名、宇之乃古都乃《ウシノコツノ》〈和名 宇之乃古都乃〉（本草和名《ほんぞうわみょう》十五）

右のうち、コオヨビ［小指］・コクビ［小頸］は、オホオヨビ「拇 国語注に云《い》はく、拇（略）於保於与比《オホオヨビ》〈拇（一）（略）於保於与比〉は太き指なりといふ」（和名類聚抄・十巻本二）、オホクビ「衽 四声字苑に云《い》はく、衽（略）和名、於保久比《オホクビ》。〈［衽］（略）和名 於保久比〉は衣の前の襟なりといふ」（和名類聚抄・二十巻本十二）の例があり、オホ〜と対義的であると見られる。コオヨビのコは、対義語オホオヨビにより、コ［子（子供）］ではなくコ［小］と見られる。

この「身体の部分を表す例」は、上代の例が見えない。

〈程度〉を表す例〔動詞〕

「〈程度〉を表す例〔動詞〕」は、ヲ［小］に例が見えないことが注意される。

・コダカル 大和《やまと》の この高市《たけち》に 小高《こだか》る〈古陁加流〉市《いち》の高処《つかさ》……（古事記・雄略・一〇〇《一〇一》）

・コカヘル 浜淪（略）波浪の進み退くなり 前に却《かへ》る皃《かたち》 佐加万支尓奈我留ゝ水乃古加戸留曽《サカマキニナガル、みづノコカヘルゾ》〈佐加万支尓奈我留ゝ水乃古加戸留曽〉（新撰字鏡・享和本）

コカヘルの例は、「逆巻《さかま》きに流《なが》るゝ水の小返《こかへ》るぞ」とある。コダカルは少し高くなる意に、コカヘルは少し返る意に用いられていて、いずれも動詞の程度を表していると言える。

〈程度〉を表す例〔形容詞〕

・コサヤケシ　……月《つき》の面《おも》を　さ渡《わた》る雲《くも》の　まさやけく見《み》る　こさやけく見《み》る〈古佐也介久三流〉（風俗歌八・小車）

コサヤケシは、少しさやかである意に用いられていて、形容詞の程度を表していると言える。

〈程度〉を表す例〔名詞〕

「〈程度〉を表す例〔名詞〕」は、ヲ［小］に例が見えないことが注意される。

・コカゼ［微風］　微風　崔豹古今注に云《い》はく、柳の微風は大きに揺《ゆ》る微風、此の間、古賀世《コカゼ》と云ふ。〈柳微風大揺微風　此間云　古賀世〉といふ（和名類聚抄・十巻本一）

・コサメ［小雨・霂］　少細雨《コサメ》降《ふ》るが故に〈少細降雨《〔雨降〕》故《少細二合古佐女》〉（日本霊異記《にほんりょういき》・上三・興福寺本）

・コヒヂ　泥　孫愐曰《い》はく、泥（略）和名、比知利古《ヒヂリコ》。一に云《い》はく、古比地《コヒヂ》といふ。〈泥（略）和名一比知利古一云　古比地〉は土の水に和するなりといふ（和名類聚抄・十巻本一）

右のうち、コカゼ［微風］は、オホカゼ［大風］「辛酉　大風」（皇極紀二年正月）の例があり、オホ〜と対義的であると見られる。

コカゼ［微風］は少し吹く風の意に、コサメ［小雨・霂］は少し降る雨の意に、コヒヂは泥のどろどろであるさまが少しであるものの意に用いられていて、いずれも名詞の程度を表していると言える。

この「〈程度〉を表す例〔名詞〕」は、上代の例が見えない。

「〈程度〉を表す例」は、〔動詞〕〔形容詞〕〔名詞〕を括って見る場合に、ヲグラシ［小暗］を除いて、ヲ［小］の例が見えないことが注意される。

ヲ［小］とコ［小］

ヲ［小］とコ［小］との比較

右に挙げてきた例を比較しつつ見ると、次のようである。

「地形等を表す例」：ヲが上代10例、平安初期頃1例／コが上代1例、平安初期頃1例

「地名の例」：ヲが上代2例、平安初期頃2例／コが平安初期頃2例

「人を表す例」：ヲが上代4例／コが平安初期頃3例

「工作物等を表す例」：ヲが上代5例、平安初期頃3例／コが上代2例、平安初期頃8例

「動物を表す例」：ヲが上代1例／コが上代3例、平安初期頃1例

「植物を表す例」：ヲが上代1例、平安初期頃1例／コが上代5例、平安初期頃10例

「身体の部分を表す例」：ヲなし／コが平安初期頃3例

「〈程度〉を表す例〔動詞〕」：ヲなし／コが上代1例、平安初期頃1例

「〈程度〉を表す例〔形容詞〕」：ヲが平安初期頃1例／コが平安初期頃1例

「〈程度〉を表す例〔名詞〕」：ヲなし／コが平安初期頃3例

これらから見ると、まず、「地形等を表す例」はコシマ［小嶋］（常陸国風土記・香島郡）・コンヂ

［小路］（催馬楽四八・大宮）を除いて基本的にヲが用いられている。「人を表す例」は、ヲが平安初期頃になく、コが上代にないことから見て、また、「地名の例」も、コが上代にないことから見て、そして、「工作物等を表す例」も、上代ではヲの方が多く、平安初期頃ではコの方が多いところから見て、それぞれヲからコへの変化と見られる。このことから見て、「地形等を表す例」「地名の例」「人を表す例」「工作物等を表す例」は、本来ヲが用いられるものと見てよい。

これに対して、「身体の部分を表す例」と、大きく括った「〈程度〉を表す例」は、一般的にコが用いられていて、「〈程度〉を表す例（形容詞）」のヲグラシ［小暗］（地蔵十輪経《じぞうじゅうりんぎょう》 元慶七年点）のみが例外となる。けれども、これらは、コダカル（古事記・雄略・一〇〇）を除いて上代の例が見えないので、本来コが用いられるものとは言えず、むしろ、新たにコが用いられるようになったものと言えよう。

残る「動物を表す例」「植物を表す例」を含めて、全体としては、上代から平安初期頃にかけて、ヲからコへ変化すると見られる。その中で、「地形等を表す例」にヲが多く用いられ、また、「身体の部分を表す例」にコが用いられ、「〈程度〉を表す例」に基本的にコが用いられるのは、それぞれの特徴と言ってよいであろう。

ヲ［小］からコ［小］へ

ヲ［小］とコ［小］との両方の例があるものを見ると、次のようである。

ヲヤ［小屋］（古事記・神武・一九）→コヤ［小屋］（和名類聚抄・十巻本三）

ヲブネ［小舟］（古事記・仁徳・五二）→コブネ［小舟］「川《かは》のあなたよりお［を］かしき小舟《こぶね》、興《けう》あるさまに調《てう》じて造《つく》り」（宇津保物語・祭の使）

ヲグラシ［小暗］（地蔵十輪経《じぞうじゅうりんぎょう》元慶七年点）→コグラシ［小暗］「こぐらくなりぬれば、鵜舟《うぶね》どん（も）、かゞり火さしともしつゝ」（蜻蛉日記）

ヲガメ［小瓶］（風俗歌三・玉垂れ）→コガメ［小亀］（古今集八七四）

右のコブネ［小舟］・コグラシ［小暗］の宇津保物語・蜻蛉日記の例は、先に例を挙げた範囲に入らないので、改めて例を挙げたものである。また、ヲガメ［小瓶］・コガメ［小亀］の例は、風俗歌のヲの例を基に古今和歌集のコの例が作られたと見られるが、合わせてカメ［瓶］がカメ［亀］に詠み変えられたととらえられる。[2]

以上のように、全体的には、ヲ［小］からコ［小］へと変化する方向であると見られる。すなわち、オホ［大］の対義語は、本来、ヲ［小］であったものが、上代から平安初期頃にかけて、コ［小］へと変化して行ったととらえられる。

ヲ［小］には、「さ小峰《を》」（古事記・允恭・八九）・「さ小橋《をばし》」（日本書紀・景行・二四）、「ま小薦《をごも》」（萬葉集三四六四《三四八三》）のように、接頭辞サ、接頭語マ［真］が上接する例が見えるが、それに対して、コ［小］にそれらが上接する例は見当たらない。広く探せば見つかるかもしれないが、この点も、ヲ［小］の方がより古いものであることを示している可能性があると言える。

ヲグラシ［小暗］

ところで、「〈程度〉を表す例」の、例外となるヲグラシ［小暗］は、先に挙げたのは訓点資料の例であったが、「山の方《かた》、小暗《をぐら》う、何《なに》のあやめも見《み》えぬに」（源氏物語・宿木）など、和文の例も見えて、漢文訓読特有語とは見られない。例外となる理由は、

　コグラシ［木暗］　ほとゝぎす　またとふべくも　かたらはで　かへる山路《ぢ》の　こぐらかりけん（蜻蛉日記、和歌）　荒《あ》れたる門《かど》の忍《しの》ぶ草《ぐさ》、繁《しげ》りて見上《あ》げられたる、たとしへなく、木《こ》ぐらし（源氏物語・夕顔）

の例があることにより、それとの混同を避け、程度が小さいことを明示するのに、コグラシ［小暗］のみならず、ヲグラシの形態でも用いられたからかとも考えられる。尤も、ヲグラシの例が、コグラシ［小暗］・コグラシ［木暗］の例よりも古くに見えるので、このように考えるのが適切ではないこともあり得よう。

また、「小倉山（をぐらやま）などとかけての用法が目につく。」（『角川古語大辞典』ヲグラシ［小暗］の項）とあるように、ヲグラヤマと掛詞として用いられることの多いことが、ヲグラシが例外的に用いられる理由である可能性も考えられる。ただ、これも訓点資料のヲグラシの例について言えることではないと見られる。

なお、コグラシ［小暗］・コグラシ［木暗］の例が上代（〜平安初期）にあるならば、前者はコ甲類、後者はコ乙類であって、上代特殊仮名遣の甲乙の差があるところであるが、いずれの例も平安中

期以降のものであることが注意されよう。

木村紀子氏の研究

さて、木村紀子氏『古層日本語の融合構造』(3)は、次のように述べられる。

「小」の意味のオ(↑ヲ)とコの混在並用は、日本の文献言語の最も古い時代、いわゆる古代歌謡群に万葉仮名で明記されて、その頃からすでにあったことである。とくに記紀歌謡では、用例がコよりもヲに片よって、「オホ野・ヲ野」「オホ峰《を》・さヲ峰《を》」「オホ前・ヲ前宿祢」と、オホと対で用いられてもいる。オケ・ヲケという兄弟皇子名(後の仁賢・顕宗)もあるから、明らかにそれはオ(大)・ヲ(小)の対で、口の開きの大小に応じた声の大小が、直接意味となったものだと見てとれる。記紀歌謡ではコがオホと対になって用いられる例はなく、「ヲ谷・ヲ屋・ヲ坂・ヲ林」と、後世の姓などではむしろコの方が一般的な語もヲとして出ている。

それに対して、神楽・催馬楽・風俗という伝承歌謡群では、コの用例の方が多く見られる。奈良の京《みやこ》の今様だった催馬楽では、「ヲ舟・オホ舟」という対語も出るが、「オホ芹《せり》・コ芹《せり》」・「オホ路《ぢ》」「コ(ム)路《ぢ》」というオホ(大)とコ(小)の対応もある。全般的にコは「コ菅《すげ》・コ萱《かや》・コ葛《つづら》・コ松・コ柳」と、草木などにつく場合が多いようであるが、「ヲ蕗《ふふき》」(催馬楽)というのもあって、たまたま文字に残されたわずかな例だけから一概に言ってしまうことはできない。

古来のヲ(↓オ)とコの例を、オホ(大)との対応も踏まえながら眺めるとオホとヲの密接な対応に、別系統のコが入りこんで力を得、ヲは熟語の中でのみ残ったのだと思われる。

ここに「口の開きの大小に応じた声の大小が、直接意味となった」とされる解釈には異論もあろうし、それに、コ［小］もまた「熟語の中で」用いられているという問題点もあるが、氏が結論的に述べられるように、オホ［大］と対義的に用いられるものは、ヲ［小］が本来であり、後に「別系統の」コ［小］が用いられるようになって、新しいコ［小］が勢力を持つようになったのは確かであろう。

ヲ［男］とヲ［小］

「男と女」との関係

第一章二において、男を表すものが、ヲトコ［男・壮夫］「言はく、「阿那迩夜志《アナニヤシ》 愛袁登古袁《エヲトコヲ》〈阿那迩夜志 愛袁登古袁〉。」といひき」（古事記・神代）・ヒコ［彦］「宇沙都比古《ウサツヒコ》」（古事記・神武）などに見えるコ［子（男）］など[4]（〝コ〟）と、ヲ［男］「…男《を》はなし〈遠波那志〉…」（古事記・神代・五）（〝ヲ〟）との二類があることについて、その二類の発生は、上代において、コ［子］における男の意のコ［子（男）］と子供の意のコ［子（子供）］とが分化して、コは子供の意の方に傾向するようになり、そして、男の意を表すものとして新たにヲが用いられるようになった結果ではないか、と推定した。

このように、男を表すものがコ［子（男）］からヲ［男］へと変化したかと見たが、その変化に伴い、恐らくはそれに少し遅れて、小さい意を表すものがヲ［小］からコ［小］へと変化したかととらえられる。別の形で言えば、コは、男の意が中心であるところから子供の意が中心である方へ、ヲは、小さい意が中心であるところから男の意が中心である方へ、それぞれ変化したかととらえられる。

つまり、コが、男の意も子供の意もともに表す、ないしは、ヲが、小さい意も男の意もともに表す、というのはわかりにくいので、何らかの形で分担することになるのは当然の方向であろう。コ［子（子供）］とコ［小］とは直ちに同じではないが、子供は小さいので、コが子供を含む小さいものを表す方向に変化することは十分考えられることである。

　これを図示すると、次のようである。

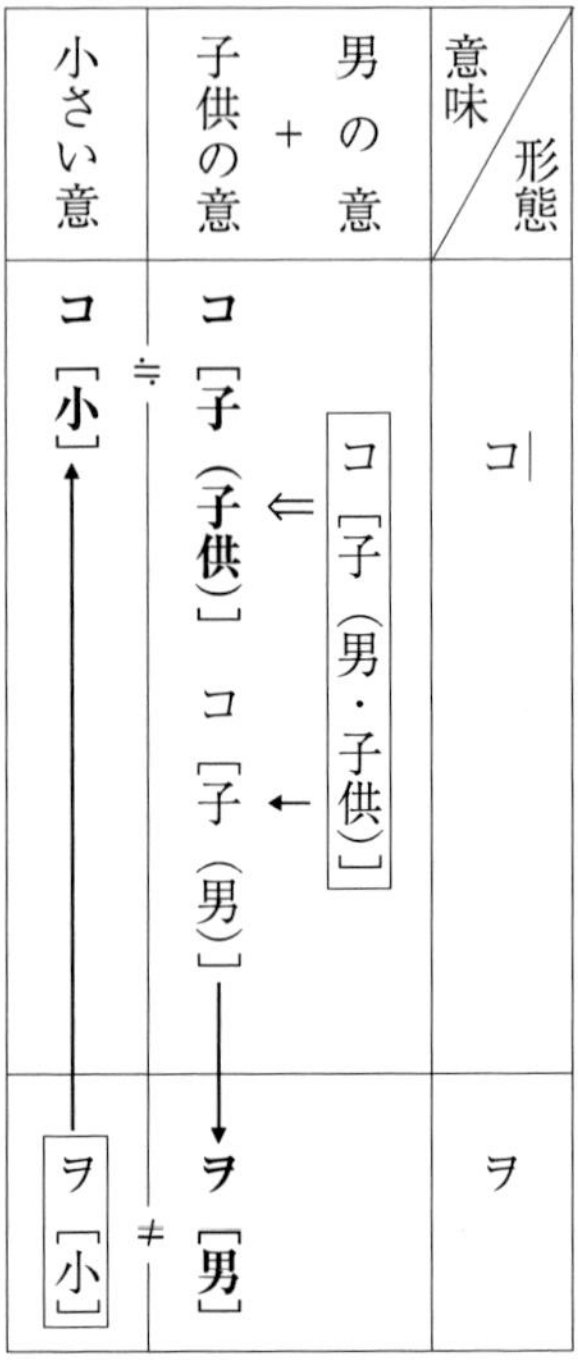

　右の、□で囲んだ部分が本来のものと見られ、太字の部分が新しいものと見られる。
　なお、先に、「動物を表す例」のヲカモ［小鴨］の例について、「このヲは、ヲ［男・雄］の意と見る可能性もある。」と、また、「動物を表す例」のコウマ［小馬］・コサル［小猿］・コマ［駒］、および、コガメ［小亀］の例について、「「動物を表す例」のコは、コ［子（子供）］の意と見る可能性もある。」と述べたが、これらのことは、ヲが小さい意とも（男・）雄の意とも見られ、コが小さい意とも子供の意とも見られることを表している。

アクセント

因みに、類聚名義抄に見える、ヲ［男・雄］・ヲ［小］、コ［子（子供）］・コ［小］のアクセントを見ると、次のようである。

ヲ［男・雄］（上声）：男《ヲ》（上）（観仏中一一一［57オ］）、童男《乎乃和良波》（禾）（上上上上平）（図一一六）、碓雄《ヲドリ》（上平平）（観僧中一三三［68オ］）

ヲ［小］（上声）：舅《母方ノヲヂ》（平平平上上）（観僧下六八［35ウ］）、姨《ヲハ》（上上）（高59ウ）、艇《ヲブネ》（上上○）（観仏下本一［2オ］）

コ［子（子供）］（上声）：子《コ》（上）（観法下一三七［70オ］）、産生《コウム》聿（上上平）（図一一四）

コ［小］（上声）：微風《コカゼ》（上平平）（観僧下五一［27オ］）、小麦《コムギ》（上平平）（高38オ）

いずれも、上声（高いアクセント）と見られるので、右に見てきたヲとコとの変化はありやすかったと考えられる。

以上、ヲ［小］とコ［小］とについて、上代から平安初期頃にかけてヲ［小］からコ［小］へ変化

する状況、および、その理由について考えられるところを述べた。(5)

注

（1）ヲヤ［小屋］の古事記歌謡の例の傍点部「志」は、真福寺本によった。他の諸本に「去」とあることによる種々の問題があるが、それについては、蜂矢「語の変容と類推――語形成における変形について――」（『国語語彙史の研究』27［2008・3 和泉書院］）参照。

（2）「朝日新聞」［2008・2・18］の文化欄の、「朝日歌壇 番外地でニヤリ 佐佐木幸綱さん案内」に、

朝日歌壇が、入選は逃したけれど驚きや笑いの魅力に富む投稿歌を、ただ没にするのは惜しいと保存し始めて1年。そんな歌群を選者を代表して佐佐木幸綱さんが紹介する。

として、

・砂漠行く駱駝《らくだ》に結ぶ金銀の亀の運命《さだめ》を泣きし幼な日／上田由美子／そういえば「月の砂漠《さばく》」に、「二つの甕《かめ》はそれぞれに、紐《ひも》で結んでありました」という一節があった。亀が駱駝にしばりつけられて砂漠を行くイメージだ。「兎美《うさぎお》味《い》しかの山」のたぐいである。なんともシュールである。なんともおかしい。

とあるのを見つけた。

（3）［2003・3 平凡社］緒言

（4）イザナキ（古事記・神代）、カムロキ（祝詞・祈年祭）などのキ、および、ヲグナ（日本書紀・景行天皇二年三月）のグ

（5）以上のことの多くについては、蜂矢「ヲ［小］とコ［小］」（「國學院雑誌」108—11［2007·11］）参照。

四　多少と大小

現代語で多少を表すのは、基本的に形容詞のオオイ［多］・スクナイ［少］であり、大小を表すのは、基本的に形容詞のオオキイ［大］・チイサイ［小］であるが、それぞれ、古代語で形容詞のオホシ［多］・スクナシ［少］、オホキシ［大］・チヒサシ［小］になるかと言うと、必ずしもそうではない。まず、通常オホキシ［大］は例が見えず、オホ《(オ)》キイ［大］が見えるのは鎌倉時代以降であるという問題がある。また、大小を表すのは、形容詞の他に、形容動詞オホキナリ［大］（現代語オオキナに当たる）・チヒサナリ［小］（同じくチイサナに当たる）があるという問題もある。それにまた、スコシ［少］とスクナシ［少］とはどのような関係であるかも問題である。

オホシ［多］・オホカリ［多］

オホシ［多］

まず、多い意のオホシ［多］の例を挙げる。

……前妻《こなみ》が　肴乞《なこ》はさば　立柧棱《たちそば》の　実《み》の無《な》けくを〈微能那祁久袁〉こきしひゑね　後妻《うはなり》が　肴乞《なこ》は
さば　柃《いちさかきみ》　実の多《おほ》けくを〈微能意冨祁久袁〉こきだひゑね……　（古事記・神武・九）

さ寝《ぬ》る夜《よ》は　多《おほ》くあれども〈於保久安礼杼毛〉物思《ものも》はず　安《やす》く寝《ぬ》る夜《よ》は　さねなきものを〈佐祢奈伎母能乎〉（萬葉集三七六〇《三七八二》）

これらの例は、いずれもオホシ［多］とナシ［無］とが対義的に用いられている。古事記歌謡の例の、オホケク・ナケクは、オホシ・ナシの上代に見える未然形オホケ・ナケが接尾辞クを伴ったもので、多いもの・無いものの意を表している。また、コキシ・コキダは、沢山の意に、動詞ヒウは、薄くそぎ取る意に用いられている。また、萬葉集の例のサネは、少しもの意に用いられている。

潮満てば　入りぬる磯の　草なれや　見らく少なく〈見良久少〉恋ふらくの多き〈戀良久乃太寸〉

（萬葉集一三九四《一三九八》）

この萬葉集の例は、「〈少〉」「〈太寸〉」と表記されていて、他の訓もあるかと疑われるところであるが、幸いに、宝亀三［772］年の序文を持つ藤原浜成の歌式《かしき》（一般には歌経標式《かきょうひょうしき》と言う）に、この歌の後半が引かれていて、

美羅具須久奈倶《ミラクスクナク》　己不良久能於保岐《コフラクノオホキ》　是レ相‐對也（歌式〈歌経標式〉・鈴鹿本）

とあるので、ミラクスクナク　コフラクノオホキと訓《よ》んでよいと考えられ、オホシ［多］とスクナシ［少］とが対義的に用いられている。ミラク・コフラクは動詞ミル［見］・コフ［恋］が接尾辞ラクを伴ったもので、見ること、恋うることの意を表している。

オホシ［多］の対義語として、ナシ［無］とスクナシ［少］とがあることになるが、考えてみると、ナシ［無］はスクナシ［少］の極限的なさまであると言えよう。

また、オホシ［多］の語幹が接尾辞サを伴ったオホサの例は、源氏物語まで下るようである。
御髪《ぐし》の多《おほ》さ、裾《すそ》などは、おとり給はねど（源氏物語・蜻蛉）

オホカリ［多］

ところで、オホシ［多］は、他の形容詞と異なり、平安時代の和文において、オホカリ［多］の形で用いられるという特徴を持っている。『古語大辞典』（オホシの項の「語誌」欄）には、

平安時代の和文では、連用形「おほく」の他は、カリ活用の活用形が用いられ、特に、その終止形「おほかり」が用いられることは注目される。（略）一方、訓読資料や漢字仮名文資料ではク活用形が用いられ、この流れが現在に至る。

とある。つまり、形容詞の補助活用（カリ活用）は、通常、未然形（〜カラ）・連用形（〜カリ）・連体形（〜カル）・命令形（〜カレ）が用いられて、終止形（〜カリ）・已然形（〜カレ）は用いられないが、平安時代の漢文訓読文（『古語大辞典』の言う「訓読資料」）や平安末期の和漢混淆文（同じく「漢字仮名文資料」）を別にした平安時代の和文では、終止形オホカリなどが用いられる。例えば、土左日記には、次のような例がある。

〔終止形〕この泊《とま》りのはまには、種々《くさぐ》のうるわ［は］しきかひ、いしなどおほかり
〔已然形〕わすれがたく、くちをしきことおほかれど、え尽《つ》くさず

さらに、

〔連体形〕京のうれしきあまりに、うたもあまりぞおほかる

の例も、他の形容詞では補助活用の連体形（〜カル）は助動詞・助詞に続く際に用いられるのが通常であるので、オホカリ［多］の特徴が現れた例と言える。

ついでながら、オホシ［多］はク活用であるが、江戸時代まで下ると、オホ《（オ）》シイ［多］〔シク活用〕が見える。

オホ《（オ）》シイ［多］

　おほしい事でもない程に恕《（ゆる）》して遣《（つか）》はさうと存（ず）る（狂言・八句連歌・古典文庫本）

ク活用にもシク活用にも活用する両活用形容詞は多くの例があるが、後に多く否定表現を伴うという特徴がある点でこれに近似したものに、室町時代以降に見えるフカシイ［深］〔シク活用〕がある。

　くろかみうりてもふかしき事もあるまじい（さよひめのさうし）

フカシイ〔シク活用〕が、狂言・虎明本に多く見えることなど、村田菜穂子氏『形容詞・形容動詞の語彙論的研究』(1)に詳しい。

オホシ［大］

オホシ［大］

上代には、右に見た形容詞オホシが、多い意ではなく、大きい意に用いられている例がいくつか見える。

　御間城入彦《みまきいりびこ》はや　己《おの》が命《を》を弑《し》せむと　竊《ぬす》まく知《し》らに　姫遊《ひめなそ》びすも　一に云《（い）》はく大《おほ》き戸《と》より〈於朋耆妬庸利〉

窺《うかか》ひて 殺《ころ》さむと すらくを知《し》らに 姫遊《ひめなそ》びすも（日本書紀・崇神・一八）

冬十月《ふゆかむなづき》に、碩田《おほきたのくに》国に到《いた》りたまふ。其《そ》の地形《くにかた》広《ひろ》く大《おほ》きにして亦《また》麗《うるは》し。因《よ》りて碩田《おほきた》と名《なづ》く。碩田、此をば於保岐陁《オホキタ》と云《い》ふ。〈因名(二)碩田(一)也碩田 此云於保岐陁〉（日本書紀・景行天皇十二年十月、地名）

大《おほ》き海《うみ》の〈於保岐宇美能〉水底深《みなそこふか》く 思《おも》ひつゝ 裳引《もび》き平《なら》しし 菅原《すがはら》の里《さと》（萬葉集四四九一 四五一五）

一日には 千度《(ちたび)》参りし 東《(ひむかし)》の 大き御門を〈大寸御門乎〉入りかてぬかも（萬葉集一八六）

これらの例は、いずれも、多い意ではなく、大きい意のものである。日本書紀・景行天皇十二年の地名「碩田《おほきた》」の例は、「地形広大」とあるので、大きい田を表すと見てよい。なお、この地名「碩田《おほきた》」は、現在の大分《おおいた》に当たる。

酒の名を 聖《(ひじり)》と負《(おほ)》せし 古《(いにしへ)》の 大き聖《(ひじり)》の〈大(キ)聖之〉言《(こと)》の宜《(よろ)》しさ（萬葉集三三九 三四二）

この例は、偉大である・尊い意に用いられているが、大きい意の一種である。

許貴太斯伎意保伎《コキダシキオホキ》〈許貴太斯伎意保伎〉天下《あめのした》乃《ノ》事《こと》乎《ヲ》夜《ヤ》多《タ》夜《ヤ》須《ス》久《ク》行《おこな》は無《ム》止《ト》念《おも》ほし坐《ま》して（宣命・七詔・続日本紀 天平元[729]年）

形容詞コキダシは、「重大である。きわめて大切である。」（『時代別国語大辞典上代編』）意とされ、コキダシと並列的に用いられるこの例は、重大である意に用いられているが、これも大きい意の一種である。

右の大きい意のオホシ［大］は、上代において、連体形オホキの、体言にかかる用法（連体法）の例ばかりである。

オホサ［大］

今一つ、オホシ［大］の語幹が接尾辞サを伴ったと見られるオホサ［大］の例が平安初期に見える。

初時教(の)時(には)、五百(の)青班(の)鳥、飛(び)来《(きた)》(りて)経(を)聞(きたてまつる)。大小《オホサ》(は)雀(の)如(し)〈大小《オホサ》如(レ)雀〉。(東大寺《とうだいじ》諷《ふ》誦文稿《じゅもんこう》)

これは、大きさの意に用いられている。なお、オホキサ［大］の例は、後に挙げる。

オホキニ［大］・オホキナリ［大］

オホキニ［大］

平安初期以降になると、形容詞オホシ［大］の連体形オホキがニを伴ったオホキニ［大］の例が見える。

口の中に白キ歯生(じ)て、長ク大キにして利《(と)》(か)ラむこと鋒《(ほこ)》の如(くあら)むトキに、(西大寺蔵金《こん》光明最勝王経《こうみょうさいしょうおうぎょう》　平安初期点・春日政治氏釈文)

この児《ちご》、養《やしな》ふ程《ほど》に、すく〳〵と大《おほ》きになりまさる(竹取物語)

海《うみ》の上《うへ》にたゞよへる山、いと大《おほ》きにてあり(竹取物語)

小《すこ》しきに取《と》るときは、小《すこ》しきに福《さいはひ》を得《う》。大《おほ》きに取《と》るときは、大《おほ》きに福《さいはひ》を得《う》。〈小《スコシキに》取《トルときは》焉、小《シキ》得《にウ》レ福《サイハヒを》一。大《キに》取《ときは》焉、大得《にウ》レ福《を》一。〉(内藤乾吉氏蔵古文孝経《こぶんこうきょう》　仁治二[1241]年点)

いずれも、大きい意に用いられている。古文孝経　仁治二年点の例は、オホキニとスコシキニとが

対義的に用いられていて、このスコシキニは小さい意に用いられているが、それについては後に述べる。また、

彼の諸の天衆、是の事を見已《(をは)》(リ)テ、皆大きに歓喜シ、（唐招提寺蔵金光明最勝王経《こんこうみょうさいしょうおうぎょう》六平安初期点・中田祝夫氏釈文）

のオホキニは、副詞として程度の大きい意に用いられているが、これも大きい意の一種である。

オホキナリ［大］

また、右に見たオホキニ［大］がアリを伴い約《つづ》まった形容動詞オホキナリ［大］の例も、平安初期以降に見える。

靈《アヤ》シク景《オホ》キなる(コト)獨《(ひと)》(リ)豪光に在て心(ニ)専《(もはら)》にして（山田嘉造氏旧蔵弥勒上生経賛《みろくじょうしょうきょうさん》平安初期点・中田祝夫 築島裕氏釈文）

み命《いのち》の危《あやふ》さこそ、大《おほ》きなる障《さは》りなれば、猶仕《つか》うまつるまじき事を、まい《[ゐ]》りて申さん（竹取物語）

猶行《ゆ》き〳〵て、武藏の国《くに》と下《しも》つ総《ふさ》の国《くに》との中に、いと大《おほ》きなる河あり（伊勢物語）

詔《みことのり》して、賞罰支度《まつりごとおきて》、事巨細《ことおほきなるちひさき》と無《な》く、〈事無(二)巨—細《クオホキナルチヒサキト》、(一)〉並《ならび》に皇太子《ひつぎのみこ》に付《ゆだ》にたまふ。（日本書紀・雄略天皇二十三年七月・前田本）

小《すこしき》なるを以《もち》て大《おほい》なるに事《つか》ふるは、〈以(二)小《スコシキナルを》(一)て事《は》(レ)大《オホイナルに》、〉天《あめ》の道《みち》なり（日本書紀・継体天皇二十三年四月・前田本）

是《これ》、甚《にへさ》に大恩《おほいなるめぐみ》なり。〈是甚之大《オホイナル》恩《メグミナリ》也。〉（日本書紀・安康天皇元年二月・図書寮本）

これらの例は、いずれも大きい意に用いられている。日本書紀・雄略天皇二十三年の古訓の例は、オホキナリとチヒサシとが対義的に用いられており、日本書紀・継体天皇二十三年の古訓の例は、オホキナリのイ音便形オホイナリとスコシキナリとが対義的に用いられていて、後に述べるが、後者のスコシキナリは小さい意に用いられている。なお、伊勢物語の例の、武蔵国と下総国との間の「いと大《おほ》きなる河」は、隅田川のことである。

オホ《（オ）》キイ［大］

先に述べたように、形容詞オホ《（オ）》キイ［大］は鎌倉時代以降にならないと見えない。

これは、北原保雄氏㈠「形容詞のウ音便――その分布から成立の過程を探る――」・㈡「形容詞「ヒキシ」攷――形容動詞「ヒキナリ」の確認――」・㈢「形容詞の語音構造」(2)が述べられるところの、語幹末（ク活用形容詞では、シ・イの直前）がイ列（イキシチニヒミイリヰ・ギジヂビ）のク活用形容詞のありにくさ(3)によると見られる。この語幹末がイ列のク活用形容詞のありにくさは、シク活用形容詞の語幹末が常にシ（イ列）であることと対照的である。

オホ《（オ）》キイ［大］

オホ《（オ）》キイ［大］の例は、二〇〇〇年頃までは、次に挙げるような、中世末のキリシタン資料のものがいくつか挙げられるのが普通であった。

およそ大事《だいじ》は皆小事《みなしょうじ》より起《お》こる。／心《こころ》。そっとしたことから大《おお》きいことは出来《でく》るぞ。〈Sotto xita cotocara vôqij cotoua dequruzo.〉（天草本金句集）

大事《だいじ》は大《おお》きい事《こと》。〈Daijiua Vôquij coto.〉（ロドリゲス日本大文典）

大《おお》きい〈Vôqij.〉　大《おお》きな（こと）。／大《おお》きさ〈Vôqisa.〉／大《おお》きゅう〈Vôqiŭ.〉（日葡辞書）

そして、『日本国語大辞典』〔第二版〕が発行されて、次の例が知られるようになった。室町時代の抄物《しょうもの》の例である。

ソットシタル事ニモ大キイ事ニモ礼バカリヲ用テ、和ヲ不ㇾ用、事ガ不ㇾ成也（論語抄・応永二十七[1420]年本）

一九九九～二〇〇〇年頃になって、山内洋一郎氏「「おほ」（大・多）の変遷――「大きなり」「多し」「多かり」「大きい」をつないで――」(4)が、

この牛をお[ほ]ゝき[に?]くやなり候とて、かたゐ中におきて候か（大和文華館蔵摺仏紙背仮名消息、南北朝か）

の例を挙げられ、山内氏および辛島美絵氏『仮名文書の国語学的研究』(5)が、

大方ハ悪タウノ事、イヅレモオトラズヲ、[オホ]キク候ト申候へドモ（春日大社文書・落書起請文付言、弘安八[1285]年三月）

の例を挙げられて、この春日大社文書の鎌倉時代の例が現在知られる最も古い例である。

オホキサ［大］の例は、

菜種《なたね》の大《おほ》きさおはせしを、わが丈《たけ》たち並《なら》ぶまで養《やしな》ひたてまつりたる我子を（竹取物語）

のようであるが、これは、形容詞オホ《オ》キイの語幹オホキが接尾辞サを伴ったものではなく、形容動詞オホキナリの語幹オホキが接尾辞サを伴ったものと見られる。オホキサの例の見える竹取物語の当時には、形容動詞オホキナリは見えるけれども、形容詞オホ《オ》キイはまだ成立していなかったと見られるからである。

オホキカリ［大］

なお、鈴木丹士郎氏(一)『近世文語の研究』・(二)「近世における口語・文語の交錯と関係性」(6)が挙げられる例であるが、江戸時代にはオホキカリ［大］の例が見える。

男は、女より心も勇猛《タケ》く、容《カタチ》も大きかるものなれば（橘守部『待問雑記《たいもんざっき》』文政十一［1828］年）

これは、鈴木氏の言われるように、口語形オホ《オ》キイの成立後に文語形が作られたことによるものと見られる。

オホシ、オホキニ・オホキナリ、オホ《オ》キイ、および、オホカリ、オホキカリについて、ここまでに見たことで重要な部分を図示すると、次のようになる。

オホシ［多・大］（連体形オホキ［大］）→オホキニ・オホキナリ［大］→オホ《オ》キイ［大］

↓オホカリ［多］　　　　　↓（オホキカリ［大］）

すなわち、形容詞オホシは、上代以前において、多い意のみならず、大きい意をも持っていて、多い意と大きい意とは未分化であったと考えられ、上代では、その大きい意のものは、連体形オホキの連体法として用いられるのが通常であった。平安初期に入り、その連体形オホキがニ・ナリを伴ったオホキニ・オホキナリが用いられ、大きい意を受け持つようになって、オホシが表す多い意と、オホキナリが表す大きい意とが分化するようになった。また、平安時代の和文においては、多い意にオホカリ［多］が用いられる。そして、鎌倉時代に形容詞オホキイ《（オ）》［大］が成立して現代に至るが、江戸時代に文語形オホキカリ［大］も見える。

スクナシ［少・小］

スクナシ［少］

次に、スクナシ［少］の例を挙げる。

潮満てば 入りぬる磯の 草なれや 見らく少なく〈見良久少〉恋ふらくの多き〈戀良久乃太寸〉（萬葉集一三九四《一三九八》、再掲） 美羅具須久奈倶《ミラクスクナク》 己不良久能於保岐《コフラクノオホキ》 是レ相‐對也（歌式〔歌経標式《かきょうひょうしき》〕・鈴鹿本、再掲）

この例は、先に「オホシ［多］」の箇所で見たものであるが、少ない意であり、オホシ［多］とスクナシとが対義的に用いられている。

旅《たび》と言《い》へば 言《こと》にそ易《やす》き すくなくも〈須久奈久毛〉妹《いも》に恋ひつゝ すべなけなくに（萬葉集三七四三《三七六五》）

この例は、『時代別国語大辞典上代編』（スクナシ〔少〕の項の【考】）に、「スクナクモ〜ナクニの形は、すこしだけ〜というようなものではない〜ものすごく〜だ、という意味、すなわち、物事の甚だしいことをあらわす。」とあるように、連用形スクナクは程度の小さい意に（スクナクモ〜ナクニ全体は「物事の甚だしい」意に）用いられている。このような例においては、少ない意と小さい意とを明確に区別することが難しいと言える。

スクナシ〔小〕

他方、スクナシに小さい意を表すと見られる例がある。

此《これ》は、神産巣日神《かむむすひのかみ》の御子《みこ》、少名毗古那《すくなビコナ》神《のかみ》ぞ。毗《ビ》より下の三字は音を以ゐよ。〈少名毗古那神自毗下三字以音〉（古事記・神代）

……酒《くし》の司《かみ》　常世《とこよ》に坐《いま》す　石立《いはた》たす　少名御神《すくなみかみ》の〈須〔ミ〕久那美迦微能〉……（古事記・仲哀・三九）

このスクナビコナノカミとスクナミカミとは同一の神とされ、そして、

大穴牟遅《おほなムチ》と少名毗古那《すくなビコナ》と二柱の神〈大穴牟遅与少〔名〕毗古那二柱神〉、相並《あひとも》に此《こ》の国を作り堅めき（古事記・神代）

大汝《おほなむち》〈於保奈牟知〉少彦名《すくなびこな》の〈須久奈比古奈野〉神代より　言《い》ひ継《つ》ぎけらく……（萬葉集四一〇六〔四一三〇〕）

のように、オホナムチとスクナビコナとが対義的に用いられていて、山口佳紀氏『古代日本語文法成立の研究』(7)は、

オホが「多」と「大」と両義あったように、スク・スコも「少」と「小」と両義に亘ったと思われる。

とされる。ここに、スクとあるのは当然スクナシのスクであるが、スコとあるのは後に述べるスコシのスコである。スコシのコは上代特殊仮名遣の甲類であって、クなどのウ列と、コなどのオ列の甲類とは、交替しやすいものである（第二章二参照）。

オホ〜とスクナ〜とが対義的に用いられる例には、

生みし御子《みこ》は、大毗古《おほビコ》命《のみこと》。次に、少名日子建猪心《すくなひこたけゐごころ》命《のみこと》。〈生御子　大毗古命　次少名日子建猪心命〉（古事記・孝元）

もあり、これもオホビコとスクナヒコとが対義的に用いられていて、小さい意のスクナシの例に加えられる。

結局のところ、小さい意を表すことが明確なスクナシ［小］は、語幹スクナ＋名詞の例のみということである。

スコシ［少・小］

スコシ

スコシ［少・小］の例を挙げる。平安初期に次のような例が見える。

五級の瓦鉢《スヱ》もて少《ス古》シ飲器に充《(み)》(て)、〈五級　瓦鉢《のスヱ》　少《もてス古シ》　充㆓飲器《に》㆒〉（東大寺諷誦文稿《とうだいじふじゅもんこう》）

世中に多《おほ》かる人をだに、すこしもかたちよしと聞《き》きては、見まほしうする人どもなりければ（竹取物語）

スコシは、程度の小さい意を表す副詞として用いられ、少ない意か小さい意かの区別が難しいものである。なお、竹取物語の例の「多《おほ》かる」は、先に見たオホカリ［多］の例である。

〜シ〔副詞〕

スコシのように、〜シの形で副詞として用いられるものに、他にウベシ［諾］（古事記・仁徳・七二）、カクシ［如此］（萬葉集八一五《八一九》）、コキシ（古事記・神武・九）、シカシ［然］（萬葉集四一八九《四二一三》）、ナホシ［猶］（萬葉集四四七〇《四四九四》）、および、ケダシ［蓋］（萬葉集三七二五《三七四七》）、シマシ［暫］（萬葉集三七八五《三八〇五》）、タダシ［唯］（松田福一郎氏蔵四分律行事抄《しぶんりつぎょうじしょう》　平安初期点）、モシ［若］（東大寺図書館蔵金剛般若経《こんごうはんにゃきょう》　賛述《さんじゅつ》　仁和元［885］年点）があり、このうち、ウベシ・カクシ・シカシ・ナホシ・タダシは、シを伴わないウベ・カク・シカ・ナホ・タダも副詞として用いられるので、副詞＋シの構成ととらえられるものであり、また、「および」以下のケダシ・シマシ・タダシ・モシは、〜シクの形でも副詞として用いられるものである。

さらに、イマシ［今］「木《こ》の暗《くれ》の　繁《しげ》き峰《を》の上《へ》を　ほととぎす　鳴《な》きて越《こ》ゆなり　今《いま》し来《く》らしも〈伊麻之久良之母〉」（萬葉集四三〇五《四三二九》）は、副詞イマ［今］「…頭椎《くぶつ》い　石椎《いしつ》いもち　今撃《いまう》たば良《よ》らし〈伊麻宇多婆余良斯〉」（古事記・神武・一〇）＋シの構成ととらえられ、イマシク「今しくは〈今敷者〉見めやと思ひし　み吉野の　大川淀《よど》を　今日見つるかも」（萬葉集一一〇三《一一〇七》）の形の例もあり、さらに、イマシキ「今之紀乃間方《いまシキノまハ》〈今之紀乃間方〉念《おもひみ》見定牟仁《さだめムニ》」（宣命・三十一詔・続日本紀 天平宝字八［764］年）の形の例もある。つまり、これらイマシク・イマシ・イマシキは、不完全な活用ではあるが、シク活用形容詞の連用形・終止形・連体形であると言えよう。尤も、イマシキの例の「紀」は上代特殊仮名遣のキ乙類の萬葉仮名であり、形容詞連体形のキは甲類であるので、仮名遣が合わず、イマシキの例には問題が残る。

スコシク・スコシキ

さて、スコシは、

スコシク　先ヅ少シク食タルニ、飽キ満タル心地シテ（今昔物語集・十七‐四十七）

スコシキ　小《すこ》しき穴《あな》を通《とほ》せ〈通《トホセ》《トホセ》ニ小《き》《シキ》穴《を》《アナ》一〉（龍光院蔵南海寄帰内法伝《なんかいききないほうでん》 平安後期点・築島裕氏釈文）

任那《みまな》は小《すこ》しき国なれども〈任那《ミマナ》ハ小《スコシキク》□國〉、天皇《すめらみこと》の附庸《ほとすかのくに》なり（日本書紀・推古天皇三十一年七月・北野本）

のように、スコシク・スコシ・スコシキの例があり、不完全な活用ではあるが、シク活用形容詞の連用形・終止形・連体形であると言える。

この場合に、スコシキの二例は、小さい穴、小さい国のように、いずれも小さい意に用いられているることが注意される。スコシクの例は、程度の小さい意に用いられていて、少ない意か小さい意かの区別が難しいものである。なお、スコシキの日本書紀の例に見えるホトスカは、未詳であるが、「つき従ってそれに包まれてあるものの意であろう。」（日本古典文学大系68『日本書紀下』、頭注）とされる。

スコシキ［少・小］・スコシキニ［少・小］・スコシキナリ［少・小］

スコシキは副詞としても用いられ、また、スコシキがニを伴ったスコシキニの形でも副詞として用いられる。

スコシキ・スコシキニ

多く大乗(を)學ビ、少(し)キ諸部を習(ふ)。（石山寺蔵大唐西域記《だいとうさいいきき》 長寛元[1163]年点・中田祝夫氏釈文）

小《すこ》しきに取《と》るときは、小《すこ》しきに福《さいはひ》を得《う》。大《おほ》きに取《と》るときは、大《おほ》きに福《さいはひ》を得《う》。〈小《スコシキに》取《トルときは》焉、小《シキ》得《にウ》レ福《サイハヒを》一。大《キに》取《ときは》焉、大得《にウ》レ福《を》一。〉（内藤乾吉氏蔵古文孝経《こぶんこうきょう》 仁治二[1241]年点、再掲）

オホキニ［大］が副詞としても用いられること先に見た通りであるが、ニを伴わないオホキ［大］は副詞として用いられない。それに対して、スコシキは、ニを伴っても伴わないでも副詞として用いられていて、その点でオホキ［大］とは異なっている。ニを伴わないスコシキが副詞として用いられるのは、オホキ［大］にはない用法である。

右のスコシキ（大唐西域記 長寛元年点）の例は、オホク［多］と対義的に用いられていて、少ない意と見られる。また、スコシキニ（古文孝経 仁治二年点）の例は、オホキニ［大］と対義的に用いられていて、小さい意と見られる。副詞としてのオホキニは大きい意のものであるが、副詞としてのスコシキ・スコシキニは、少ない意にも小さい意にも用いられるようであり、この点でも、オオキニ［大］とは異なっている。

スコシキナリ

スコシキニがアリを伴って約《つづ》まったスコシキナリの例も見える。

右-田 耕《はカウ》-種小《スクナシ》 （書陵部蔵文鏡秘府論《ぶんきょうひふろん》天保延四［1138］年点）

佝（略）小《ちひ》さき兒《かたち》《スコシキナリ》 須古志支奈留《スコシキナル》〈須古志支奈留〉（新撰字鏡）

小《すこしき》なるを以《もち》て大《おほい》なるに事《つか》ふるは、〈以(二)小《スコシキナルを》(一)て 事《は》(レ)大《オホイナルに》、〉天《あめ》の道《みち》なり（日本書紀・継体天皇二十三年四月・前田本、再掲）

復《またすこしき》小なる雄鶏《みにはとり》を以て〈復、以(二)小《スコシキナルミニハトリを》 雄鶏(一)て〉、呼《よ》びて天皇の鶏《みにはとり》として（日本書紀・雄略天皇七年八月・前田本）

文鏡秘府論 保延四年点の例は、スクナシの訓もあり、少ない意のものと見られる。新撰字鏡の例は、「小《ちひ》さき兒《かたち》」とあるので、小さい意かと見られる。日本書紀・継体天皇二十三年の古訓の例は、オホイナルと対義的に用いられていて、小さい意と見られ、日本書紀・雄略天皇七年の古訓の例は、小さい雄鶏の意に用いられていて、小さい意と見られる。このように、スコシキナリは、少ない意にも小さい意にも用いられていて、副詞スコシキ・スコシキニが少ない意にも小さい意にも用いられるようであったことと、符合していると言える。

スコシ〔少〕とスクナシ〔少〕

〜ナシ

ところで、スコシとスクナシとは、どのように異なり、どのような関係であろうか。

『岩波古語辞典』（スクナシ〔少〕の項）には、

《量が少ししかないことに重きを置く語。類義語スコシは、量がわずかでもあることに重きを置く語》

とあり、スコシは量があることに重点を置く意であり、スクナシは量がないことに重点を置く意であるとしている。

他方、『時代別国語大辞典上代編』（スクナシ〔少〕の項の【考】）は、

スクナシとスコシとは語源上関係があると思われる。

としていて、また、山口氏前掲書は、

スクナ（少）は、スクがスコシ（少）のスコと同源であろうから、ナは「無」の意ではない。

と述べられる。

西宮一民氏の説

無い意ではないナシについては、西宮一民氏「いわゆる「甚《な》し」について」[8]が述べられることが、大きく参考になる。

例えば、現代語のセワシナイは忙しいことを表すが、ナイのないセワシイもまた忙しいことを表しているので、このナイは無い意とは言えない。このようなナシは、従来「痛《イタ》しノ略ナル、甚《タ》し二通ズ」（『大言海』）などと言われ、甚だしい意とされて、セワシナイは甚だしく忙しい意と見られてきた。これに対して、西宮氏は、このナシを「事柄の程度の否定（打消）」を表すものととらえられ、ナシ［無］と無関係なものではないとされた。(9)

「程度の否定」とは、程度が非常に大きい場合にも、程度が非常に小さい場合にも、〝その程度ではない〟と否定することであるが、どちらかと言えば程度が非常に大きい場合に用いられることが多い。「程度の否定」が、その結果として、甚だしい意のように元の意を強調した意味を表すことになった、ということである。

　このことに関連して、英語によく似た表現がある。非常に暑い時に〝It isn't hot.〟と言うことである。「暑い なんてものじゃない」「暑い てなもんじゃない」などと訳される。無論、英語について言うことが、そのまま日本語について言えるとは限らないが、非常におもしろいことである。

　すると、スクナシは、スコシの「程度の否定」を表すことになり、「少しなんてものじゃない」などと、結果としてスコシを強調した意を表すと考えられる。『岩波古語辞典』が、スコシは量があることに重点を置く意であり、スクナシは量がないことに重点を置く意であるとすることは、スコシの「程度の否定」がスクナシであるとすると、その理由が説明されることになる。

スコシ、スコシキ・スコシキニ・スコシキナリ、および、スクナシについて、ここまでに見たことで重要な部分を図示すると、次のようになる。

スコシ［少・小］〔連体形スコシキ［小］〕↓スコシキ・スコシキニ・スコシキナリ［少・小］
↓スクナシ［少］

スクナシは、小さい意の例もないではないが、確実なものはスクナ＋名詞の例のみであり、少ない意が中心であるので、右には「スクナシ［少］」と示しておいた。

先に、オホシ、オホキニ・オホキナリ、オホ《（オ）》キイなどについて図示したものと比べると、破線部が同様であると言える。

チヒサシ［小］・チヒ《（イ）》サナ［小］

チヒサシ［小］

今一つ、チヒサシ［小］がある。

オホキニ・オホキナリが大きい意を表して、オホシ［多］と意味が分化するのに対して、スコシキ・スコシキニ・スコシキナリは少ない意も小さい意も表していて、スクナシ［少］と明確に意味が分化していないが、これは小さい意を表すチヒサシが別にあるからであると考えられる。

婗（略（略）小児　知比佐伊《チヒサイ》人《ひと》〈知比佐伊人〉又和良波《ワラハ》（新撰字鏡）

月のおぼろなるに、ちひさき童《わらは》をさきに立《た》てて、人立《た》てり（伊勢物語）
大宮《おほみや》の　小《ちひ》さ小舎人《こどねり》〈知比佐古止祢利〉や　手々《てゝ》にやは　玉《たま》ならば　手々《てゝ》にや（神楽歌五三・大宮）
藺知比佐支井《チヒサキゐ》〈知比佐支井〉（新撰字鏡・享和本）
即《すなは》ち少《ちひさ》い魚《いを》に化《な》りて〈即化《ナリ》㆓少《チヒサイ》魚《イヲに》㆒て〉、樹《き》の枝《また》に挟《はさま》れり。（日本書紀・推古天皇二十六年八月・岩崎本平安中期点）
事巨　細　と無《ことおほきなるちひさきな》く、〈事無《ク》㆓巨《オホキナル》―細《チヒサキト》㆒〉（日本書紀・雄略天皇二十三年七月・前田本、再掲）
いずれも、小さい意に用いられている。子供や、「藺《ゐ》」のような植物、「魚《いを》」のような動物に用いられることが多いと言える。日本書紀・雄略天皇二十三年の古訓の例は、オホキナリとチヒサシとが対義的に用いられていて、小さい意であることが明確である。

チヒ《イ》サナ［**小**］

オホ《オ》キイに対して、オホキナ（リ）があるように、チヒサシに対して、チヒ《イ》サナがある。

漢ハ　イカホド　大キナヤラウ　小ナヤラウヲモ　不㆑知ゾ（史記抄）

室町時代の抄物《しょうもの》の例で、オホキナとチヒ《イ》サナとが対義的に用いられている例である。ここに、オホキナもチヒ《イ》サナも、〜ナは形容動詞の連体形〜ナルのルの脱落した形である。ただ、先に見たように、オホキナリから鎌倉時代にオホ《オ》キイが成立するのに対して、チヒ《イ》サナは室町時代以降に見えて、平安初期以降に見えるチヒサシより時代が下っている。従って、オホキナ（リ）―オホ《オ》キイの対応に類推されて、チヒサシからチヒ《イ》サナが形成されたととらえられる。つまり、オホキナ

（リ）―オホ《オ》キイは、形容動詞から形容詞への変化であるのに対して、チヒサシ―チヒ《イ》サナは形容詞から形容動詞への変化であり、変化の方向が異なっている。抄物《しょうもの》に、形容詞・形容動詞の両形を持つ語が多いことについては、山田忠雄氏「形容詞スルドシの成立」[10]、柳田征司氏㈠「活用から見た抄物の語彙」・㈡「抄物の語彙」[11]などが詳しい。[12]

以上、古代語におけるオホシ［多・大］とスコシ［少・小］との対応、多い意と大きい意とが分化して行くこと、スクナシはスコシの「程度の否定」と見られること、オホキナ（リ）―オホ《オ》キイの対応との類推によってチヒサシからチヒ《イ》サナが形成されることなどについて述べた。[13]

注

（1）［2005・11　和泉書院］第二篇第一章第二節、もと『日本近代語研究』2［1995・12　ひつじ書房］

（2）㈠「国語国文」36－8［1967・8］・㈡「国語国文」37－5［1968・5］・㈢『中田博士功績記念国語学論集』［1979・2　勉誠社］

（3）このことについては、次の第一章五において述べる。

（4）『国語語彙史の研究』18［1999・3　和泉書院］

（5）［2003・10　清文堂出版］第二章第四節四、もと「仮名文書の形容詞――特色ある形容詞語彙について（その二）――」（「語文研究」89［2000・6］）

（6）㈠［2003・9 東京堂出版］第六章、もと「馬琴の文語――形容詞カリ活用の場合――」（『国語学』60［1965・3］）・「近世における形容詞補助活用の展開」（『専修国文』57［1995・8］）、㈡「文学」8－6［2007・11］

（7）［1985・1 有精堂出版］第二章第二節三

（8）阪倉篤義氏監修『論集日本文学・日本語』1上代［1978・3 角川書店］。なお、岩村恵美子氏㈠「ナシ（甚）型形容詞――否定性接尾語を有する形容詞の考察――」（『語文』（大阪大学）64［1995・9］）・㈡「ナシ（甚）型形容詞続考――上代～中世の例を中心に――」（『国語語彙史の研究』17［1998・10 和泉書院］）をも参照。

（9）山口氏は、このナシについて、別の解釈をされるが、省略する。

（10）「日本大学文学部研究年報」4［1954・3］

（11）㈠「愛媛大学教育学部紀要」Ⅱ5－1［1973・2］・㈡『講座日本語の語彙』4中世の語彙［1981・11 明治書院］

（12）蜂矢「語幹を共通にする形容詞と形容動詞」（『国語語彙史の研究』22［2003・3 和泉書院］）・「語基を共通にする形容詞と形容動詞」（『国語語彙史の研究』23［2004・3 同］）をも参照。

（13）以上のことの多くについては、蜂矢「多少と大小」（吉井 巖編『記紀萬葉論叢』［1992・5 塙書房］）参照。

五　高低と深浅

高低を表す形容詞と深浅を表す形容詞とについて見ることにしたいが、およそ、初めに、「高低」を表すもの（とりわけ、「低」を表すもの）の問題点について、次に、「深浅」を表すものの問題点について、そして、「高」を表すものと「深」を表すものとの関係について、という順序で述べることにしたいと考える。

ヒキナリ［低］・ヒキシ［低］・ヒクイ［低］

現代語のタカイ［高］の対義語はヒクイ［低］である。これをそのまま古代語にあてはめると、タカシの対義語はヒクシである、ということになりそうであるが、実はそう簡単ではない。

タカシ［高］

タカシ［高］には、特に問題がある訳ではない。タカシ［高］の例は、次のようである。

沖《おき》つ波《なみ》　高《たか》く立《た》つ日に〈多可久多都日尓〉逢《あ》へりきと　都《みやこ》の人《ひと》は　聞《き》きてけむかも（萬葉集三六七五 三六九七）

ヒクイ［低］

それに対して、ヒクシ［低］には、問題がある。まず、ヒクイ［低］の例を挙げる。

田地ニヒクイ処ハ陰ヲウケ、高処ニハ陽ヲウクルゾ（神代聞書［兼倶講 景徐聞書］、文明九［1477］年、高見三郎氏「一韓智翃の抄のことば(1)」による）

「ヒクイ処」と「高処」とが対義的に用いられているので、「高処」は「高《たか》い処《ところ》」と訓《よ》むのがよいと見られる。この例は、文明九年に、卜部兼倶が講じて景徐が聞き書きした日本書紀・神代巻の抄物《しょうもの》に見えるものであり、来田隆氏「ヒキイからヒクイへ(2)」がヒクイの最も古い例とされるものである。

ヒキシ［低］

ヒクイが見える前にはどうであったかと言うと、ヒキシが用いられていた。ヒキシ［低］の、知られる限りで最も古い例は、平安末期の

小丈ヒミ《［キ］》シ（色葉字類抄）

のようで、「ヒミシ」とあるが、この例について、佐藤喜代治氏『『色葉字類抄』（巻下）略注(3)』は、「訓「ヒキシ」の誤りであろう。」とされている。「小丈」とは、背丈が低いことであるので、ヒヒシではなくヒキシであると見てよい。

色葉字類抄の例よりさらに古い例かと見る可能性のあるものに、

額いたう晴れたる人の、まじりいたうひきく、顔もここはと見ゆるところなく（紫式部日記）

がある。しかし、この例は日本古典文学大系20によったが、日本古典文学全集18や新日本古典文学大

系24や新編日本古典文学全集26のように、天和本・吉田幸一氏蔵本・桃園文庫蔵一本・北氏本によって「まじりいたうひきて」とする方がよいかと見られる。「まじり」は後に言う目尻《めじり》のことであり、〝目尻が甚だしく低く〟ではなく、〝目尻を甚だしく長く引いて〟の意と見るのがよいであろう。このようであるので、ヒキシの例が確認できるのは平安末期と見られる。

　ヒキシには、次のような例もある。

　鼻もてあげの木をとりて、うるはしく向(ひ)ゐて、よきほどに、高からず低《ひき》からずもたげて、粥をすゝらすれば（宇治拾遺物語）

この例は、鎌倉時代に下るが、タカシ［高］とヒキシ［低］とが対義的に用いられる例である。また、これは、芥川龍之介「鼻」の基になる話でもある。

ヒキナリ［低］

さて、ヒキシの前にはどうであったかと言うと、形容動詞ヒキナリ［低］が用いられていた。ヒキナリの、最も古い例かと見られるものは、東大寺蔵大般涅槃経《だいはつねはんぎょう》平安後期点に「座《ヒキ》なる人」とある例かと思われる。低い人の意と見られ、『新潮国語辞典』・『日本国語大辞典』〔第二版〕に挙げられているものであるが、この資料を直接見られた方にお尋ねしたところ、確認できないとのことであったので、ここでは未確認とするしかない。

　平安末期に、次のようなヒキナリ［低］の例がある。

侏儒〔儒〕（略）ヒキウト　上　タケヒキ　ヒキナリ　下　サカシ　ハカセ（略）ヒキウト（類聚名義抄）痤俗矬字

（略）ニキミ　ヒキナリ　ミシカシ（類聚名義抄）

こびととか一寸法師を表す「侏儒」に対して、ヒキウトという訓があり、「侏儒」の「上」の「侏」字に対して、タケヒキ・ヒキナリと、「侏儒」の「下」の「儒」字に対して、サカシ・ハカセや、ヒキウトという訓がある。ヒキウトとは低い人の意で、ヒキヒトのウ音便である。「侏」字は、短い・背が低い意で、それにヒキナリの訓がある。タケヒキとは丈が低いことである。「儒」字には、学者の意があり、サカシ・ハカセの訓はその意に対応している。

他方、「痤」字は、「矬」字と異体字の関係にあり、「矬」字は、短い・背が低い意で、ヒキナリ・ミジカシの訓はそれに当たるが、「痤」字に、はれもの・できものの意があって、ニキビとバ行―マ行の子音交替であるニキミの訓はそれに当たる。

ヒキシについての変化を図示すると、次のようである。

ヒキナリ──→ヒキシ──→ヒクイ

形容詞ヒキシが、右に見たような現れ方をしているのは、実は、第一章四にふれたことであるが、語幹末（ク活用形容詞では、シ・イの直前）がイ列（イキシチニヒミイリヰ・ギジヂビ）のク活用形容詞がありにくい、という問題があるからである。

北原保雄氏㈠「形容詞のウ音便──その分布から成立の過程を探る──」・㈡「形容詞「ヒキシ」攷──形容動詞「ヒキナリ」の確認──」・㈢「形容詞の語音構造」[4]は、語幹末がイ列のク活用形容詞がありにくいことについて指摘されて、また、シク活用形容詞の語幹末が常にシ（イ列）であることと対比的であると述べられる。シク活用形容詞の語幹末がどの部分であるかについては、これと異なってシの直前の部分とするとらえ方もあるが、語幹の用法について考える場合には、シと見る方がよいと見られる。先に見たヒキシ・ヒキナリについては、北原氏(二)が述べられている。

キビシ・オホキイ

北原氏も挙げられるが、語幹末がイ列のク活用形容詞がありにくいことに関わる形容詞で最も古いのは、キビシである。

　キビシ〔ク活用〕　歯は白キこと齊(し)く密《キビ》クして珂と雪との猶《ゴト》し《「シ」》。（西大寺蔵金光明《こんこうみょう》最勝《さいしょう》王経《おうぎょう》
　平安初期点・春日政治氏釈文）

この文献について詳しく検討されるところの、春日政治氏『西大寺本金光明最勝王経古点の国語学的研究』[5]は、このキビシ〔ク活用〕の例について、「この語は現今シク活用であるとして誰も怪しまないが、実は、古くク活用であつたのである。」と述べられている。「密《キビ》ク」は、（歯の）隙間のないさまを表している。なお、「珂」は白い瑪瑙《めのう》のことである。

ところが、キビシ〔ク活用〕は、長く用いられず、形態が変わって、キビシの形のままシク活用に変わるか、ク活用のままキブシに変わるかする（春日氏は、キブシ〔ク活用〕にふれられない）。

　キビシ〔シク活用〕　五(には)[者]密《キビ》シク諸根を護《マボ》ラム。（西大寺蔵不空羂索神呪心経《ふくうけんじゃくしんじゅしんぎょう》　寛徳二
　[1045]年点・小林芳規氏釈文）

キブシ〔ク活用〕　緻《きぶ》く密《たし》かなること〈緻密《キブクタシカナルこと》〉、猶《なほ》金剛の外の物を容《う》けぬが如し。（石山寺蔵大般涅槃経《だいはつねはんぎょう》九平安後期点・大坪併治氏釈文、治承四[1180]年点は「キビシキ」）　問　キヒシキ事ヲキ（上）ブ（上）シトイヘル　キフ如何（名語記《みょうごき》）

右のキビシ〔シク活用〕の例に「護《マボ》ラム。」とあるマボルは、マモルとマ行―バ行の子音交替のものである（第二章四参照）。

平安初期に用いられたキビシ〔ク活用〕は、語幹末がイ列のク活用形容詞のありにくさによって、平安後期にはキビシ〔シク活用〕かキブシ〔ク活用〕に変わって、もとのキビシ〔ク活用〕は用いられなくなって行く。キビシについての変化を図示すると、次のようである。

キビシ〔ク活用〕→ キブシ〔ク活用〕
　　　　　　　　→ キビシ〔シク活用〕

今一つ、第一章四に見たオホ《オ》キイ〔大〕についての変化を、多い意のものを別にして簡略に図示すると、次のようである。

オホシ〔大〕〔連体形オホキ〕――→オホキナリ――→オホ《オ》キイ

右に見てきた、ヒキシとキビシとオホキイについての変化を比べてみると、類似していることがあると気づかれる。

その第一は、「ヒキシ→ヒクイ」と「キビシ〔ク活用〕→キブシ〔ク活用〕」との類似である。いずれも、ク活用形容詞で、語幹末がキ→ク、ビ→ブのようにイ列からウ列への変化であることが共通している。ただ、その変化の時期は、ヒクイが見えるのが室町時代、文明九年頃であり、キブシが見えるのが平安後期であって、異なっている。

その第二は、「ヒキナリ→ヒキシ」と「オホキナリ→オホ《オ》キイ」との類似である。いずれも、形容動詞からク活用形容詞への変化であることが共通している。ただ、ヒキシは現代語でヒクイと言ってヒキイと言わないように定着せず、オホ《オ》キイは定着することが異なっている。

語幹末がイ列のク活用形容詞

現代語で語幹末がイ列のク活用形容詞がどれほどあるかを見てみたいが、それに適当な資料がある。国立国語研究所資料集7『動詞・形容詞問題語用例集』[6]がそれである。この資料は、「Ⅳ　語末からの逆びきによる動詞・形容詞一覧」の欄を持っていて、そこでは、「語末からの逆びき」、つまり末尾が何であるかという順序で配列している。現代語の形容詞の末尾はイであるが、末尾のイの直前の音節が何であるか、それをア段・イ段・ウ段・エ段・オ段（ア列・イ列・ウ列・エ列・オ列に同じ）に分けて挙げている。その欄の、「形容詞2」（西尾寅弥氏担当）の、「1. ク活用系統」の「イ段音＋い」の箇所に、語幹末がイ列のク活用形容詞が挙げられていて、そこには、次のようにある。

いい、かいい、かわいい」おおきい」ばばっちい、みみっちい

現代語で比較的よく用いられるところの、語幹末がイ列のク活用形容詞はこの六語ぐらいであると

いうことである（尤も、カイイは「比較的よく用いられる」と言えるかどうかやや問題である）。

ここに挙げられているもののうち、オオキイ[ホ]の他のものについて、簡単に見ておくことにしたい。

イイ　切米《きりまい》ハ　い丶が手足を　見てくんな（雑俳・柳多留九）
カイイ　かいい。〈Caij.〉　痒みを感じる、あるいは、むずがゆい。／かいさ。〈Caisa.〉／かゆう。〈Cayŭ.〉（日葡辞書）
カワイイ[ハ]　秦ニ諸侯ヲ比スレバ天子ノ下テ郡縣ノ主君ホドノ事ゾ　カワイ[ハ]、モノゾ（史記抄）
ババッチイ　ソリヤ、耳《みゝ》の脇《わき》にば丶つちいの溜《たま》らぬやうに（滑稽本・浮世風呂前下）
ミミッチイ　み丶つちく　はりやれとせなあ　坪[壺]をふせ（雑俳・柳多留十六）

右のうち、イイの例の「切米《きりまい》」は賃金のことで、賃金はよいが、手足は傷だらけだ、というような意と見られる。また、ミミッチイの例の「せなあ」は、若い男の人を表している。

オオキイ[ホ]は、先に第一章四に見たように、鎌倉時代、弘安八[1285]年の例が見えたが、その次に古いものは室町時代に見えるカワイイ[ハ]、その次は中世末に見えるカイイのようで、イイ・ミミッチイ・ババッチイは江戸時代に下っている。この他にも、語幹末がイ列のク活用形容詞の、江戸時代や近代以降に見えるものをいくらか挙げることができるが、それについては省略することにしたい。

右のイイの元の形容詞は、ヨシ「…大君《おほきみ》し　良《よ》しと聞《き》こさば　〈与斯登岐許佐婆〉　独《ひと》り居《を》りとも」（古事記・仁徳・六五）であり、カイイの元の形容詞は、カユシ「今日なれば　鼻の鼻ひし　眉かゆみ〈眉可由見〉　思ひしことは　君にしありけり」（萬葉集二八〇九[二八二〇]）であり、カワイイ[ハ]の元の形容詞はカハユシ「あな、かはゆの色好《ごの》みや、と肩《かた》のわたりを扇《あふぎ》していたく打《う》つなれば」（狭衣物語）であるが、バッチイ・ミミッチイの元のものは特に挙げることができない。

以上のように、ヒキシは、語幹末がイ列のク活用形容詞のありにくさによって、ヒクイに変化するものであり、それより古いキビシ〔ク活用〕も同様にキビシ〔シク活用〕・キブシ〔ク活用〕に変化するものであったが、オホ《（オ）》キイが鎌倉時代に成立し定着するようになって以降は、カハ《（ワ）》イイ・カイイ・イイ・ミミッチイ・ババッチイのように、少しずつではあるが増えつつあると見られる。[7]

デコボコ［凸凹］

デコボコ［凸凹］
ここで、デコボコ［凸凹］について見ることにしたい。デコボコが高低と何の関係があるのかと思われるかもしれないが、大きく関係があるものである。

デコボコ［凸凹］　其横《そのよこ》に眞黒《まつくろ》に煤《くす》ぼつた涼爐《しちりん》が有《あつ》て凸凹《でこぼこ》した湯鑵《やくわん》がかけてある（国木田独歩「二少女」下）

デコ［凸］　でこ〳〵と　なぶればでこで　請《（うけ）》流し（雑俳・千枚分銅）

デコボコの例は、明治の国木田独歩の小説まで下るようであるが、デコのみの例は、江戸時代の雑俳の例が見え、これはおでこの意に用いられている。

他方、中世末のキリシタン資料に、次のような例が見える。

タカビク［高低］　石原《いしわら》の高低《たかびく》なる〈tacabicunaru〉所《ところ》（羅葡日辞書《らほにちじしょ》）

これは、タカヒクではなくタカビクとあることが些か問題である。

一般に並列的な複合は連濁しないのが普通で、例えば、山にある川の意の場合はヤマガワと連濁するが、山と川との並列により自然を表すような場合は連濁しないヤマカワである。タカとヒクとが並列的であるこの例が、タカビクと連濁する形であるのは不審であると言ってよい。しかし、この例は凸凹である意に用いられていて、そのことに気づくと、別のとらえ方の可能性が浮かび上がってくる。

濁音減価

遠藤邦基氏「濁音減価の派生意識」(8)は、「濁音減価」について述べられている。つまり、清音である語頭を濁音化することによって、価値を減じることがある、と述べられる。例えば、ザマ「zama」（天草版平家物語）がそうで、これは様子を表すサマの語頭を濁音化して、価値を減じた意味を表している。

とすると、タカヒク［高低］とデコボコ［凸凹］との間には、次のような関係があると考えられる。

タカ［高］・ヒク［低］の語頭がそれぞれ濁音化してダカ・ビクになり、そして、ダカ—デコ、ビク—ボコの母音交替があってデコ・ボコになる、もしくは、タカ［高］—テコ、ヒク［低］—ホコの母音交替があり、そして、テコ・ホコの語頭がそれぞれ濁音化してデコ・ボコになる。図示すると、次のようである。

考えてみれば、デコボコ［凸凹］とは、高い所と低い所とである訳である。
タカビク（羅葡日辞書《らほにちじしょ》）の例が、ダカビクでないことに問題は残るが、タカ・ヒクとデコ・ボコとの関係は、右のように考えられ、図の右の矢印の変化の可能性も左の矢印の可能性もあるであろう。〜ビク（羅葡日辞書）の例があることからすると、右の矢印の可能性の方がやや高いであろうか。

フカシ［深］・コシ［濃］とアサシ［浅］・ウスシ［薄］

フカシ［深］・コシ［濃］、アサシ［浅］・ウスシ［薄］

形容詞フカシ［深］・コシ［濃］、アサシ［浅］・ウスシ［薄］の対義関係については、宮地敦子氏㈠「対義語の周辺――「ふかし」とその類縁の語――」(9)が述べられていて、それを参考にしつつ見て行きたい。通常は、フカシ［深］とアサシ［浅］、コシ［濃］とウスシ［薄］とが対義的に用いられるものである。

フカシ［深］　大き海《おほうみ》の　水底深《みなそこふか》く〈美奈曽己布可久〉思《おも》ひつゝ　裳引《もび》き平《なら》しし　菅原《すがはら》の里《さと》〈萬葉集四四九一）四五一五

アサシ［浅］　沢田川《さはだかは》　袖漬《そでつ》くばかりや　浅《あさ》けれど〈安左介礼度〉はれ　浅《あさ》けれど〈安左介礼度〉

恭仁《くに》の宮人《みやひと》 や 高橋《たかはし》わたす……（催馬楽二・沢田川）

―コシ［濃］ 苦《ニガ》ク澀《シブ》クして滋《古》キ味無(け)む。（西大寺蔵金光明最勝王経《こんこうみょうさいしょうおうぎょう》 平安初期点・春日政治氏釈文）

ウスシ［薄］ 畝傍《うねび》山《やま》 木《こ》立《たち》薄《うす》けど〈虚多智于須家苔〉頼《たの》みかも 毛津《けつ》の若子《わくご》の 籠《こも》らせりけむ（日本書紀・舒明・一〇五）

右の四つの形容詞は、上代～平安初期頃に見え、そのうち、アサシ［浅］とウスシ［薄］とは母音交替の関係である。

色の濃淡を表す形容詞

また、これら四つの形容詞は、色の濃淡についても用いられる。

フカシ［深］ 色深《いろぶか》く〈伊呂夫可久〉背《せ》なが衣《ころも》は 染《そ》めましを み坂給《さかたば》らば まさやかに見《み》む（萬葉集四四二四・防人歌）

アサシ［浅《四四四八》］・コシ［濃］ 浅緑《あさみどり》〈安左美止利〉濃《こ》い縹《はなだ》〈己以波奈太〉染《そ》めかけたりとも 見《み》るまでに……（催馬楽四四・浅緑）

ウスシ［薄］・コシ［濃］ 薄《うす》く濃《こ》く 染《そ》むべき色を いかでかは 人の思(ひ)の しるべともせむ（宇津保物語・おきつしら波、和歌）

右の催馬楽の例は、コシ［濃］とアサシ［浅］とが対義的に用いられる例であり、宇津保物語の例は、コシ［濃］とウスシ［薄］とが対義的に用いられる例である。通常はコシ［濃］とウスシ［薄］

とが対義的に用いられるけれども、宇津保物語の例のように、ウスシ［薄］が色の濃淡を表す例は平安中期頃まで下るので、平安初期かと見られる催馬楽において、コシ［濃］は、ウスシ［薄］ではなくそれと母音交替の関係にあるアサシ［浅］と対義的に用いられたと考えられる。

舘谷笑子《たちたにえみこ》氏「「紅之深染・薄染」——色の濃淡を表す形容詞の考察から——」(10)は、

(1)紅の　深染めの衣〈深染之衣〉下に着て　上に取り着ば　言なさむかも（萬葉集一三一三　一三一七）
(2)紅の　深染めの衣〈深染衣〉色深く〈色深〉染みにしかば　忘れかねつる（萬葉集二六二四　二六三一）
(3)紅の　深染めの衣を〈深染乃衣乎〉下に着ば　人の見らくに　にほひ出でむか（萬葉集二八一八　二八三九）
(4)紅の　薄染めの衣〈薄染衣〉浅らかに〈浅尓〉相見し人に　恋ふるころかも（萬葉集二九六六　二九七八）

の「〈深染〉」「〈薄染〉」について考察される。

(1)(2)(3)「〈深染〉」はコゾメかフカゾメか、(4)「〈薄染〉」はウスゾメかアサゾメかが問題であるが、(1)「〈深染之衣〉」・(2)「〈深染衣〉」の従来の主な訓はコゾメノコロモ・フカゾメノキヌ、(3)「〈深染乃衣乎〉」のそれはコゾメノキヌヲ・フカゾメノキヌヲ、(4)「〈薄染衣〉」のそれはウスゾメノキヌ・アサゾメノキヌ／ウスゾメコロモ・アサゾメコロモのようである。つまり、「〈衣〉」をコロモと訓《よ》むかキヌと訓むかも、また、字余りになるかどうかも問題である。なお、(1)(2)(3)の古写本の訓はコゾメ、(4)のそれはウスゾメである。(3)の訓フカゾメノキヌヲは字余りであるが、ヌヲの部分の字余りは許容されるものである。

ここで、(4)「〈浅尓〉」をアサラカニと訓むのであれば、アサラカニにかかる「〈薄染〉」はアサゾメと訓《よ》むのがよいことになる。また、(2)「〈色深〉」を、先に色の濃淡を表すフカシの例として挙げた例(萬葉集四四二四《四四四八》・防人歌)のように、イロブカクと訓むのであれば、それにかかる「〈深染〉」はフカゾメと訓むのがよいことになる。(2)の「〈深染〉」がフカゾメであれば、(1)(3)の「〈深染〉」もフカゾメかと考えられる。(3)「〈衣〉」は、コロモと訓むと許容されない字余りになるので、キヌと訓まれて、それにより、(1)(2)(4)「〈衣〉」もキヌかと考えられる。

以上のことによって、(1)「〈深染之衣〉」・(2)「〈深染衣〉」は「フカゾメノキヌ」と、(3)「〈深染乃衣乎〉」はフカゾメノキヌヲと、(4)「〈薄染衣〉」はアサゾメノキヌと、それぞれ訓むのがよいと見られる。つまり、色の濃淡を表す形容詞は、フカシ[深]・アサシ[浅]が本来であったのではないかということになる。

舘谷氏は、色の濃淡を表す形容詞としてコシ[濃]・ウスシ[薄]が用いられるのは、基本的に平安中期以降であり、それは漢籍の影響かとされる。そして、古写本の訓がコゾメ・ウスゾメであるのは、平安中期以降の訓であるからとされる。

タカシ[高]とフカシ[深]

対義関係

現代語の場合に、先に見たように、タカイとヒクイとは対義語であるが、その対義関係は、方向(この場合は上に向かって)が同じで、量が大きいか小さいかという関係である。同様に、フカイとアサイとは対義語であるが、その対義関係は、方向（この場合は下に向かって）が同じで、量が大きいか小さいかという関係である。

そして、この点が重要であるが、タカイの対義語は、ヒクイであるだけではなく、フカイでもあることである。タカイとフカイとの対義関係は、量の大きさは同じで、方向が上へか下へか逆になっているという関係である。こうしたことについては、宮地氏㈠・同㈡「対義語の条件――「たかし」とその類縁の語――」[11]が述べられている。

図示すると、次のようである。

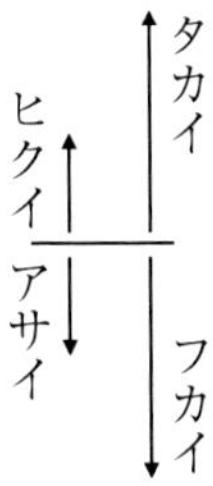

ここで注意されることは、ヒクイとアサイとが対義語でないことである。方向が逆であるものについては、量の小さいものではなく量の大きいものの方で代表させて対義的と見るということである。

タク［闌］とフク［更］

タク［闌］

さて、タカシ［高］は、高くなる意の下二段動詞タク［闌］が接尾辞シを伴って形容詞を派生したものである。

タク［闌］ 卓（略）日高きなり（略）日太介奴《ひタケヌ》〈日太介奴〉（新撰字鏡） 闌（略）タケナハタ［ナ］リ タカシ（略）

タケヌ（略）（類聚名義抄）

右の平安初期の新撰字鏡の例は、「日太介奴《ひタケヌ》」と訓がある。また、右の平安末期の類聚名義抄の例には、タカシ、タケヌの訓があり、これらのタケヌは、動詞タク［闌］が助動詞ヌ〔完了〕を伴ったものである。

類聚名義抄の例には、他にタケナハタリの訓もあるが、タリは漢語につくもので、例外的に和語がタリを伴うものはカツカツタリ（興福寺蔵大慈恩寺三蔵法師伝《だいじおんじさんぞうほうしでん》 承徳三年頃点、類聚名義抄）・マチマチタリ（石山寺蔵大唐西域記《だいとうさいいきき》 長寛元年点）が知られる程度であるので、タケナハナリの誤りと見るのがよいであろう。タケナハは、最高潮であるさまの意であるので、そのタケは動詞タク［闌］の連用形と見られる。ナハははっきりしないが、ナカナハ［夭］「世に逕《ふ》るは夭《ナカナハ》ニナリヌルコト無《な》し〈逕（レ）世无（レ）夭《夭奈加奈波尓奈利奴留己止》〉」（日本霊異記《にほんりょういき》・上五・興福寺本）にも見える。

フク［更］

そしてまた、フカシ［深］は、深くなる意の下二段動詞フク［更］が接尾辞シを伴って形容詞を派生したものである。

フク［更］ 妹が袖 我枕《まくら》かむ 川の瀬に 霧立ち渡《わた》れ さ夜《よ》ふけぬとに〈左欲布氣奴刀尓〉（萬葉集 四一六三 四一八七）

タク［闌］は、ヒ［日］がタクことについて用いられ、フク［更］は、ヨ［夜］がフクことについて用いられている。フク［更］は、現代語では下一段動詞フケル［更］として用いられる。

ヒ［日］・ヨ［夜］かが並《な》べて　夜《よ》には九夜《こゝのよ》〈用迩波許々能用〉日《ひ》には十日《とをか》を〈比迩波登袁加袁〉

（古事記・景行・二六）

のように、ヒ［日］とヨ［夜］とは対義的に用いられるので、つまり、日《ヒ》タクと夜《ヨ》フクとが対義的に用いられることになる。

タカシ［高］・フカシ［深］……嶺高《みねたか》み〈弥祢太可美〉谷《たに》を深《ふか》みと〈多尓乎布可美等〉落《お》ち激《たぎ》つ清《きよ》き河内《かふち》に……（萬葉集四〇〇三《四〇二七》）

のように、タカシ［高］とフカシ［深］とが対義的に用いられる例も見える。

以上、ヒキシ［低］のありにくさ、色の濃淡を表す場合にフカシ［深］・アサシ［浅］からコシ［濃］・ウスシ［薄］への変遷があったこと、タカイ［高］の対義語はヒクイ［低］だけではなくフカイ［深］もそうであることなどについて述べた。

注

（1）「山辺道」（天理大学）24［1980・3］

（2）『国語語彙史の研究』18［1999・3　和泉書院］

（3）［1995・7 明治書院］

（4）㈠「国語国文」36−8［1967・8］・㈡「国語国文」37−5［1968・5］・㈢『中田博士功績記念国語学論集』［1979・2 勉誠社］

（5）［1942・12 斯道文庫・岩波書店、1969・9 勉誠社］（のち『春日政治著作集』別巻［1985・6 勉誠社］）研究篇「第六」「五」

（6）［1971・3 秀英出版］

（7）以上のことの多くについては、蜂矢「形容詞ヒキシ・オホキイ等とその周辺」（玉村文郎氏編『日本語学と言語学』［2002・1 明治書院］）参照。蜂矢「多少と大小」（吉井巖氏編『記紀萬葉論叢』［1992・5 塙書房］）をも参照。

（8）『国語表現と音韻現象』［1989・7 新典社］第一章、もと「濁音減価意識——語頭の清濁を異にする二重語を対象に——」（「国語国文」46−4［1977・4］）

（9）『身心語彙の史的研究』［1979・11 明治書院］第一部第七章、もと「対義語とその周辺——「深し」と「浅し」・「高し」と「深し」——」（「国語国文」46−5［1977・5］）

（10）「萬葉」160［1997・3］

（11）前掲書第一部第六章、もと「対義語の条件——「高し」を中心として——」（「国語国文」39−7［1970・7］）

六　ワラフ［笑］とヱム［笑］

ワラフ［笑］とヱム［笑］という類義語をとり挙げて、両者の意味がどのように異なるかなどについて考えてみる。

一九八〇年頃のことだったか、テレビのコマーシャルで、「似てるってことは、違うってことなんですよね」というものがあったが、あれは名言であったと思われる。似ているということは、全くの同じではないということであって、つまり、どこか異なる点があるということである。

類義語であるワラフ［笑］とヱム［笑］とは、意味の似ている動詞であるが、他方で、意味がどこか異なる動詞でもある訳である。

ワラフ［笑］

ワラフ［笑］

まず、ワラフ［笑］の例を挙げる。

微笑下（略）訓、和良布《ワラフ》〈訓　和良布〉（新訳華厳経音義私記《しんやくけごんきょうおんぎしき》）

上代末の新訳華厳経音義私記は、仏典（この場合は、新訳華厳経）から抜き出した漢字に注を付したもので、音読みについての音注や、意味についての義注などを示すので、音義と呼ばれる文献の一つである。その「微笑」の「下」の「笑」字に対して、「訓、和良布《ワラフ》」と訓注があり、これによって、上代末にワラフ［笑］の確例があることが知られる。後に「和歌の中のワラフ［笑］・ヱム［笑］」の箇所で古事記の例を挙げるが、それは、萬葉仮名表記ではなく確例でないものである。

嗤（略）戯なり　阿佐介留《アザケル》　又曽志留《ソシル》　又和良不《ワラフ》〈阿佐介留　又曽志留　又和良不〉（新撰字鏡）

嗎（略）笑ふ皃《かたち》　又恵牟《ヱム》　又和良不《ワラフ》〈又恵牟　又和良不〉（新撰字鏡）

呀（略）口を張る皃《かたち》　唅なり　呻なり　和良不《ワラフ》〈和良不〉（新撰字鏡）

啁（略）大笑ひ　和良不《ワラフ》〈和良不〉（新撰字鏡）

平安初期の古辞書である新撰字鏡にも、ワラフ［笑］が見える。「嗤」字の例には、「和良不《ワラフ》」の他に「阿佐介留《アザケル》」「曽志留《ソシル》」とあり、ここにアザケル［嘲・呰］の訓があるところからすると、後に挙げるアザワラフ［嘲笑］とほぼ同様の意を表す例かと見られる。「嗎」字の例は、「恵牟《ヱム》」ともあり、後に再度挙げるのを省くがヱム［笑］の例でもある。なお、「皃」字は「貌」の略でカタチと訓《よ》む。

後生の賢者、幸《ムガ》シクモ嗤《ワラ》フコト勿《な》かれ〈幸勿(レ)嗤焉《幸牟我之久母　嗤和良不己止》〉（日本霊異記《にほんりょういき》・上序・興福寺本）

船人答《こた》へていはく、あやしき事かな、と笑《わら》ひて（竹取物語）

汝《いましも》若し使を遣《まだ》して来《きた》り告《まう》すこと無《な》からましかば、殆《ほとほと》に天下《あめのした》に嗤《わら》はれなまし。〈殆取《にワラハレナマシ》(二)嗤於天下《に》。(一)〉（日本書紀・継体天皇元年正月・前田本）

平安初期の仏教説話である日本霊異記の興福寺本訓釈には、「嗤」字に「和良不己止《ワラフコト》」と訓がある。ムガシ［幸］は、「好都合である。心にかなう。喜ばしい。」（『時代別国語大辞典上代編』）の意とされ、後の世の賢者は、望ましいことであっても私を笑ってくれるな、というような意と見られる。竹取物語や、日本書紀・継体天皇元年の古訓にも、ワラフ［笑］の例が見える。

アザワラフ［嘲笑］

ワラフ［笑］の例の一つとして、アザワラフ［嘲笑］がある。

アザワラフ［嘲笑］　囅（略）（略）安佐和良不《アザワラフ》〈安佐和良不〉（新撰字鏡）　物部弓削守屋大連《もののべのゆげのもりやのおほむらじ》、听然而《あざわ》咲《ら》ひて曰《い》はく、〈听-然-而-咲《アザワラヒ》て曰〉（日本書紀・敏達天皇十四年八月・前田本）

アザワラフ［嘲笑］は、ワラフ［笑］にアザが上接したもので、そのアザは、アザケル［嘲・呰］「沙弥聞きて軽《かろ》み咲《わら》ひ呰《アザケ》リ〈輕咲呰《呰阿佐毛リ》〉」（日本霊異記・上十九・興福寺本）・アザムク［欺］「布施置《お》きて　我は乞《こ》ひ禱《の》む　あざむかず〈阿射無加受〉直《ただ》に率《（ゐ）》行きて　天路《あまぢ》知らしめ」（萬葉集九〇六《九一一》）のアザと見られる。先に見たように、新撰字鏡にも「嗤」字にアザケルの訓があった。

ヱム［笑］

次に、ヱム［笑］の例を挙げる。

……朝日《あさひ》の　笑《ゑ》み栄《さか》え来《き》て〈恵美佐迦延岐弖〉……　（古事記・神代・三）

……はしきよし　その妻《つま》の子《こ》と　朝夕《あさよひ》に　笑《ゑ》み、笑《ゑ》まずも〈恵美ゝ恵末須毛〉……（萬葉集四一〇六[四一三〇]）

正月《むつき》たつ　春《はる》の初《はじ》めに　かくしつつ　相《あひ》し笑《ゑ》みてば〈安比之恵美天婆〉時《とき》じけめやも（萬葉集四一三七[四一六一]）

……夏の野の　さ百合《ゆり》の花《はな》の　花笑《（ゑ）》みに〈花咲尓〉にふぶに笑《ゑ》みて〈尓布夫尓恵美天〉……（萬葉集四一一六[四一四〇]）

熙怡微笑（略）微は小なり　笑、（略）廻牟《ヱム》〈笑（略）廻牟〉（新訳華厳経音義私記《しんやくけごんきょうおんぎしき》）

ヱム［笑］は、古事記歌謡、萬葉集に用いられていて、上代から用いられる語であることが明確である。古事記歌謡の例の「朝日《あさひ》の」は枕詞と見られる。ワラフ［笑］の例があった新訳華厳経音義私記に、「微笑」に対して「笑、（略）廻牟《ヱム》」とあり、ヱム［笑］の例も見える。

ヱム［笑］の派生語

ヱマス　己《おの》が命《を》を　おほにな思《おも》ひそ　庭《には》に立《た》ち　笑《ゑ》ますがからに〈恵麻須我可良尓〉駒《こま》に逢《あ》ふものを（萬葉集三五三五[三五五六]）

ヱマスは、ヱム［笑］が助動詞ス〔尊敬〕を伴ったものである。

ヱマフ　……心には　思《おも》ひ誇《ほこ》りて　笑《ゑ》まひつつ〈恵麻比都追〉渡《わた》る間《あひだ》に……（萬葉集四〇一一[四〇三五]）

……梅柳　常与理《ヨリ》殊尓《ニ》　敷き榮《さか》え　咲《ゑ》万比《マヒ》開き天《テ》〈咲万比開天〉鸎《うぐひす》毛《モ》聲《こゑ》改め弖《テ》……（続日本後紀・四、嘉祥二[849]年）

ヱマフは、ヱム［笑］が助動詞フ〔反復・継続〕を伴ったものである。

ヱマヒ　……いづくゆか 皺《しわ》が来《きた》りし 一に云《い》ふ 常《つね》なりし 笑《ゑ》まひ眉引《まよび》き〈恵麻比麻欲眦伎〉咲《さ》く花《はな》の うつろひにけり 世間《よのなか》は かくのみならし……（萬葉集八〇四《八〇八》） なでしこが 花見るごとに 娘子《をとめ》らが 笑《ゑ》まひのにほひ〈恵末比能尓保比〉思《おも》ほゆるかも（萬葉集四一一四《四一三八》） 朕《われ》、豈汝《あにいまし》が妍《よ》き咲《ゑまひ》《ゑみ》を〈汝《イマシガ》研《ヨキ》［妍］―咲《ヱマヒヲ》《ヱミ》〉観《み》まく欲《ほり》せじや、とのたまひて（日本書紀・雄略天皇二年十月・図書寮本）

ヱマヒは、ヱマフの連用形が名詞化したものであり、ほほえみ、笑顔の意に用いられる。

ヱマハシ　油火《あぶら》の 光《ひかり》に見ゆる 我《わ》が縵《かづら》 さ百合《ゆり》の花《はな》の 笑《ゑ》まはしきかも〈恵麻波之伎香母〉（萬葉集四〇八六《四一一〇》）

ヱマハシは、ヱマフが接尾辞シを伴い形容詞を派生したものであり、ほほえましい意に用いられる。

ホホヱム・ホクソヱム

ヱム［笑］は、現代語では、単独で用いられることがほとんどなく、ホホヱム（ないしホオエム）の形で用いられるのが普通であるので、また、多くはないがホクソヱムの形でも用いられるので、ホホヱム・ホクソヱムの例も挙げておく。

ホホヱム　いとをかしと思《おぼ》して、うちほゝ笑《ゑ》みて見《み》給（ふ）（宇津保物語・蔵開上）　微笑ホ、ヱム（類聚名義抄）

ホクソヱム　文覚ホクソ咲《ヱミ》テ（源平盛衰記《げんぺいじょうすいき》十九文覚入定京上事）

ホホヱムのホホは、ホホ［頬］「頬（略）野王案、頬（略）都《つ》良《ら》。一に云《い》はく、保ゝ《ホ、》。〈頬（略）都良 一云保ゝ〉は面の旁《かたは》らにして目の下なりといふ」（和名類聚抄・十巻本二）と見られる。ホクソヱムのホクソは、北辺の老人である、「塞翁《さいおう》が馬」の故事の塞翁を指す「北叟」とされるが、よくわからない。

なお、ホクソヱムに対して、鎌倉時代以降には、ホクソワラフの例も見える。

ホクソワラフ　競ハ畏《コマ》リ給テホクソ咲《ヒ》テ罷歸《リヘリ》ヌ（源平盛衰記十四三位入道入寺事）

ホクソワラヒ　少シヱムヲ、ホクソワライ〔ヒ〕ト云ハ何事ゾ（壒嚢鈔《あいのうしょう》）

花が咲く意のヱム［笑］

ところで、ヱム［笑］は、人がほほえむ意の他に、花が咲く意にも用いられる。『時代別国語大辞典上代編』（ヱム［笑・咲］の項）は、萬葉集四一一六《四一四〇》番歌の例について、「花のヱムことを序として人の微笑にかけており、元来人の笑いにのみいう語ではあるまい。」としている。続日本後紀歌謡のヱマフの例も、萬葉集四〇八六番歌のヱマハシの例も、花が咲く意に用いられている。萬葉集四一一四《四一三八》番歌のヱマヒは、「娘子《をとめ》《四一一〇》ら」のヱマヒについての例であるが、「なでしこが　花見るごとに」思い出される、というのであるから、花が咲く意と関係の深いものである。

心もとなき中にも、梅は、けしきばみ、ほゝゑみわたれる、とりわきて見《み》ゆ（源氏物語・末摘花）

春くれど　野べのかすみに　つつまれて　花のゑまひの　口びるもみず（永久百首七二）

破顔ハ、花ノエム〔ヱ〕ヲ云ゾ、エム〔ヱ〕トハ、花ノ開ルコト也、（中華若木詩抄《ちゅうかじゃくぼくししょう》）

え〔ゑ〕み、え〔ゑ〕む。〈Yemi, mu.〉微笑する、または、喜ぶ。¶また、花が開く。詩歌語。例、花がえ〔ゑ〕む。〈Fanaga yemu.〉（日葡辞書）

花が咲く意のヱムは、平安時代以降にも見える。室町時代の抄物《しょうもの》である中華若木詩抄や、中世末のキリシタン資料の日葡辞書にも見え、日葡辞書の例には、「詩歌語。」とある。

因みに、江戸時代の俳諧には、花が咲く意のワラフの例も見える。

　はら筋を　よりてや笑ふ　糸ざくら　季吟（俳諧・綾錦上）

俳諧では、ヱムが花が咲く意に用いられるのであれば、ワラフも花が咲く意に用いることがあってもよいなどと考えて、ヱムをワラフに変えておかしさを狙ったものではないかと思われる。

なお、現代では、通常、笑うことには「笑」字を、花が咲くことには「咲」字を用いるが、中国から日本に伝わった干禄字《かんろくじ》書《しょ》には、「咲笑竝上通下正」とあって、「咲」と「笑」とは異体字の関係で、「咲」が通字、「笑」が正字とされている。

和歌の中のワラフ［笑］・ヱム［笑］

ワラフ［笑］・ヱム［笑］が、平安時代の和歌の中でどのように用いられるかを見てみると、おもしろいことが知られる。

和歌の中のワラフ［笑］・ヱム［笑］

ヱム［笑］の例から挙げる。

　今までに　昔の人の　あらませば　諸共にこそ　ゑみてみましか（貫之集八五〇）

　なき人の　かたみと思ふに　あやしきは　ゑみても袖の　ぬるるなりけり（拾遺集五四二）

わするなと　ちぎりおきけん　たらちねも　ゐみてみるらん　くものうへにて（宇津保物語・八五五）

つれなきを　憂しと思へる　人はよに　ゐみせじとこそ　思ひ顔なれ（落窪物語・九）

ヱム［笑］が上代の萬葉集に見えることについては既に見たが、平安時代の和歌においても見えることが確認できる。先に、花が咲く意のヱムの永久百首の例なども見た。

それに対して、ワラフ［笑］の例は次のようである。

ねになけば　人わらへ也　くれ竹の　世にへぬをだに　かちぬとおもはん（後撰集九〇七《九〇八》）

よろづ世を　契りし事の　いたづらに　人わらへにも　なりにけるかな（後撰集一一四五《二四六》）

いまさらに　おいのたもとに　かすがのの　ひとわらへなる　わかなつむかな（中務集八一）

こひしなば　人わらへにも　なりぬべし　しひてもいはん　ある世ばかりも（壬二集一三二三）

なかずとも　なきつといはん　ほととぎす　人わらはれに　ならじと思へば（散木奇歌集二二四）

一見して知られるように、ヒトワラへ・ヒトワラハレの形の例ばかりである。ヒトワラへ・ヒトワラハレは、「人に笑われるさま。人のもの笑いになること。」（岩波古語辞典』ヒトワラハレの項）の意である。

ワラフ［笑］が和歌において、ヒトワラへ・ヒトワラハレの他の形で用いられる例があるであろうか。それを検討するに当たって、見ておくべき例がある。上代の歌謡の例であるので、平安時代の和歌とは異なる可能性も考えられるが、次のようである。

……亜《エ》〻《ー》音引く。志夜胡志夜《シヤゴシヤ》 此《こ》は伊能碁布曾《イノゴフソ》此の五字は音を以ゐよ。〈此者伊能碁布曽此五字以音〉阿《ア》〻《ー》音引く。志夜胡志夜《シヤゴシヤ》 此《こ》は嘲笑《あざわら》ふそ〈此者嘲咲者也〉（古事記・神武・九）

この例の「〈此者嘲咲者也〉」は、「此《こ》は伊能碁布曾《イノゴフソ》此の五字は音を以ゐよ。」に対応して、「此《こ》は嘲笑《あざわら》ふそ」と訓《よ》まれる箇所である（助詞ゾは、上代では清音ソと見られる例が多く、平安時代にかけてゾと濁る）。確例ではないが、上代にワラフ［笑］の例があると見られるものの一つである。

しかし、実は、「此《こ》は伊能碁布曾《イノゴフソ》此の五字は音を以ゐよ。」は「亜《エ》〻《ー》音引く。志夜胡志夜《シヤゴシヤ》」に対する注記であり、「此《こ》は嘲笑《あざわら》ふそ」は「阿《ア》〻《ー》音引く。志夜胡志夜《シヤゴシヤ》」に対する注記であるので、このワラフ［笑］は歌謡の中で用いられた例とは言えないことになる。なお、シヤゴシヤははやし詞であり、イノゴフ［期尅］は「敵に向かって攻撃の気勢をあげる。」（『時代別国語大辞典上代編』）の意とされる。

結局のところ、上代・平安時代の和歌・歌謡において、ヱム［笑］は用いられるが、ワラフ［笑］はヒトワラへ・ヒトワラハレの形でのみ用いられる、ということである。[1]

源氏物語のワラフ［笑］・ヱム［笑］

ここで、源氏物語に用いられるワラフ［笑］・ヱム［笑］がどのようであるか、見てみる（『源氏物語大成』による）。算用数字は用例数である。

ワラフ71、ウチワラフ60、ヒトワラヘナリ43、ヒトワラハレナリ15、ナキミワラヒミ10、モノワラヒ・モノワラヒス各2、ウチアザワラフ・オモヒイデワラヒ・ササメキワラフ・ワラヒアフ・ワラヒガチナリ・ワラヒグサ各1（計209）

ホホヱム63、ウチヱム47、ヱム10、ウチホホヱム8、ヱミサカユ5、ヱマシ2、ヱミガホ・ヱミノマユヒラク・ヱミヒロゴル・ヱミマク・カタヱム・ヒトリヱミ・ヒトリヱミス・ホホヱミワタル各1（計143）

源氏物語には七九四首の和歌があるが、このワラフ［笑］計209例、ヱム［笑］計143例は、いずれも和歌の中の例ではない。つまり、先に見たように、和歌に、ヱム［笑］が用いられ、ワラフ［笑］もヒトワラヘ・ヒトワラハレの形で用いられるが、源氏物語における用いられ方から見ると、どちらかと言えば、ワラフ［笑］もヱム［笑］も和歌には用いられにくい語であると言える。

ワラフ［笑］とヱム［笑］との意味の差違

さて、類義語であるワラフ［笑］とヱム［笑］との意味の差違はどのようであろうか。それについて、どう考えるのがよいか、なかなか難しい。

動作の大小

第一に考えられるのは、動作の大小である。つまり、ワラフ［笑］は大きい動作を表し、ヱム［笑］は小さい動作を表す、ととらえることである。現代語の表記において、ワラフは「笑」字を用い、ヱムは「微笑」と書くのが普通であると見られる。「微」は小さい意を表すので、ヱムは小さく笑う意を表すととらえることは、可能性のありそうなことと考えられる。

しかし、右に「ヱムは「微笑」と書く」と述べたが、実際にはホホヱムを「微笑」と書くのであって、正確ではない。また、先に挙げた新訳華厳経音義私記《しんやくけごんきょうおんぎしき》の「微笑下（略）訓、和良布《ワラフ》」「熙怡微笑（略）微は小なり　笑、（略）廻牟《ヱム》」の例を見ると、いずれも「微笑」について注であり、前者の「笑」字の訓はワラフ、後者の「笑」字の訓はヱムであって、この両者に動作の大小の差があるとは考えられない。

そしてまた、柳田国男は、

今まで日本人が漢学によつて少しばかり損をして居る点は、あの国には我々のもつ二つの動詞、ヱムとワラフとの差別がはつきりせず、双方ともに笑又は咲の字を宛て丶混同して居ることに気が付かなかつたこと、ヱミを恰かもワラヒの未完成なもの、花なら蕾か何かの如く思つて居た人の多かつたことである。さういふことは絶対に無い。（「女の咲顔」[2] 四）

と述べられるが、これも、ワラフ［笑］とヱム［笑］との差違が動作の大小であると見ることに対する批判的意見であると見られる。

声を挙げるか否か

第二に考えられるのは、声を挙げるか否かである。つまり、ワラフ［笑］は声を挙げるが、ヱム［笑］は声を挙げない、ととらえることである。

柳田国男は、

一層はつきりして居るのは、ワラヒには必ず声があり、ヱミには少しでも声は無い。（「女の咲顔」五）

と述べられており、『時代別国語大辞典上代編』（ワラフ［咲・嗤］の項）も、ヱムが顔をほころばせる表情の面をいうのに対し、ワラフは声をあげて哄笑する意であろう。

と、『岩波古語辞典』（ワラヒ［笑］の項）も、

《ワレ（割）と同根か。愉快さに顔の緊張が破れ、声をたてる意。類義語ヱミは、微笑する意》

としていて、三者のとらえ方がほぼ一致しているところからすると、このとらえ方は正しいと見られそうである。

ところが、次のようにそれに反する例があって、このとらえ方は正しいとは言えないことになる。

あやしくて、此《こ》は誰《た》そ、と問へば、笑《ゑ》みたる声《こゑ》になりて（枕草子）

この「笑《ゑ》みたる声《こゑ》」という例からすると、ヱム［笑］が全く声を挙げないとすることはできないと考えられる。

口を開くか開かないか

第三に考えられるのは、口を開くか開かないかである。つまり、ワラフ［笑］は口を開くが、ヱム［笑］は口を開かない、ととらえることである。

ワラフは、ワル［割］（後掲）が助動詞フ〔反復・継続〕ないし接尾辞フを伴ったものととらえられる。「声を挙げるか否か」の箇所で見た『岩波古語辞典』も、後に「他動詞か自動詞か」の箇所で見る「女の咲顔」も、そのようなとらえ方である。その場合に、何をワル［割］かと言えば、口をであろう。とすれば、「声を挙げるか否か」の箇所で問題になった「笑《ゑ》みたる声《こゑ》」（枕草子）は、声はあっても口をほとんど開いていないことか、とも考えられる。

けれども、このとらえ方に対しても、それに反する例を挙げることができる。

栗刺鋍發、附《つ》けたり。（略）文選《もんぜん》の蜀都賦《しょくとふ》に云《い》はく、榛栗鋍發、（略）鋍發、師説に恵女利《ヱメリ》といふ。〈榛栗鋍發（略）鋍發師説恵女利〉李《り》善曰《ぜんい》はく、栗《くり》の皮坼《かはさ》けて発《ひら》くなりといふ（和名類聚抄・二十巻本十七）

右は、栗の皮が裂けて開くことをヱムという例である。「榛栗」の、「栗」は栗であるが、「榛」は、日本で言う〝はり〟の意ではなく、文選を編んだところの中国で言う〝はしばみ〟の意であり、「はしばみ」の実は栗の実のようである。

栗がヱム例は、鎌倉時代に下るが、他にもある。

くりもゑみ　をかしかるらんと　おもふにも　いでやゆかしや　あきのやまざと（建礼門院右京大夫集一八〇）

手にとれば　人をさすてふ　いがぐりの　ゑみの内なる　刀おそろし（夫木和歌抄一五一〇九）

方言でも、『全国方言辞典』に、次のようにある。

えむ　動　栗など熟して割れる。仙台（浜荻）・宮城・福島・茨城県北相馬郡・千葉県山武郡・山梨・神奈川・静岡・岐阜・愛知・京都府竹野郡

えみ　①割れ目。山梨。②ひび。「エミがいる」伊豆三宅島。

また、『日本方言大辞典』に、次のようにある（文献番号は省略する）。

えむ［笑］《動》①（果実や栗（くり）のいがなどが）実る。熟す。色づく。また、熟して割れる。はぜる。／越後　宮城県登米郡　玉造郡　山形県　福島県相馬郡「せどの栗えんだ」東白

川郡　茨城県西茨城郡　北相馬郡　栃木県　群馬県佐波郡　埼玉県北葛飾郡　秩父郡「日向山のあけびはもうえんだべよ」　千葉県　東京都八王子　神奈川県津久井郡・高座郡　新潟県東蒲原郡「柿がいむだ」　山梨県　南巨摩郡　長野県上伊那郡　佐久　岐阜県　静岡県志太郡　愛知県　京都府竹野郡／[文献例]右京大夫集（略）／《えびる》島根県／／②割れる。裂ける。ひびが入る。／東京都南多摩郡　神奈川県「竹がえんだ」　中郡　静岡県掛川市「うだ（湿田）でさええんでひどくなって」／／③麦が柔らかく煮える。静岡県志太郡

とあるように、栗などがヱムと言う地方は多くある。栗やあけびや柿が熟す他に、竹や湿田にひびが入ることを言うこともある。『全国方言辞典』に指摘されている『浜荻』〔仙台〕[3]には、「ゑんでおちるまで　栗などの熟するを咲《ヱム》といふ（略）」とある。

樂しみなのは栗のさかりであつた。（略）めつきりと露がたれさうにゑんだのをみつけたときの嬉しさといつたらない。（中勘助「銀の匙」後・十三）

のように、近代の栗がヱム例も挙げられる。

右の多くは栗の例であるが、「栗など」の「など」に当たる例として、

風が吹いたら溢れるかと思ふほど棉はゑんでゐる。（伊藤左千夫「野菊の墓」）

のような棉《わた》の例がある。因みに、伊藤左千夫は千葉県山武郡の生まれであり、『全国方言辞典』に栗などがヱムと言う地方として挙げられているところに入る。

柳田国男も、次のように述べられる。

栗がヱムといふのはあの刺のある外皮が割れて、中の実が覗いて居ることであり、又柔かなもの、乾くときに罅《ひゞ》が入るのも、ヱミワレルなど、謂つて居る。(「女の咲顔」四)

このようであるので、栗などがヱム例を考慮に入れると、ヱム［笑］は口を開かない、とは言えないことになる。

なお、江戸時代の俳諧には栗がワラフ例もある。

ほつ《ママ》ごんと　笑ふ《[う]》て栗の　落(ち)にけり　(俳諧・俳諧新選三秋栗)

これも、ヱムをワラフに変えておかしさを狙ったものかと思われる。なお、「ほつごんと」は、明確ではないが「ほっこりと」に近い語かと見られる。

他動詞か自動詞か

第四に考えられるのは、他動詞と自動詞との差違である。

いかにしたるにかあらん、うち笑《わら》ひ給へる、いと、いみじう見ゆる　(源氏物語・野分)

なよびかに、をかしきことはなくて、交野《かたの》の少将には笑《わら》はれ給ひけんかし　(源氏物語・帚木)

の、ワラフ［笑］の前者は自動詞、後者は他動詞であるのに対して、

見ては、うち笑《ゑ》まれぬべきさまのし給へれば　(源氏物語・桐壺)

のヱム［笑］は自動詞であって、ワラフ［笑］は自動詞・他動詞両方の例があるが、ヱム［笑］は自動詞のみである、ととらえることである。

柳田国男も、次のように述べられる。

何にしても笑は一つの攻撃方法である。人を相手とした或積極的の行為（手は使はぬが）である。寧ろ追撃方法と名づけた方が当つて居るかも知れぬ。弱くて既に不利な地位に在る者になほ働きかけるもので、言はゞ勝ちかゝつた者の特権である。（「笑の文学の起原」[4] 七）

ワラフは恐らく割るといふ語から岐れて出たもので、同じく口を開くにしても大きくあけ、やさしい気持を伴はぬもの、結果がどうなるかを考へぬか、または寧ろ悪い結果を承知したものとも考へられる。従つて笑はれる相手のある時には不快の感を与へるものときまつて居る。ヱムには如何なる場合にもそういふことが無い。（「女の咲顔」四）

しかし、このとらえ方に対しても、それに反する例が挙げられる。

ヱム〔下二段〕 えめ、えむる。〈Yeme, uru.〉 下《しも》（*Ximo*）のあるいくつかの地方で、「けわしい顔つきをして見る」意。¶人《ひと》にえめらるる〈Fitoni yemeraruru.〉人から怒ったけわしい目でにらまれる。なお、同じ下《しも》（*Ximo*）の他の地方では、ねぎり、ねぎる〈Neguiri, ru〉と言う。ただし、本来の正しい語は、にらみ、にらむ〈Nirami, mu〉である。（日葡辞書）

日葡辞書に、活用の種類は異なるが他動詞のヱムの例がある。四段動詞であるヱム［笑］を他動詞化した下二段動詞のものと見られ、にらむ意に用いられている。なお、「下《しも》」は、九州を指している。

『全国方言辞典』に、次のようにある。

えむる 動 ↓ねめる ①にらむ。にらみつける。九州の或る地方（日葡辞書）。②叱る。大分。

えめる 動 いじめる。長野県南佐久郡。

『日本方言大辞典』に、次のようにある。

えめる《動》①人をにらむ。高知県土佐郡／[文献例]日葡辞書（略）／《えむる》九州／②しかる。《えむる》大分県西国東郡・宇佐郡／③いじめる。《えんめる》とも。長野県南佐久／①攻める。《えむっ》鹿児島県

ヱム〔下二段〕の変化した「えむる」「えめる」は、およそ、にらむ意に用いられている。『全国方言辞典』にも、『日本方言大辞典』にも、日葡辞書に例があることが指摘されている。

従って、ヱムが他動詞として用いられることもあり、ワラフ［笑］とヱム［笑］との差違を他動詞か自動詞かでとらえることはできないと考えられる。

外発的か内発的か

これまで、第一～第四のようにいろいろ考えてきたが、ワラフ［笑］とヱム［笑］との差違を適切に示すものではなかった。その上でたどり着いたとらえ方は、外発的か内発的かということである。つまり、ワラフ［笑］は外発的な力による動作であり、ヱム［笑］は内発的な力による動作である、ととらえることである。

栗がヱムと言う場合、栗の実そのものが口を開くのではなく、刺《いが》のついた外皮が口を開くことである。このことを明確に示す例は多くないが、「口を開くか開かないか」の箇所に挙げた夫木和歌抄の栗がヱム例「いがぐりの　ゑみの内なる」がそれに当たり、また、「口を開くか開かないか」の箇所に引いた柳田国男「女の咲顔」も「あの刺のある外皮が割れて、中の実が覗いて居ること」と述べられ

ている。

栗の刺《いが》のついた外皮が、熟すという内発的な力によって口を開くのが、ヱムなのではないだろうか。

一方、ワル［割］は、外からの力によって口を開くことであり、ワラフ［笑］もまた、自動詞の場合も他動詞の場合も、外に笑う原因がある動作と見られる。ヱム［笑］は、あたかも自然にと見られるように、内からの力による動作と見られる。


この、外発的な力、内発的な力を考えるのに、次のような類義語が参考になる。

カワク［乾］　燥（略）乾なり（略）干なり　保須《ホス》　又可和久《カワク》〈保須　又可和久〉又加留《カル》なり（新撰字鏡）

ヒル［干］　妹《いも》が見《み》し　楝《あふち》の花《はな》は　散《ち》りぬべし　我《わ》が泣《な》く涙《なみた》　いまだ干《ひ》なくに〈伊摩陁飛那久尒〉（萬葉集七九八《八〇二》）

ヒル［干］について、『岩波古語辞典』（ヒ［干・乾］の項）は、「《（略）水分が自然のままの状態で蒸発し、または力衰えてなくなる意。類義語カワキは、熱気あるいは火気にあたって、水分が蒸発する意》」としている。カワク［乾］は、「熱気」「火気」のような外発的な力による動作であり、ヒル［干］は「自然のままの状態で」と見られるような内発的な力による動作であるととらえられる。

なお、萬葉集七九八《八〇二》番歌の例を、ヒル［干］と示したが、上代では上二段動詞フ［干］とする方がよいものであり、「あしひきの　山べに今は　すみぞめの　衣の袖は　ひる時もなし」（古今集八四四）のように、平安中期初頃に上一段動詞化するものである（第二章四参照）。

ワラフ［笑］とヱム［笑］とは、カワク［乾］とヒル［干］とのように、外発的な力による動作と内発的な力による動作との差違があるととらえられる。

ところで、『日本国語大辞典』〔第二版〕（ヱム〔笑・咲〕の項の「補注」）に次のようにある。

類義語の「わらふ」は、声を伴うことが多く、「ゑむ」は、声を伴うことがまれである。それは、外発的な力による結果が「わらふ」で、内発的な力による結果が「ゑむ」という意味の相違として説明される。③の意（蜂矢注、「（果実が熟して）裂け開く。」）も、内発的な力が作用した結果である。

この「補注」をどなたが書かれたかは存じ上げないが、これは、私の書いたもの(5)を検討されて書かれたものに相違あるまい。

ワラフ〔笑〕・ヱム〔笑〕とともにとらえられる語

ワラフ〔笑〕・ヱム〔笑〕とともにとらえられる語を挙げることにしたい。

ヱム〔笑〕とともにとらえられる語

ヱクボ〔靨〕　靨　淮南子注に云《い》はく、靨（略）恵久保《ヱクボ》〈靨（略）恵久保〉は面の小《すこ》し下なりといふ（和名類聚抄・十巻本二）

ヱワラフ　咲笑上通下正（略）ワラフ　ヱム　ヱ　ヱワラフ（略）（類聚名義抄）

ヱグシ〔笑酒〕　須須許理《（すすこり）》が　醸《か》みし御酒《みき》に　我酔《われゑ》ひにけり　事無酒《ことなぐし》　笑酒《ゑぐし》に〈恵具志尓〉我酔《われゑ》ひにけり（古事記・応神・四九）

ヱクボ［靨］は、ヱム［笑］際にできる窪《くぼ》みととらえられるので、そのヱはヱム［笑］のヱと見られる。ヱワラフは、ほほえみ笑うことと見られる。ヱワラフの例の「上通下正」は、「ヱム［笑］」の箇所に挙げた干禄字書を引いたものと見られる。ヱグシ［笑酒］は、『時代別国語大辞典上代編』に「酒をほめていう。ヱは笑《ヱ》ムの語幹のヱで、飲んで心楽しくほほえまれる酒の意であろう。」とある。ヱグシ［笑酒］のクシは、酒の意である。

ヱラク　故是《かれここ》を以《もち》て黒記《キ》白記《キ》乃《ノ》御酒《みき》食倍《たまへ》恵良伎《ヱラキ》〈食倍恵良伎〉、常毛《モ》賜ふ酒幣《さかまひ》乃《ノ》物《もの》賜は礼止之天《レトシテ》（宣命・四十六詔・続日本紀神護景雲三［769］年」）

ヱラヱラニ　……千年寿《ほ》き寿《ほ》きとよもし　ゑらゑらに〈恵良恵良尓〉仕へ奉《（まつ）》るを　見るが貴《（たふと）》さ（萬葉集四二六六《四二九〇》）

ヱラクは、『時代別国語大辞典上代編』に「笑い興じて楽しむ。満悦する。」とあり、ヱラヱラニは、同じく「楽しそうに。にこにこと笑い興じて。ヱラヱラは笑い楽しむさまを表わす擬声語で、（略）ヱラクのヱラに同じ。」とあって、これらのヱもヱム［笑］のヱではないかと考えられる。「笑い興じて」「にこにこと笑い興じて」「笑い楽しむ」とある「笑い」は、「ほほえみ」とあってほしいところである。なお、ヱラクの例の「黒記《キ》」・「白記《キ》」のキは、酒の意で、ミキ［御酒］「この御酒《みき》は〈許能美岐波〉我《わ》が御酒《みき》ならず〈和賀美岐那良受〉…」（古事記・仲哀・三九）のキである。

ワラフ［笑］とともにとらえられる語

ワル［割］　骨を破《わ》りて〈破《ワ》レリて骨を〉、髄を出すとも、（石山寺蔵大智度論《だいちどろん》天安二［858］年点・大

坪併治氏釈文）

次に、ワラフ［笑］とともにとらえられる語を挙げたいと考えるが、はっきり挙げられるのは、ワル［割］のみである。先に見たように、ワラフ［笑］は、ワル［割］が助動詞フ〔反復・継続〕ないし接尾辞フを伴ったものととらえられる。

ヲル［折］……白《しろ》たへの　袖折《そでを》り返《かへ》し〈蘇泥乎利可敝之〉紅《くれなゐ》の　赤裳《あかも》裾《すそ》引《び》き……（萬葉集三九七三《三九九六》）

ここに、些か注意されるのは、『岩波古語辞典』が、ワル［割］について、「《固体などに深いひび・すじを入れ、そこから自然と分れる状態にする意》」としていることである。割る際には、「深いひび・すじ」のような割れ目があるということで、その点では、右に挙げたヲル［折］にも折り目があって、ワル［割］のワとヲル［折］のヲとが母音交替ととらえられる可能性が考えられてくる。

ヱル［彫］　善《よ》き人《ひと》の　正目《まさめ》に見《み》けむ　御足跡《みあと》すらを　我《われ》はえ見《み》ずて　石《いは》に彫《ゑ》りつく〈伊波尓恵利都久〉玉《たま》に彫《ゑ》りつく〈多麻尓恵利都久〉（仏足跡歌三）(6)

ワ行の母音交替ととらえられる可能性としては、彫《ほ》る意のヱル［彫］が挙げられるかとも見られるが、ヱル［彫］には、割れ目や折り目に当たるものが考えられないので、ヱル［彫］をともにとらえるのは難しいかもしれない。

ワ―ヱの母音交替

ここで、類聚名義抄等に示されるアクセントから見ると、どのようであろうか。

ワラフ　咲ワラフ（上上平）（高63オ）

ワル　破ワル詩（上平）（図一五六）

ワラフ［笑］は、アクセントが高く始まる高起式で、ワル［割］も、同じく高起式であって、金田一法則（「はしがき」参照）により、先に見たように、ワラフ［笑］をワル［割］がフを伴ったものととらえることは差支えないと考えられる。

ヱム　咲ヱム（上〇）（高63オ）　鏄ヱメリ（上平平）（色葉字類抄・前田本　下87ウ）

ヱワラフ　咲ヱワラフ（上上上〇）（高64オ）

ヱム［笑］もまた、高起式である。ここに、おもしろいとらえ方が考えられる。ワラフ［笑］とヱム［笑］とはともに高起式であるので、ワラフ［笑］のワとヱム［笑］のヱとを母音交替ととらえることができるということである。そうであるとすると、先に「ワラフ［笑］とヱム［笑］との意味の差違」を考えた際に、第一〜第四のように、差違があるように見えて必ずしも差違とは言えない、つまり、類似している点が相当多い、ということであったが、これは、ワラフ［笑］のワとヱム［笑］のヱとが母音交替ととらえられることに理由があると考えられよう。

ヲル　挫ヲル（平上）（観仏下本六三［33オ］）

ヱル　彫ヱル（平上）（観仏下本三二［17ウ］）

そして、右のように、ヲル［折］・ヱル［彫］はアクセントが低く始まる低起式であるので、ヲル［折］・ヱル［彫］を、高起式であったワル［割］と母音交替としてとらえるのは、金田一法則から見て困難である。先に「ワラフ［笑］とともにとらえられる語」が、「はっきりと言えるのは、ワル［割］のみである。」と述べたのは、このことに因っている。

以上、類義語であるワラフ［笑］とヱム［笑］との意味の差違がどのようであるか、ワラフ［笑］のワとヱム［笑］のヱとが母音交替ととらえられることなどについて述べた。(7)

注

（1）ヒトワラヘ・ヒトワラハレについては、和歌の例にほとんどふれられていないが、朝日眞美子氏「源氏物語の「人笑へ」の諸相——親子関係を軸として——」（『井手至先生古稀記念論文集国語国文学藻』［1999・12 和泉書院］）などがある。

（2）『定本 柳田国男集』7［1962・11 筑摩書房］

（3）近世方言辞書1『仙台浜荻』［1999・11 港の人］による。

（4）注(2)に同じ。

（5）後に挙げる注(7)論文に同じ。

（6）国宝「仏足石」に対して、国宝「仏足跡歌碑」であるので、「仏足石歌」とせず、「仏足跡歌」とした。以下、同様。
（7）以上のことの多くについては、蜂矢「ワラフとヱム――類義語の一側面――」（「親和女子大学研究論叢」9・10［1976・10］）参照。但し、ここに改めた箇所もある。

第二章　一音節の語構成要素

この章では、一音節の語構成要素をとり挙げる。その語構成要素をもとにいろいろな語が構成される様相を探るべく、さまざまな語に共通する語構成要素を注視して、共通する要素であるかどうかを見極めなければならない。それを見極めるには、まずは意味の共通性が重要であり、また、母音交替や上代特殊仮名遣やアクセントなどにも注意する必要がある。

こうした一音節の語構成要素をとり挙げるに当たっては、恣意的な解釈に陥らないよう注意しなければならない。江戸時代の音義説（音そのものが意味を持っているという解釈）のようになる危険性もないではない。それをどのように克服して行くかが、常に課題であると言える。

そのような検討の中で、漠然と感じられたことがうまく説明されることもあり、中には思わぬ共通性が見出だされたりすることもあり、あるいは、別の要素であると考える方がよいこともあって、ここにも謎を解くようなおもしろさがあると言える。

具体的には、一「ト［利］」、二「ト［門・戸・外］」のように、同じト甲類であって、アクセントの異なるグループに分けて考えるべきものをとり挙げ、また、三「メ［目］など」、四「テ［手］など」のように、被覆形マ［目］―露出形メ［目］、被覆形タ［手］―露出形テ［手］の対応のあるものをとり挙げた。「一」と「二」と、また、「三」と「四」とは、類似しているがまた異なっているものである。「一」と「二」とでは、類似することより相違することの方が注意され、「三」と「四」とでは、相違することより類似することの方が注意されよう。「一」と「二」との対比、「三」と「四」との対比にも注意しながら見て貰えればと思うところである。

一　ト［利］をめぐって

上代特殊仮名遣のト甲類であるト［利］について、上代・平安時代を中心とする例を基にして、時には必要に応じて時代の下る例をも含めて、考えることにしたい。

形容詞トシ［利・鋭・聡］

最初に、ク活用形容詞トシ［利・鋭・聡］をとり挙げて見る。トシ［利・鋭・聡］は、語幹が一音節の形容詞であるが、語幹が一音節であることは安定性を欠くので、現代語ではあまり用いられず、現代語でよく用いられる語幹が一音節の形容詞はヨイ［良］とナイ［無］と、もう一つコイ［濃］ぐらいであろう。(1)

さて、形容詞トシには、いろいろな意味がある。鋭利である、するどい意、鋭敏である意、はやい意など、のようである。

辞書の記述

例えば、『時代別国語大辞典上代編』には、

①するどい。鋭利な。よく切れる。（略）②さとりが早い。鋭敏である。特に耳のよく聞こえる

のにいう。（略）③すばやい。はげしい。すさまじい。

とあり、また、『岩波古語辞典』には、

《トギ（磨）と同根。即座にするどく働きかける力のあるさま》①【利し】よく切れる。鋭利である。（略）②【敏し】響きに応ずるように機能が活発に働く。機敏である。鋭敏である。（略）③【疾し】㋑手きびしい。はげしい。（略）㋺進行がはやい。（略）㋩時期的に早い。（略）

とある（右に「（略）」としたのは、いずれも用例である）。

『時代別国語大辞典上代編』・『岩波古語辞典』の各①が鋭利である、するどい意、同じく各②が鋭敏である意、同じく各③がはやい意などに当たっている。このうち、各③は、はやい［早・速］意の他に、はげしい意を含むので、これは分けて考える方がよいかとも思われる。

鋭利である意の形容詞トシ

鋭利である意の例

まず、形容詞トシの、鋭利である、するどい意の例として、次のようなものがある。

(1)物部《もののべ》の利《と》き木を以てぞ〈以《ゾ》㆓物部《ノ》利《トキ》木《ヲ》㆒〉、指《つ》く指《つ》くぞ指《つ》き腕《まろ》ばし焼きける（東大寺諷誦文《とうだいじふじゅもん》稿《こう》）

(2)智慧の刀《かたな》、銛《と》いこと切玉を逾《す》ぎたり。〈銛《トイこと》逾《すぎたり》㆓切－玉《を》㆒〉（知恩院蔵大唐三蔵玄奘法師表啓《だいとうさんぞうげんじょうほうしひょうけい》平安初期点・中田祝夫氏釈文）

(3)銛（略）支留《キル》　又介豆留《ケヅル》　又止之《トシ》〈又上[止]之〉（新撰字鏡）

(4)今より已後《のち》、逕《ふ》ること八日、夜、銛《ト》キ鋒《ほこのサキ》に逢《あ》はむ〈應[夜]逢(二)銛鋒(一)《銛止支　鋒左支》〉（日本《にほん》霊異記《りょういき》・上五・興福寺本）

(5)利キ刀ヲ取テ自ラ舌ヲ切ラムトス（今昔物語集・四―二十六）

(1)〜(4)の例は平安初期の、(5)は平安末期の例である。(2)・(5)の例の「刀」、(4)の例の「鋒」など、刃物、尖ったものについて言うことが多い。

スルドシ

ところで、ク活用形容詞スルドシについては、山田忠雄氏「形容詞スルドシの成立」(2)が詳しく述べられるように、形容動詞スルドナリからク活用形容詞スルドシへ変化したものと見られる。尤も、山田氏は、その変化にク活用形容詞ススドシの影響をも考えられる（『大言海』（スルドシの項）に「すすどしノ転」とある）ので、あるいは、スルドナリとススドシとの混淆ととらえるのがよいかとも思われるが、形容動詞から形容詞への変化と見られるものは、山田氏もいろいろ例を挙げられ、また、他にもかなり例があり、(3)そして、それらのそれぞれにススドシに相当するものがあるとは限らないので、ススドシの影響もあるが、基本はスルドナリからスルドシへの変化と見てよいと考えられる。

次に、スルドナリ・ススドシ・スルドシの比較的古い例を挙げておくが、スルドナリは平安後期の訓点資料に、ススドシは鎌倉時代の仏教説話に、スルドシは室町時代の抄物《しょうもの》に例が見える。

スルドナリ　其の底尖《ソコスルド》なるに由(り)て、鉢動｜轉《カヒロ》ガ不《ず》。（龍光院蔵南海寄帰内法伝《なんかいききないほうでん》　平安後期点・大

坪併治氏釈文）

ススドシ　さればこそと思ひて、すゝどく歩《あゆ》みて過(ぐ)るを（宇治拾遺物語）

スルドシ　周瑜等イカニモ、スルドキ武」者ヲ遣シテ（中華若木詩抄《ちゅうかじゃくぼくししょう》）

ここに、スルドナリ（およびスルドシ）の語幹スルドは、スル＋トの構成ととらえられ、そのトは形容詞トシの語幹と見られて、そのトシは鋭利である、するどい意と考えられる。また、スルドのスルは、必ずしも明らかではないが、接頭語と見てよいであろう。すなわち、スルドナリは「接頭語＋ク活用形容詞語幹」＋ナリの構成と見られる。なお、ススドシについては、後に「はやい意などの形容詞トシ」の箇所で述べるところがある。

鋭敏である意の形容詞トシ

次に、形容詞トシの、鋭敏である意の例として、次のようなものがある。

鋭敏である意の例

(1)聆（略）聡なり　謀を聴くなり　止弥ゝ《トミヽ》　又弥ゝ《ミヽ》止志《トシ》〈止弥ゝ　又弥ゝ止志〉（新撰字鏡）

(2)一つに号《なづ》けて廐戸《うまやど》の豊聡《とよと》耳《みみ》と曰《い》ひ〈一号曰(二)廐戸豊聡耳(一)《聡止之》〉（日本霊異記《にほんりょういき》・上四・興福寺本、国会図書館本は《聡刀之》）

(3)大蔵《くら》卿ばかり耳《みゝ》とき人はなし（枕草子）

(4)訬（略）口止之《トシ》　又口加留志《カルシ》〈口止之　又口加留志〉（新撰字鏡）

(5)齗（略）歯の相切るなり　歯を鳴らすなり（略）久不《クフ》　又波止志《ハトシ》〈又波止志〉（新撰字鏡）
(6)受(け)たる性、聡《ト》ク敏《サカ》シカリキ。（西大寺蔵金光明最勝王経《こんこうみょうさいしょうおうぎょう》平安初期点・春日政治氏釈文）
(7)務(め)て勝福を興《(オ)コ》ス。敏《トク》シて学を好む。（興聖寺蔵大唐西域記《だいとうさいいきき》十二平安中期点・曽田文雄氏釈文）
(8)ねたく、とくもおとなしう教《をし》へなさせ給てけるかな（宇津保物語・楼上上）
(9)天皇《すめらみこと》、幼《いときな》うて聡《と》明く叡《さか》智しくまします。〈天皇幼《イトキナウ》而聡《ト》明《ク》叡む《サカシクマシマス》智。〉（日本書紀・仁徳天皇即位前・前田本、「叡」の「む」は不要か）

(1)・(2)・(4)〜(6)は平安初期の例、(7)・(8)は平安中期の例、(3)は平安後期の例、(9)は平安末期の例である。

(1)・(3)は耳《みみ》トシの例、(1)・(2)はトミミ［聡耳］の例であり、(1)〜(3)は、鋭敏である意として、『時代別国語大辞典上代編』の言うように「特に耳のよく聞こえるのにいう。」ものである。そのうち、(2)の例の「廐戸豊聡耳」は、聖徳太子のことで、「廐戸豊聡耳皇子命《うまやどとよとみみのみこのみこと》、〈廐戸豊聡耳《ムマ［ヤ］ドトヨトミ、の》　皇子　命《の》、〉」（日本書紀・推古天皇二十九年二月・図書寮本）の例などを参照して、通常ウマヤドノトヨトミミと訓《よ》まれるので、訓釈「止之《トシ》」（刀之《トシ》）の「之《シ》」は必ずしも文の上で適切ではない。

耳のよく聞こえる意の他の例も少なくなく、とりわけ、(4)・(5)の例のように口《くち》トシ・歯《は》トシの形で用いられる例が見える。(4)口《くち》トシの例は、「訬」字に言をもてあそぶ意もあり、口《くち》カルシの訓とともにあって、よく喋るさまの意に用いられているかと見られる。(5)歯《ハ》トシの例は、「齗」字は歯ぎしりするなどの意であるが、よく噛むさまの意であろうか。

また、形容詞語幹+名詞の用法の例では、(1)・(2)のトミミ［聡耳］の他に、

トメ［利目］　胡鷰子鶺鴒《あめつゝ》　千鳥《ちどり》ま鵐《しとゝ》　何《な》ど開《さ》ける利目《とめ》〈那杼佐祁流斗米〉（古事記・神武・一七）

トゴコロ［利心］　朝夕《あさよひ》に　音《ね》のみし泣《な》けば　焼《や》き大刀《たち》の　利心《とごころ》も我《あれ》は〈刀其己呂毛安礼波〉思《おも》ひかねつも（萬葉集四四七九 四五〇三）

のように、目や心について言うものも見える。トゴコロ（萬葉集四四七九 四五〇三）の例は、鋭敏である意として、心がよく働くことについて言うものと見られるが、枕詞ヤキタチノがトゴコロのトにかかるには、トを鋭利である意として、焼き鍛えた太刀《たち》が鋭利であるという関係からかかるのであって、鋭利である意と鋭敏である意とが連続的であることが見える例と言える。トメ［利目］（古事記・神武・一七）の例も、トミミ［聡耳］などの例と合わせ考えると、鋭敏である意として、目がよく見えることについて言うものと見るのがよいかと考えられるが、他方、古事記本文ではこの歌謡の前に「其の大久米命の黥《さ》ける利目《とめ》を見て〈見㆓其大久米命黥利目㆒而〉、奇《あや》しと思ひて曰《い》はく」とあるように「黥《さ》ける利目《とめ》」とあって、鋭利である意として、するどい目つきであることを表すとも見られ、鋭利である意と鋭敏である意とが連続的であることを見ることもできる。

ヨクドシイ

江戸時代に下るが、シク活用形容詞ヨクドシイ「そこ〳〵の田地庄園などを拝領仕度よし慾としく申上げれば」（仮名草子・智恵鑑五）も、欲《ヨク》+トシの構成と見られ、欲に対して鋭敏である意を表すものである。

村田菜穂子氏『形容詞・形容動詞の語彙論的研究』[4]は、ク活用とシク活用との両方に活用する両活用形容詞[5]のうち、キビシおよびカマビスシ・イチジルシ・マチドホシを、「後世、本来の活用（本来形）を捨てシク活用に変化してしまう」（傍点、村田氏）ものとして、「変化形」と呼び、他の両活用形容詞と区別される。このうち、カマビスシはカマミスシとバ行―マ行の子音交替と見られるが、複合語後項のミスシ［囂］はアナミス「大囂阿那美須《アナミス》と謂《い》ふ〈大囂謂阿那美須〉」（豊後国風土記・大野郡）の例によってク活用と推定される。また、イチジルシの後項のシルシ［著］「…雲《くも》だにも著《しる》くし立《た》たば〈旨屢倶之多々婆〉…」（日本書紀・斉明・一一六）、マチドホシの後項のトホシ［遠］「海原を遠《とほ》く渡《わた》りて〈等保久和多里弖〉…」（萬葉集四三三四《四三五八》）はク活用である。よって、それらを後項に持つカマビスシ・イチジルシ・マチドホシは本来ク活用であるが、シク活用にも活用するようになり両活用形容詞となって、さらに、ク活用には用いられずシク活用になりきるものである。

それに対して、ヨクドシは、トシがク活用であるので本来ク活用であるはずのところそのような例が見当たらず、シク活用の例のみが見えるものであり、両活用形容詞ではないが村田氏がその「変化形」のものとともにとらえられるものである。[6]

サトシ［聡］

ところで、サトシ［聡］「幼年《わか》くして聡明《さと》きを以て〈以(二)（略）幼年《ワカク(シ)テ》　聡-明《トキヲトス》《サトキ》を(一)て〉」（日本書紀・雄略天皇二十三年四月・図書寮本）は、聡明である意であるが、鋭敏である意に近いものである。この例の、左訓「サトキ」は「聡明《サトキ》を以て」と訓《よ》むと見られるが、右訓「トキヲトス」の、「トス」は未詳であり、「聡明《トキ》「を《ヲ》」以て」と訓むならば、右訓はトキ、左訓はサトキということになって、トシとサトシとの近さが見える例と見ることもできる。(9)の例で「聡明」にトクの訓があることも合わせ考えられる。

そして、『時代別国語大辞典上代編』（サトシ［聡］の項の【考】）には、「サトシはサ＝トシか、あるいは、サトス・サトル等の語幹と一層近い関係にあるのか、いずれもわからない。」とある。サトシと、サトス「縁の所在に随(ひ)て群迷を覺《サト》シたまふ。」（西大寺蔵金光明《こんこうみょう》最勝《さいしょう》王経《おうぎょう》 平安初期点・春日政治氏釈文）・サトル「演べ說(き)て彼に空の義を明《サト》ラ令《(し)》メむ。」（西大寺蔵金光明最勝王経平安初期点・春日政治氏釈文）とはともにとらえられて、『岩波古語辞典』（サトシ［聰］の項）は、「《(略)サトリ（悟）と同根》」としている。類聚名義抄には、「聡サトシ（上上上）」（高四七ウ）、「諭サトス（上上平）《孝》」（図一〇〇）・「悟サトル（上上平）《巽》」（図二四五）とあって、いずれもサが上声でアクセントが高く始まる高起式であることがそれを裏づけていると考えられる。

その上で、『時代別国語大辞典上代編』が示すところの、接頭辞サ＋形容詞トシの構成と見る今一つの可能性についてであるが、サトス・サトルについても接頭辞サを考えてサ＋トス、サ＋トルの構成と見るのには無理があるので、その点からすると、サ＋トシの構成と見るのは困難ということになろう。

なお、サトシ、サトス・サトルの上代の萬葉仮名表記の例は見えず、トの上代特殊仮名遣の甲乙は不明である。『岩波古語辞典』はサトシのトを甲類と推定しているが、有坂・池上法則（「はしがき」

参照）の「第三則」により、サトシのトは甲類である可能性がある程度高いと言える。

はやい意などの形容詞トシ

はやい意の例

そして、形容詞トシの、はやい意の例として、次のような例がある。

(1)潏湟上（略）水の流れ漂ふ皃《かたち》　波也志《ハヤシ》　又止志《トシ》〈又止志〉（新撰字鏡）

(2)河《かは》の水《みづ》横《よこさま》に逝《なが》れて、流末《かはじり》駃《と》からず。〈以流―末《カハジリ》、不(レ)駃《トカラ》。〉（日本書紀・仁徳天皇十一年四月・前田本）

(3)鶩（略）（略）駿馬なり　止《ト》支《キ》馬《うま》〈止支馬〉（新撰字鏡）

(4)物に約《おき》ては疾《と》く就《す》る遅《おそ》く就《す》る有り〈有(二)疾就《トクスル》遅《オソ(く)》就《(する)》(一)〉（東大寺諷誦文稿《とうだいじふじゅもんこう》）

(5)はるやとき　花やおそきと　ききわかむ　鶯だにも　なかずもあるかな（古今集一〇）

(6)とどめあへず　むべもとしとは　いはれけり　しかもつれなく　すぐるよはひか（古今集八九八）

(1)・(3)・(4)は平安初期の例、(5)・(6)は平安中期初の例、(2)は平安末期の例である。

(1)・(2)の例は水の流れが速い意、(3)の例は馬の走りが速い意に用いられている。(1)には、ハヤシの訓もある。

(4)・(5)の例は、トシがオソシと対義的に用いられるものである。

(6)は、「疾《と》し」と「年《とし》」との掛詞の例で、同様の例に「かぞふれば　とまらぬ物を　年といひて　こと

しはいたく おいぞしにける」（古今集八九三）がある。上代では、形容詞トシのトは甲類（「鋭敏である意の形容詞トシ」の箇所に見たトメ［利目］・トゴコロ［利心］の例、参照）であり、そして、トシ［年］「…あらたまの 年《とし》が来経《きふ》れば〈登斯賀岐布礼婆〉あらたまの 月《つき》は来経行《きへゆ》く…」（古事記・景行・二八）のトは乙類であるので、上代特殊仮名遣が異なるが、古今和歌集に下ると甲乙の区別はないので、この掛詞に問題はない。

また、先に「鋭利である意の形容詞トシ」の箇所に挙げたススドシのトシもはやい意のものである。「進疾《スヽドシ》」（節用集・易林本）のような表記の例もある。

はげしい意の例

今一つ、形容詞トシの、はげしい意の例を挙げておくのがよいかと考えられる。

(1)ぬばたまの 夜さり来れば 巻向の 川音高しも あらしかもとき〈荒足鴨疾〉（萬葉集一一〇一《一一〇五》）

(2)言とくは〈言急者〉中は淀《よど》ませ 水無し川 音絶ゆといふことを ありこすなゆめ（萬葉集二七一二《二七二一》）

これらは、萬葉仮名表記の例ではないが、通常トシと訓《よ》まれるもので、(1)の例は嵐について、(2)の例は噂について言うところから見て、はやい意というより、はげしい意と見る方がよいと見られるものである。

右の例の他に、トカマ［鋭喧］「…鋭喧《とかま》に〈斗迦麻迩〉さ渡《わた》る鵠《くび》 繊細《ひはぼそ》 撓《たわ》や腕《がひな》を…」（古事記・景行・二七）の例があり、『時代別国語大辞典上代編』が名詞「利鎌」として「鋭利な鎌。」とするのによるならば、「鋭利である意の形容詞トシ」の箇所に挙げるべきであるが、宮嶋弘氏「古事記の「ひさかたの天の香具山」の歌の解」(7)、土橋寛氏『古代歌謡全注釈古事記編』(8)、新潮日本古典集成『古事記』、日本思想大系1『古事記』、新編日本古典文学全集1『古事記』、『古語大辞典』トカマ［利鎌］の項の「語誌」欄（山口佳紀氏執筆）などが述べられるように、「鋭喧《とかま》」と見る方がよいと見られ、その場合、トは形容詞トシの語幹であり、また、カマは形容詞カマシの語幹と見ることになる。(9)このトカマ［鋭喧］のトも、はげしい意に加えられよう。

動詞トグ［磨］・トガル［尖］

次に、動詞トグ［磨］・トガル［尖］をとり挙げる。合わせて、名詞ト［砥］をも挙げる。

トグ［磨］　剣大刀《つるぎたち》　いよよ磨《と》ぐべし〈伊与餘刀具倍之〉古ゆ《いにしへ》　さやけく負《お》ひて　来《き》にしその名そ（萬葉集四四六七〔四四九一〕）……まそ鏡　磨（と）ぎし心を〈磨師情乎〉許してし　その日の極み……（萬葉集六一九〔六二二〕）

トグ［磨］・トガル［尖］・ト［砥］

トガル［尖］　芒（略）（略）トガル（略）トシ（略）（類聚名義抄）　鋭（略）（略）トシ（略）トカル　スルト（略）（類聚名義抄）

ト［砥］　尓《ここ》に、道《みち》を除《はら》ふ刃《は》鈍《にぶ》かりき。仍《よ》りて、「磨《と》、布理許《ホリコ》」と勅云《の》りたまひき。故《かれ》、磨布理《とホリ》の村と云《い》ふ。〈仍［勅］(二)云磨布理許(一)故云(二)磨布理村(一)〉（播磨国風土記・神前郡）　礪石　一名、

磨刀石（略）和名、止《ト》〈和名 止〉（本草和名《ほんぞうわみょう》）

右の、ト［砥］（播磨国風土記）の例の「磨《と》、布理許《ホリコ》」は、砥石《といし》を掘って来いという「砥《と》、掘《ほ》り来《こ》」の意と見られているものである。

トグは、刃物などを鋭利にする意、玉・鏡などをみがく意と、トグ＋接尾辞ルの構成ととらえられるところのトガルは、尖端が鋭利になる意と、ト［砥］は、刃物などを鋭利にするものの意と見られ、トシ［利・鋭・聡］の、鋭利である、するどい意のものと合わせととらえられる。トガル（類聚名義抄）の例は、トシの訓やスルドの訓とともにある。『時代別国語大辞典上代編』は、「トは砥石の意のトと同じものであろう。」（トグ［磨］の項）と、『岩波古語辞典』は、「《トギ（磨）と同根。（略）》」（トシの項、再掲）、「《トシ（利）と同根》」（トギ［磨・研］の項）、「《トシ（利）・トギ（磨）と同根》」（ト［砥］の項）としている。

ト［砥］の上代特殊仮名遣

ト［砥］の上代特殊仮名遣の甲乙についてであるが、上代の萬葉仮名表記の例が見えないので、直ちに明らかではない。『時代別国語大辞典上代編』の【考】は、「「真砥野比売命」は「円野比売命」（記垂仁）とも表記されていて、トは甲類と知られる。」としているが、実は、マト［円］の上代萬葉仮名表記の例も見えないので、この記述も十分とは言えない。[10] 因みに、右のマトノヒメノミコトの例は「〈真砥野比賣命〉」（古事記・開化）・「〈圓野比賣命〉」（古事記・垂仁）のようである。結局のところ、トグ［磨］のトとト［砥］とをともにとらえるところから、ト［砥］を（そして、マト［円］

のトを）甲類と見ることになると考えられよう。

そして、類聚名義抄に、トグ「砥トグ（平上）列」（図一五〇）・「磨トグ（平上）侖」（図一四八）、ト「礪度（平）禾」（図一四九）・「砺ト（平）後」（図一五〇）とあって、ともにトが平声でアクセントが低く始まる低起式であるのでトグ［磨］のトとト［砥］とをともにとらえてよいと考えられる。

トクサ［木賊］　木賊　辨色立成に云《い》はく、木賊度久散《トクサ》〈木賊度久散〉といふ（和名類聚抄・二十巻本十五）

トクサは、物を研ぐ、磨くのに用いる草であり、「《ト（砥）クサ（草）の意》」（『岩波古語辞典』）とされ、ト［砥］の例として挙げることができる。

ツゲ［黄楊］・ツガ［樛］・トガ［栂］、ツノ［角］

トグ［磨］・トガル［尖］・ト［砥］と合わせとらえられそうな語について、今少し検討を続けることにしたい。

トゲ「麦のとげが皆つんぬけるもんだ所で」（雑兵物語）は、尖っているものであり、ト［利］＋ケ［毛］の構成かとも思われるが、例が江戸時代に下るので、この推測を確かめることは難しい。

ツゲ［黄楊］・ツガ［樛］・トガ［栂］

ツゲ［黄楊］　黄楊豆介乃木《ツゲノき》〈豆介乃木〉（新撰字鏡）

それに対して、ツゲ［黄楊］は、楕円形の果実の頂に三つの尖った柱頭があることを合わせ考えると、ツゲのツをト［利］の母音交替ととらえることができるであろうか。ツク［着］「…遠《とほ》の国《くに》 いまだも着《つ》かず〈伊麻太毛都可受〉大和《やまと》をも 遠《とほ》く離《さか》りて…」（萬葉集三六八八 三七一〇）—トク［着］「…伊知遅島《しま》 美島《しま》に着《と》き〈美志麻迩斗岐〉鳰鳥《みほどり》の 潜《かづ》き息《いき》づき…」（古事記・応神・四二）などのように、ウ列—オ列甲類の母音交替は多い（第二章二参照）ことが思い合わせられる。

ツガ［樛］かき数《かぞ》ふ 二上山《ふたがみやま》に 神《かむ》さびて 立《た》てる栂《つが》の木《き》〈多氏流都我能奇〉……（萬葉集四〇〇六 四〇三〇）……つがの木の〈都賀乃樹乃〉いや継ぎ継ぎに 玉葛《かづら》 絶ゆることなく……（萬葉集三二三四 三二四七）

トガ［栂］……とがの木の〈刀我乃樹能〉いや継ぎ継ぎに 万代《よろづよ》に かくし知らさむ……（萬葉集九〇七 九一二）

ツガ［樛］とトガ［栂］とは同じ植物で、ツとト甲類との母音交替のものであるが、マツ科の針葉樹であるので、松ほどではないが葉が尖っているものと言ってもよいであろう。ツガノキノは、ツガの類音ツギを持つイヤツギツギニにかかるが、トガノキノもイヤツギツギニにかかっている。トガとツギとは類音と言えるかどうか問題になるが、このようなかかり方から見ると、ツガとトガとの母音交替により類音と見なすことができるかと見られる。

ツノ［角］

トグ［磨］・トガル［尖］・ト［砥］と合わせとらえられるものに、今一つツノ［角］がある。つまり、トグ［磨］などのトとツノ［角］のツとは母音交替と見られる。

(1)蟋蟀《きりぎりす》の　妬《ねた》さ慨《うれた》さや　御園生《みそのふ》に参《まゐ》りて　木《き》の根《ね》を掘《ほ》り食《は》むで　おさまさ　角折《つのを》れぬ〈津乃遠礼奴〉
おさまさ　角折《つのを》れぬ〈津乃遠礼奴〉（神楽歌五五・小前張蟋蟀）

(2)角（略）　野王案、角（略）豆乃《ツノ》〈角（略）豆乃〉は獣の頭の上に出る骨なりといふ（和名類聚抄・二十巻本十八）

(3)猪《ゐのしし》鹿《かのしし》多《さは》に有《あ》り。其の戴《ささ》げたる角《つの》、枯樹《かれき》の末《えだ》に類《に》たり。〈其戴《サヽゲタルツノを》－角一て類《ニタリ》二枯樹末《エダニ》一。〉（日本書紀・雄略天皇即位前・前田本、「角」の「を」と「一て」とは不要か）

(1)・(2)・(3)の例は、いずれも動物の頭上の尖っている部分を言うものであるが、

(4)金牙阿志乃豆乃《アシノツノ》〈阿志乃豆乃〉（新撰字鏡）

のように、植物である蘆《あし》の、角のように出る新芽を表すこともある。

ツノグム　みしまえに　つのぐみわたる　あしのねの　ひとよのほどに　はるめきにけり（後拾遺集四二）

も、蘆の新芽が角のように出る意であり、植物に対してツノと言う例である。クムは、接尾語で、ナミタグム(11)「左の大臣《おとゞ》、これかれに見あはせてぞ、涙《なみた》ぐみて物《もの》し給へる」（宇津保物語・菊の宴）などとともに、「《名詞を承けて四段活用の動詞をつくる。内部に含まれている力や物が、外に形をとって現れる意》」（『岩波古語辞典』）とされる。

地名ツヌガ［角鹿］については、第三章三㈡に述べる。

ツノ［角］は、トグ［磨］・トガル［尖］・ト［砥］と合わせとらえられ、ツゲ［黄楊］、ツガ［樛］

・トガ［栂］もこれらと合わせとらえられそうである。そして、これらは、トシ［利・鋭・聡］の鋭利である意のものと合わせとらえられよう。

以上、トシ［利・鋭・聡］、トグ［磨］・トガル［尖］・ト［砥］、ツノ［角］を合わせとらえ、また、ツゲ［黄楊］、ツガ［樛］・トガ［栂］も合わせとらえられそうであるものとして、これらをト［利］をめぐる語群ととらえてきた。

これまでにト［利］をめぐる語群として挙げてきたものは、初めに述べたように、上代特殊仮名遣のトの甲乙については知られる限り甲類のものである。また、それらは、一部については既に述べてきたが、類聚名義抄等に見えるそのアクセントが、知られる限り低く始まる低起式のものである。具体的には、次のようである。

トシ　迅トシ（平上）（高25オ）
トグ　砃トグ 列（平上）（図一五〇、再掲）
トガル　芒トガル（禾）（平平上）（観僧上七［5オ］）
ト　礪度（平）（図一四九、再掲）
トクサ　木賊トクサ（丨）（平平平）（観僧中四一［22オ］）
ツゲ　黄楊都介（平平）（和名類聚抄・京本　十72オ）
ツノ　角ツノ（平平）（観仏下本九［6オ］）

これらが知られる限り低起式であることが、これらの語をト［利］をめぐる一つの語群ととらえることを裏づけていると言える。(12)

注

（1）蜂矢「一音節語幹の形容詞」（「萬葉」178［2001・9］）参照。

（2）「日本大学文学部研究年報」4［1954・3］

（3）蜂矢「語幹を共通にする形容詞と形容動詞」（『国語語彙史の研究』22［2003・3 和泉書院］）参照。

（4）［2005・11 和泉書院］第二篇第一章第四節

（5）両活用形容詞については、蜂矢「ウマシクニソとウマシキクニソ——ウマシ［シク活用］の問題から——」（「萬葉」190［2004・9］）・「重複形容詞の周辺」（『国語語彙史の研究』25［2006・3 和泉書院］）をも参照。

（6）残るキビシは、第一章五で見たように、本来はク活用であるが、語幹末がイ列のク活用形容詞がありくいことによって、ク活用のままキブシに、ないし、キビシのままシク活用に変化するものである。

（7）「立命館文学」65（「立命館大学論叢」43）［1948・6］

（8）［1972・1 角川書店］

（9）カマシは、「さま〴〵耳《み》かましきまでの御祈《いのり》ども」（栄花物語一）のように、通常はシク活用であるが、アナカマ「…アナ喧《カマ》〈アナカマ〉子供《コンドモ》ヤ…」（風俗歌一三・鳴り高し）の例から見て、本来はク活用であるととらえられる。

（10）有坂・池上法則（「はしがき」参照）の「第三則」により、マト［円］のトは甲類である可能性がある程度高いと言える。

（11）ナミダグムのように濁音ダとするのが通常であるが、清音タのナミタグマシ「…吾《あ》が兄《せ》の君《きみ》は涙《なみた》ぐましも〈那美多具麻志母〉」（古事記・仁徳・六二）の例によって、清音タのナミタグムとしておく。「濁音並列忌避の法則」「濁音共存忌避の法則」から見ても、その方がよいと考えられる。「濁音並列忌避の法則」については、森田武氏「日本語の語音連結上の一傾向」（『室町時代語論攷』［1985・5 三省堂］）、もと「日葡辞書に見える語音連結上の一傾向」（「国語学」108［1977・3］）参照。「濁音共存忌避の法則」については、山口佳紀氏「古代語の複合語に関する一考察——連濁をめぐって——」（「日本語学」7-5［1988・5］）参照。また、遠藤邦基氏「上代濁音の音価推定」（『国語表現と音韻現象』［1989・7 新典社］第一章）、もと「非連濁の法則の消長とその意味——濁子音と鼻音との関係から——」（「国語国文」50-3［1981・3］）、蜂矢「ク型動詞とグ型動詞（上）」（「ことばとことのは」9［1992・11］）をも参照。

（12）以上のことの多くは、蜂矢「ト［利］をめぐる語群」（「親和国文」41［2007・12］）参照。

二　ト［門］・ト［戸］・ト［外］

次いで、同じく上代特殊仮名遣のト甲類であるト［門・戸・外］などについて、合わせてト［戸］と母音交替と見る説のあるツ［津］について、また、それに関するいくつかのことについても、上代・平安時代を中心とする例を基にして考えることにしたい。

辞書の記述

このうち、ト［門］とト［戸］とは、通常、ともにとらえられている。例えば、『時代別国語大辞典上代編』には、

①門。家の外郭にある入口。ある地方へ入る入口をもいう。（略）②河口や海の、両岸が迫って門のようになっている地形。（略）③戸。門・出入口・窓などにたてるもの。（略）

とあり、また、『岩波古語辞典』には、

《ノミト（喉）・セト（瀬戸）・ミナト（港）のトに同じ。両側から迫っている狭い通路。また、入口を狭くし、ふさいで内と外を隔てるもの》①出入口。（略）②狭い通り路。出入りの路。（略）③水の出入口。瀬戸。（略）④家の出入口や窓に立てて、内と外とを隔てるもの。（略）

とある（右に「（略）」としたのはいずれも用例である）。

『時代別国語大辞典上代編』の、①②がト［門］に、③がト［戸］に当たり、また、『岩波古語辞典』の、二重山括弧内の「両側から迫っている狭い通路。」の部分および①②③がト［門］に、二重山括弧内の「また」以下および④がト［戸］に当たる。

以下、ト［門］とト［戸］、および、それに加えてト［外］をもとにとらえようと考える。

ト［門］

初めに、ト［門］の例を挙げるが、いくつかに分類して挙げることにする。

家や家の外郭の出入口を表す例

まず、家や家の外郭の出入口を表すものがある。

マド［窓］　窓闥交暎上、末土《マド》〈上 末土〉（略）（新訳華厳経音義私記《しんやくけごんきょうおんぎしき》）

マド［窓］は、そこから家の外を見るト［門］であり、「《マ（目）ト（門）の意》」（『岩波古語辞典』）とされる。マ［目］は、メ［目］の被覆形である（第二章四参照）。

カド［門］　我《わ》が門《かど》の〈和我可度乃〉片山椿《かたやまつばき》　まこと汝《なれ》　我《わ》が手触《てふ》れな丶　地《つち》に落《お》ちもかも（萬葉集四四一八［四四四二］・防人歌）

カナト　大前《おほまへ》　小前宿祢《をまへすくね》が　かな門蔭《とかげ》〈加那計［斗］加宜〉かく寄《よ》り来《こ》ね　雨立《あめた》ち止《や》めむ（古事記・允恭・八〇［八一］）

カド［門］は、「門。表口。前庭。」（『時代別国語大辞典上代編』）の意とされる。このうち、「前庭」は、カド［門］の周辺ではあっても、カド［門］そのものの意ではないであろう。
カナトは、「門。金属製の門か。」（『岩波古語辞典』）とされるが、「金属で扉や柱を堅め飾るためにカナ戸というといわれる。（略）カナについてはなお考慮の余地があろう。」（『時代別国語大辞典上代編』【考】）とも言われ、「類義語にカナトがある。」（『時代別国語大辞典上代編』カド［門］の項）ともあって、カド［門］の類義語としてのカナトのカナをカネ［金］の被覆形ととらえることについては疑問が持たれる。

そして、これらのカド［門］・カナトとデ［出］との複合したところの

カドデ［門出］　赤駒《あかごま》が　門出《かどで》をしつゝ〈可度弖乎思都〻〉出《い》でかてに　せしを見たてし　家《いへ》の児らはも（萬葉集三五三四〔三五五五〕・東歌）

カナトデ　防人《さきもり》に　立《た》ちし朝開《あさけ》の　かな門出《とで》に〈可奈刀伿尓〉手離《ばな》れ惜《を》しみ　泣《な》きし児《こ》らはも（萬葉集三五六九〔三五九一〕・東歌）

の例とを合わせ見た場合に、カドデ［門出］とカナトデとは同様の意に用いられているかと見られて、つまり、カド［門］とカナトとが同様の意を表すと見られて、カナトが金属製の門などであると考える必要はないのではないかと見られる。

ここに思い合わせられるのは、ヤギ［柳］「青楊《あをやぎ》の〈安乎楊疑能〉枝伐《えだき》り下《お》ろし　湯種蒔き　ゆゆしき君《きみ》に　恋《こ》ひ渡《わた》るかも」（萬葉集三六〇三〔三六二五〕）・ヤナギ［柳］「青柳《あをやなぎ》〈阿乎夜奈義〉梅《うめ》との花《はな》を　折《を》りかざし　飲《の》みての後《ゝち》は　散《ち》りぬともよし」（萬葉集八二一〔八二五〕）と、この「ト［門］」の箇所で後に挙げるミト

［水門］・ミナト［水門］とである。ヤギ［柳］とヤナギ［柳］とは同様の意に用いられており、後に見るように、ミト［水門］とミナト［水門］とも同様の意に用いられていると言える。そして、これらヤナギ［柳］・ミナト［水門］のナは現代語のノに当たる連体の助詞と見られる。

　これらのことを合わせ考えると、カナトのナは連体の助詞と見て、カナトはカド［門］と同様の意を表すとしてよいと考えられよう。(1)

　なお、カド［門］・カナトのカが何であるかは、必ずしもよくわからない。「《カはスミカ・アリカのカ。（略）》」（『岩波古語辞典』）、「「か」は「ありか」「すみか」などの「か」で、所の意。（略）」（『古語大辞典』の「語誌」欄、夏井邦男氏執筆）とされていて、確かにその可能性も十分にあるが、アリカ・スミカなどのようにカが複合語の後項にあるものに対して、カド［門］はカが複合語の前項にあるものであり、両者を直ちに同様にとらえてよいかどうか必ずしも明らかではない。

神域の出入口を表す例

　次に、神域の出入口を表すものがある。

　カムト［神門］　神門《かむと》と号《なづ》くる所以《ゆゑ》は、神門《かむと》の臣伊加曽然《おみイカソネ》の時《とき》に、神門《かむと》を貢《たてまつ》りき。故《かれ》、神門《かむと》と云《い》ふ。〈所（三）以芳［号］（二）神門（一）者　神門臣伊加曽然之時　神門負［貢］之　故云（二）神門（一）〉（出雲国風土記・神門郡）

　ミト［御門］　天《あめ》の下造《したつく》りましし大神《おほかみ》の御門《みと》、即《すなは》ち此処《ここ》に在《あ》り。故《かれ》、三刀矢《みとや》と云《い》ふ。〈所（レ）造（二）天下（一）大神之御門　即右［在］（二）此処（一）　故云（二）三刀矢（一）〉（出雲国風土記・飯石郡）

カムト［神門］の例は、地名「神門《かむと》」の起源の説話であって、「神域の入口に設けた門。鳥居のようなものか。」（『時代別国語大辞典上代編』）、「神の支配するところへの入口のしるし。」（『岩波古語辞典』）とされ、和名類聚抄・大東急記念文庫本に地名「神門加无止」（出雲国・郡名）が見える。

また、ミト［御門］の例は、地名「三刀矢《ミトや》」の起源の説話であってミトと訓まれ、「大神《おほかみ》の御門《みと》」とあってカムト［神門］と同様のものと見られる。

地方の出入口を表す例

さらに、地方の出入口を表すものがある。

ナラト［奈良門］・オホサカト［大坂門］・キト［紀伊門］　那良戸《ナラと》より跛盲《あしなへめしひ》に遇《あ》はむ、大坂戸《おほさかと》よりも亦跛盲《またあしなへめしひ》に遇《あ》はむ、唯《ただ》に木戸《きと》のみ、是掖戸《これわきと》の吉《よ》き戸《と》そと、卜《うらな》ひて〈自㆓那良《(奈良)》戸㆒遇㆓跛盲㆒自㆓大坂戸㆒亦遇㆓跛盲㆒　唯　木戸《(紀伊)》　是掖月《[戸]》之吉戸　卜而〉（古事記・垂仁）

これらの「那良戸」「大坂戸」「木戸」は、それぞれ奈良・大坂・紀伊の出入口の意に用いられている。「掖戸」「吉戸」の「戸」も、地方の出入口を表すと見てよいものである。

ヨミド［黄泉門］　亦《また》、其の黄泉坂《よもつさか》を塞《ふさ》げる石《いは》は、道反之大神《ちがへしのおほかみ》と号《なづ》く。亦《また》、塞《ふさ》がり坐《ま》す黄泉戸《よみど》大《の》神と謂《い》ふ。〈亦　謂㆓寒《[塞]》坐黄泉戸大神㆒〉（古事記・神代）

ヨミド［黄泉門］は、黄泉の国の出入口の意に用いられ、「よみのくにの入口。」（『時代別国語大辞典上代編』）とされる。地方の出入口を表す例として右に挙げたが、黄泉の国は黄泉の神の支配する地域でもあるので、神域の出入口を表すと見ることもできる。

水の出入りする所を表す例

今一つ、水の出入りする所を表すものがある。

ト［門］……由良の門《と》の〈由良勝計能《［能斗］》〉門中《となか》の海石《いくり》に〈斗那賀能伊久理尓〉……（古事記・仁徳・七四）淡路島 門《と》渡《わた》る舟の〈刀和多流船乃〉梶間《かぢま》にも 我は忘《わす》れず 家《いへ》をしそ思《おも》ふ（萬葉集三八九四《三九一六》）

このト［門］には、複合語としてではなく単独で用いられる例があるが、単独のものも、トナカ［門中］など複合語のものも、ト［門］は水の出入りする所を表している。

ミト［水門］ 夜中《よなか》ばかりに船《ふね》をいだして、阿波《あは》の水門《みと》をわたる（土左日記）

ミナト［水門］ 水門《みなと》の〈瀰儺度能〉潮《うしほ》の下《くだ》り 海下《うなくだ》り 後《うしろ》も暗《くれ》に 置《お》きてか行《ゆ》かむ（日本書紀・斉明・一二〇）

「阿波《あは》の水門《みと》」（土左日記）は、今の鳴門海峡に当たる。

ミト［水門］・ミナト［水門］については、先にカドデ［門出］・カナトデのところでふれたが、ミト［水門］は、「水の出入りするところ。河口など。水《み》=門《と》。船の碇泊に適した場所である。ミナトとも。」（『時代別国語大辞典上代編』）とされ、また、ミナト［水門］は、「①水の出入りするところ。河口・湾口・海峡など。」「②河口などで、船の碇泊するのに適したところ。」（『時代別国語大辞典上代編』）、「《ミは水。ナは連体助詞。（略）両側からせまった出入口》」（『岩波古語辞典』）とあるように、ミナト［水門］のナは現代語のノに当たる連体の助詞であり、両者は同様の意に用いられていると言える。そして、ミト［水門］・ミナト［水門］のミは、ミマタ［水派］「水派、此をば美麻多《ミマタ》と云《い》ふ〈水派 此云(二)美麻多(一)〉」（日本書紀・用明天皇二年）やミヲ［水脈］「堀江《ほりえ》漕《こ》ぐ 伊豆手の舟の 梶《かぢ》つくめ 音《おと》しば立《た》ちぬ 水脈《みを》速《はや》みかも〈美乎波也美加母〉」（萬葉集四四六〇 四四八四）などのミ［水］でもある。

また、ミナト［水門］は、「船の碇泊するのに適したところ」と言われていて、ミト［水門］・ミナト［水門］は、ミナト［港］「思《おも》ほえず 袖にみなとの さは《わ》ぐ哉《かな》 もろこし舟の 寄《よ》りし許《ばかり》に」（伊勢物語、和歌）に適していたと見られる。

ナルト［鳴門］ これやこの 名に負《お》ふ鳴門《なる（と）》の〈名尒於布奈流門能〉渦潮《うづしほ》に 玉藻《たまも》刈《か》るとふ 海人《あま》娘子《をとめ》ども（萬葉集三六三八 三六六〇）

ナルト［鳴門］は、「潮流が激しい音を立てて流れる海峡。」（『時代別国語大辞典上代編』）、「《トは両側からせまった狭い出入口。（略）》」（『岩波古語辞典』）とされて、動詞ナル［鳴］「…負《お》ひ征《そ》矢の そよと鳴《な》るまで〈曽与等奈流麻涅〉嘆《なげ》きつるかも」（萬葉集四三九八 四四二二）の終止形ナル＋ト［門］の構成ととらえられる。

なお、ナル［鳴］は四段動詞でありその終止形と連体形とは同形であるので、ナルト［鳴門］のナルを連体形と見ることもできそうであるが、例えば、イヅミ［泉］「うつほのめぐり掃《は》き浄《よ》めてありけば、前《まへ》より泉《いづみ》出《い》で来《く》る」（宇津保物語・俊蔭）は、同様に動詞＋名詞の構成である、つまり、下二段動詞イヅ［出］「…青山《あをやま》に 日《ひ》が隠《かく》らば ぬばたまの 夜《よ》は出《い》でなむ〈用波伊傳那牟〉…」（古事記・神代・三）＋ミ［水］の構成であると見られ、その場合に、イヅは終止形であり連体形ではない（連体形はイヅル）ので、イヅミ［泉］のイヅもナルト［鳴門］のナルも終止形と見るのがよいと考えられる[2]（終止形と見たものは、被覆形の一つの形態ととらえる方が、さらによいかと考えられる）。

カハト［川門］　春《はる》されば　我家《わぎへ》の里《さと》の　川門《かはと》には〈加波度尓波〉　鮎子《あゆこ》さ走《ばし》る……（萬葉集八五九《八六三》）

カハト［川門］は、「《（略）狭い通過点》川の両岸からせまった所。川の渡り場。」（『岩波古語辞典』）とされる。

セト［瀬戸・迫門］　隼人の　薩摩《（さつ）ま》の瀬戸を〈薩麻乃迫門乎〉　雲居なす　遠くも我は　今日見つるかも（萬葉集二四八《二四九》）

セト［瀬戸・迫門］は、狭いト［門］の意であり、『時代別国語大辞典上代編』には、「狭《セ》＝門《ト》。両側が迫って門のようになっている場所の意。」「①川の渡り瀬。」「②海峡。」と、『岩波古語辞典』には、「《セはセシ（狭）・セマリ（迫）・セキ（関）のセ、（略）》」とあり、和名類聚抄の高山寺本・大東急記念文庫本に地名「勢門世止」（筑前国糟屋《カスヤ》郡・郷名）が見える。また、セト「…い渡《わた》らす迫門《せと》〈以和多邏素西渡〉石川片淵《いしかはかたふち》　片淵《かたふち》に　網張《あみは》り渡《わた》し…」（日本書紀・神代下・三）は、川についての例である。

セシ［狭］の問題点

ところで、右に見たように、『岩波古語辞典』には、セト［瀬戸・迫門］のセは「セシ（狭）」のセとあるが、これには問題がある。形容詞セシは、上代の例が見当たらず、平安時代にはトコロセシ「わがためはまして所狭《ところせ》きにこそあらめと思《おも》へば」（蜻蛉日記）として用いられるのが通常であり、単独のセシは、「人の心ゑ《[え]》せくして口さがなく素なほならねば」（わらんべ草《ぐさ》）のように江戸時代まで下るからである。

セシについては、工藤力男氏「上代形容詞語幹の用法について」[3]が、「上代」において「ク活用形容詞の語幹が、単独で二語尾をとることはない」と指摘される（シク活用形容詞の語幹も単独で二を伴うことがないことを合わせ指摘される）ことが重要で、「…山も狭《せ》に〈山毛世尓〉咲けるあしびの…」（萬葉集一四二八《一四三二》）・「…浜も狭《せ》に〈濱毛勢尓〉後れ並《な》み居て…」（萬葉集一七八〇《一七八四》）などのように、上代において、～モ狭《せ》ニの形でセ［狭］は単独で二を伴うので、形容詞セシはないと考えられる。[4]ただ、これは上代におけることであって、マロニ「沈《ぢん》をまろに削《けづ》りたる貫簀《ぬきす》」（宇津保物語・菊の宴）、ユルニ「花さそふ風ゆるに吹《ふ》ける夕暮《ゆふぐれ》に」（宇津保物語・国譲下）のように、下ると宇津保物語に形容詞マロシ［円］・ユルシ［緩］の語幹マロ・ユル＋二の例が見え、[5]また、それ以降にも同様の例が見える（抄物《しょうもの》など室町時代に多く見える）。

因みに、先に見たように、『岩波古語辞典』は、セト［瀬戸・迫門］のセを、「セシ（狭）」のセとするとともに、「セマリ（迫）・セキ（関）」のセともしているが、セマル［急・窮］「五箇道、相近《あひせま》り〈五箇道相近《セマリ》〉」（石山寺蔵金剛波若経《こんごうはんにゃきょうしゅうげんき》集験記平安初期点）はセム［責・迫］「…とり続《つ》き追《お》ひ来《く》るものは百種《もゝくさ》にせめ寄《よ》り来《きた》る〈勢米余利伎多流〉…」（萬葉集八〇四《八〇八》）が接尾辞ルを伴ったものであり、セキ［塞・関］「焼《や》き大刀《たち》を礪波《となみ》の関《せき》に〈刀奈美能勢伎尓〉明日《あす》よりは守部《もりへ》遣《や》り添《そ》へ君《きみ》を留《とど》めむ」（萬葉集四〇八五《四一〇九》）はセク［塞］「飛鳥川《あすかがは》 堰《せ》くと知《し》りせば〈世久登之里世波〉あまた夜《よ》も 率寝《ゐね》て来《こ》ましを 堰《せ》くと知《し》りせば〈世久得四里世婆〉」（萬葉集三五四五《三五六七》・東歌）の連用形が名詞化したものである。(6)

以上のト［門］は、既にいろいろ言われているが、家や家の外郭の出入口を表すものも、神域の出入口を表すものも、地方の出入口を表すものも、水の出入りする所を表すものも、いずれの場合についても、狭くて出入口となる所を表すのが本来であると考えられる。

ト［戸］

ト［戸］

次に、ト［戸］の例を挙げる。

マヘツト・シリツト ……後《しり》つ戸《と》よ〈斯［理］都斗用〉い行《ゆ》き違《たが》ひ 前《まへ》つ戸《と》よ〈麻幣都斗用〉い行《ゆ》き違《たが》ひ……（古事記・崇神・二二）

マヘツト・シリツトは、『時代別国語大辞典上代編』に「家の表口。前《マヘ》=ツ=門《ト》。」（マヘツトの項）、「家の裏の入口。後《シリ》=ツ=門《ト》。」（シリツトの項）とあるが、そこにはト［戸］がある可能性が高い。土橋寛氏『古代歌謡全注釈古事記編』(7)は、「前の戸」「後ろの戸」とされている。ツは、現代語のノに当たる連体の助詞と見られる。

因みに、マヘ［前］は、メ［目］の被覆形マ（第二章四参照）と、方向を表すヘ［方］「…本《もと》へは

〈母登幣波〉君《きみ》を思《おも》ひ出《で》末《すゑ》へは〈須恵幣波〉妹《いも》を思《おも》ひ出《で》…」（古事記・応神・五一）との複合で、シリ［後・尻］とへ［方］との複合のシリへ［後方］「背揮、此をば志理幣提爾布倶《シリヘデニフク》と云《い》ふ〈背揮　此云（二）志理幣提爾布倶（二）〉」（日本書紀・神代上・第五段一書第七）と対義的であるが、マへ［前］とシリへ［後方］とは音節数が異なるので、ここでは音節数が同じであるマへ［前］とシリ［後・尻］とを対義的に用いていると見られる。

イタト［板戸］……嬢子《をとめ》の寝《な》すや板戸《いたと》を〈那須夜伊多斗遠〉……（古事記・神代・二）

イタト［板戸］は、板の戸と見られる。

アサト［朝戸］・トノト［殿戸］……朝戸《あさと》にも〈阿佐妬珥毛〉出《い》でて行《ゆ》かな三輪《みわ》の殿戸《とのと》を〈瀰和能等能渡塢〉（日本書紀・崇神・一六）

『時代別国語大辞典上代編』に、アサト［朝戸］は「朝の家戸。朝、開ける戸。」と、トノト［殿戸］は「御殿の入口。殿の戸。または殿の戸外。」とある。ここに、「または殿の戸外。」とするのは、このトを、ト［戸］ではなく後に見るト［外］ととらえることになるが、アサトのトをト［戸］とし、他方で、トノトのトをト［外］とする解釈は如何かと思われる。ただ、トノトのトを、ト［戸］と見ることもト［外］と見ることもあるということには、両者の意味の近さという点で注意しておきたい。

トジ［刀自］且曰《またい》はく、「壓乞《いで》、戸母《とじ》、其の蘭《あららぎ》一莖《ひともと》」といふ。壓乞、此をば異提《イデ》と云《い》ふ。戸母、此をば覩自《トジ》と云ふ。〈且曰　壓乞　戸母　其蘭一莖壓乞　此云異提　戸母　此云覩自〉（日本書紀・允恭天皇二年二月）

日本古典文学大系67『日本書紀上』の頭注に、「トジは、トヌシ（戸主、家の入口を支配する女の意）の約。」とあり、トヌシ［戸主］の約《つづ》まったものと見られる。

トサス［鎖］　鏁着戸佐須《トサス》〈戸佐須〉　鏁門上に同じ（新撰字鏡）

戸締まりをする意のトサス［鎖］は、「《戸刺しの意。平安時代にはトサシと清音》」（『岩波古語辞典』）とあり、ト［戸］＋サス［鎖］「翁、塗籠《ぬりごめ》の戸をさして戸口《とぐち》にをり」（竹取物語）の構成と見られ、また、「扃トサシ（上上平）」（類聚名義抄・観法下九二［47ウ］）などから見ると、平安末期にはトサスと清音サであったと見られる。トザスとザに濁音化したのがいつ頃かは明確でないが、「鎖《トザス》《サ》」（文明本節用集）とあるので、室町時代にはトザスであったと見られる。

トビラ［扉］　闔（略）合なり　閇なり　門乃止比良《かどノトビラ》〈門乃止比良〉（新撰字鏡）

トビラ［扉］は、開き戸の意であり、そのトもト［戸］と見られる。ヒラは、ヒラク［開］「味酒《うまさけ》三輪《みわ》の殿《との》の朝戸《あさと》にも押《お》し開《びら》かね〈於辞寐羅箇禰〉三輪《みわ》の殿戸《とのと》を」（日本書紀・崇神・一七）のヒラとともにとらえられるかと見られるが、ヒラク［開］のヒラが単独で用いられる例は見えないので、そのように見てよいかどうか必ずしも明らかではない。なお、ヒラカ「平瓮、此をば毗邏介《ヒラカ》と云《い》ふ〈平瓮　此云(二)毗邏介(一)〉」（日本書紀・神武天皇即位前）のように平らの意に用いられるヒラは、別語と見られる。

以上のト［戸］は、狭い出入口であるところのト［門］を閉じる（トヅ［閉］）ものを表すと考えられる。

トヅ［閉］

右のように、ト［門］を閉じるものがト［戸］であると考えられるが、ただ、トヅ［閉］「三者諸の悪道を閉《ト》ヂて、善趣の門を開ク、」（西大寺蔵金光明《こんこうみょう》最勝《さいしょう》王経《おうぎょう》平安初期点・春日政治氏釈文）のトをト［戸］と見るのは、無理があると見られる。

ダ行上二段動詞には、このトヅ［閉］の他に、

ハヅ［恥・羞］　己《おのれ》に愧《は》ぢ、他を怖《おそ》る〈愧《ハヂ》(レ)己《ニ》怖(レ)他〉（東大寺諷誦文稿《とうだいじふじゅもんこう》）

オヅ［恐・怖］　雷《いかづち》の 光《ひかり》の如《ごと》き これの身《み》は 死《し》の大王《おほきみ》 常《つね》に偶《たぐ》へり 畏《お》づべからずや〈於豆閇可良受夜〉（仏足跡歌二〇）

ヨヅ［攀］　小里《をさと》なる 花橘《はなたちばな》を 引《ひ》き攀《よ》ぢて〈比枝余治弓〉　折《を》らむとすれど うら若みこそ（萬葉集三五七四・東歌）

ネヅ［捻《三五九六》・捩］　不(レ)鳴ヌ雁ノ頸ヲネヂテ（今昔物語集・十―十二）

シコヅ［譏］　相ひ譏《シコ》ヂ諂《ヘツラ》ヒツ、（西大寺蔵金光明最勝王経 平安初期点・春日政治氏釈文）

などがある(8)が、上代・中古に見える、名詞＋接尾辞ヅの構成ととらえられるダ行上二段動詞は他にないからである。

さらに、類聚名義抄に見えるトヅ［閉］のアクセントは、「閉トヅ（平上）」（観法下七五［39オ］）のように低く始まる低起式であり、ト［戸］のそれは、「戸ト（上）」（観法下九二［47ウ］）のように高く始まる高起式であって、アクセントが異なっている。金田一法則（「はしがき」参照）によって、高

起式のト［戸］と、低起式のトヅ［閉］とを、ともにとらえるのは困難である。

因みに、トヅ［閉］の類義語であるシム・シマルは、上代・平安時代において、シム「帯（略）オビシム（略）」（類聚名義抄・図書寮本）・シマル「大君《おほきみ》の 御子《みこ》の柴垣《しばかき》 八節結《やふじま》り〈夜布士麻理〉結《しま》り廻《もとほ》し〈斯麻理母登本斯〉切《き》れむ柴垣《しばかき》 焼《や》けむ柴垣《しばかき》」（古事記・清寧・一〇九）のように締める意・締まる意に用いられていて、戸をシム［閉］、戸がシマル［閉］のように用いられるのは、「門しめて だまつてねたる 面白さ」（俳諧・炭俵）・「もゝの花 境しまらぬ かきね哉」（俳諧・猿蓑）のように、江戸時代まで下っている。(9)

ト［外］

そして、ト［外］の例を挙げる。
ト［外］ 大宮の 内《うち》にも外《と》にも 〈宇知尓毛刀尓毛〉光《ひか》るまで 降れる白雪 見れど飽《あ》かぬかも（萬葉集三九二六）

右の例は、ウチ［内］と対義的に用いられており、ト［外］は、内に対する外の意に用いられる。
ソト［外］
なお、内に対する外の意のソト［外］の例は、「室町時代以降、古くからのトに代って使用される。」（『岩波古語辞典』）とされるけれども、
山人は 花をふみてや かよふらむ うつぎかきほの そとのとほみち（出観集一四八）

ホカヲソト、イ《(ト)》ヘル 如何（名語記《みょうごき》）

のように、平安末期・鎌倉時代頃から例が見える。

ソト［外］について、『日本国語大辞典』〔第二版〕は、語源は、「そ（背）つ（の）おも（面）」（背面・北側・裏側）から転じた「そとも」（同）が「せど（背戸）」への類推もあって「も」を略したという説が妥当か（→語源説(1)）。（「語誌」欄(1)）とする。(10)

ここに言うソトモ［背面］は、ソ［背］＋ツ〔連体〕＋オモ［面］の約、ソ［背］はセ［背］の被覆形ととらえられ、カゲ［光］＋ツ〔連体〕＋オモ［面］の約ととらえられるカゲトモ［影面］と対義的に用いられる（第一章一参照）。

山の陽《みなみ》を影面《かげとも》と曰《い》ふ。山の陰《きた》を背面《そとも》と曰ふ〈山陽《ノミナミ(ヲ)》曰二影面一《カゲトモ(ト)》、山陰《ノキタヲ》曰二背面一《ソトモト》〉（日本書紀・成務天皇五年九月・熱田本）

直廣肆佐味朝臣少麿呂《さみのあそみすくなまろ》を山陽使者《かげとものみちのつかひ》とす〈為二山陽使者一《カゲトモノミチ》〉。直廣肆巨勢朝臣粟持《こせのあそみあはもち》を山陰使者《そとものみちのつかひ》とす〈為二山陰使者一《ソトモノミチ》〉。（日本書紀・天武天皇下十四年九月・北野本）

右の後者の例では、カゲトモノミチ［山陽道］とソトモノミチ［山陰道］とが対義的に用いられている。

『日本国語大辞典』〔第二版〕の挙げる「語源説(1)」は、

外はと、のみいへり。背面を外面と心得たるより、外ノ字を離ちて、そとと訓むは俗の事也。（橋守部『雅言考』）

背面《ソトモ》ヲ略シテ、誤用セル語ト云フ。或ハ、背門《セド》ノ転カ、或ハ、背外《ソト》ノ意カ。（『大言海』）

のようである。

右の「語誌」欄などの言うセド［背戸］は、

顯昭云、そともとはうしろと云事也。（略）古物云、げすの家にはしりへの門をばせどゝ云。そとせと同音也。又只そとゝも云。（袖中抄十九）

とあるのを見ると、ソト［外］と無関係とは考えにくいが、

せどのかたに、米の散《ち》りたるを食《（くふ）》とて、すゞめの躍《おど［を］》りありくを（宇治拾遺物語）

穴面白ノ大戸ヤセドヤ中戸ニモ繪書タリ（源平盛衰記三十三木曽院参頑）

では、裏の出入口（の戸）の意に用いられており、

小家ノ後薗ヲセド《（ト）》、ナヅク如何　コレハ背戸歟《（か）》　背广《［度］》歟《（か）》　亦賤土歟《（か）》（名語記《みょうごき》）

明《あ》くれば林《はやし》の六郎光明《みつあきら》がせどを通《とほ》り給ひて（義経記）

では、裏にある庭などの意に用いられている。このように、セド［背戸］は、基本的に裏の意に用いられているので、直接にソト［外］の成立に影響を与えたとも考えにくい。

他方、ソトモ［背面］は、下ると、

我がやどの　そともにたてる　ならの葉の　しげみにすずむ　夏はきにけり（新古今集二五〇、恵慶集二一八も同様）

ねやのうへに　かたえさしおほひ　そともなる　はびろがしはに　霰ふるなり（新古今集六五五）

のように、外の意に用いられるようになる。

結局、セド［背戸］の影響もないとは言えないが、ソトモ［背面］が、裏・北の意から外の意へと移り、ト［外］との混淆によって、ソト［外］が生まれたと見るのがよいかと考えられる。対義的に用いられるウチ［内］と同じ音節数にしようとする力が働いた可能性も考えられよう。

ト［外］

さて、ト［外］の例を続けて挙げる。

トツクニ　邦畿之内《うちつくに》すら、尚給《なほつ》がざる者《こと》有り。況《いはむ》や畿外諸國《とつくにぐに》をや。〈況乎、畿‐外《トツ》諸‐國耶《クニグニヲヤ》。〉〈邦‐畿‐之‐内《ウチツクニスラ》、〉（日本書紀・仁徳天皇四年二月・前田本）

これは、畿内に対する畿外の意に用いられており、ウチ［内］とト［外］とが対義的に用いられている。「畿内よりみて外の国をいう。近畿地方外の国の意。ウチツクニの対。」（『時代別国語大辞典上代編』）、「《ツは連体助詞》」（『岩波古語辞典』）とされる。

トツミヤ　月も日も　かはらひぬとも　久に経る　三諸の山の　離《とつ》宮所〈礪津宮地〉（萬葉集三二三一 三三四五）

「行宮。離宮。旅先で天皇の泊られる宮殿。外《ト》＝ツ＝宮。」（『時代別国語大辞典上代編』）、「《ツは連体助詞》」「①離宮。」「②外宮（げくう）」（『岩波古語辞典』）とされる。

トヒト［鄙人］　斗卑等乃《トヒトノ》仇能《あたノあ》在る言《こと》の期等久《ゴトク》〈斗卑等乃仇能在言期等久〉（宣命・二十七詔・続日本

紀　天平宝字六[762]年）

トヒト［鄙人］は、「①いやしい人。（略）②いやしいこと。（略）【考】トヒトは外《ト》＝人《ヒト》であろう。外、すなわち中央に対する地方、あるいは特定の人に対するそれ以外を蔑視する気持から、①の意味が派生したと思われる。②は、①がさらに一般化したもの。」（『時代別国語大辞典上代編』）、「《外（と）人の意。域外の人》」（『岩波古語辞典』）とされるが、本来は外の人を表すと見られる。

トナリ［隣］　人妻《ひとづま》と　あぜかそを言《い》はむ　然《しか》らばか　隣《となり》の衣《きぬ》を　借《か》りて着《き》なはも

（萬葉集三四七二 三四九一・東歌）　城邑聚落村隣市肆（略）隣（略）訓、刀奈利《トナリ》〈訓　刀奈利〉（略）（新訳華《しんやくけ》厳《ごん》経音義私《きょうおんぎし》記《き》）

のトも、「《トはト（外）と同根か》」（『岩波古語辞典』）とされて、ト［外］ととらえる可能性がある。

これらのト［外］がト［門・戸］とともにとらえられることはほとんどないようであるが、ト［外］は、狭い出入口であるト［門］や、そこを閉じるト［戸］を出た所を表すと考えられるので、ト［門・戸］とともにとらえてよいであろう。先に見た「ト［戸］」の箇所の、トノト［殿戸］についての『時代別国語大辞典上代編』の記述のように、ト［戸］とト［外］との意味の近さも合わせ考えられる。

ト［処］

所・場所を表すとされるト［処］は、上代特殊仮名遣のト甲類のものとト乙類のものとがあり、些かわかりにくいが、ト甲類の例の中にト［門］ととらえられるものがいくらかある。

シナト

シナト　吹《ふ》き撥《はら》ふ気《いき》、神と化為《な》る。号《みな》を級長戸辺命《しなとべのみこと》と曰《まう》す〈号曰㆓級長戸邊命㆒〉。亦は級長津《しなつ》彦命《ひこのみこと》と曰《まう》す。是、風神《かぜのかみ》なり。（日本書紀・神代上・第六段一書第六）　科戸《しなと》の風乃《かぜノ》〈科戸之風乃〉天《あめ》の八《や》重《へ》雲《ぐも》乎《ヲ》吹《ふ》き放《はな》つ事《こと》の如久《ごとク》（祝詞《のりと》・六月晦大祓《みなづきのつごもりのおほはらへ》）

シナトは、「風の吹き起こるところ。シは風の意（略）。ナは連体格を構成する助詞。トは場所を示す形式名詞。」（『時代別国語大辞典上代編』）、「《シナトは「息（し）な門（と）」で、風の吹き起る所。（略）》」（『岩波古語辞典』シナトノカゼの項）のように、風が吹き起こる所を表すとされるが、風が吹き起こる所と言うより、風が出入りする狭い所ととらえる方がよいのではないかと考えられる（シナトについては、第三章一㈡をも参照）。

なお、シナトベノミコト「級長戸邊命」・シナツヒコノミコト「級長津彦命」（いずれも日本書紀・神代上）は、ベ「邊」とメとをバ行―マ行の子音交替ととらえ、メ（～ベ）は女の意、ヒコ［彦］は男の意で、不規則的な男女の対応を示しているとも言える。その際には、シナツヒコのツをト［門］の母音交替と見ることになろう。

また、シナトのシは風の意で、アラシ［嵐］「ぬばたまの　夜さり来れば　巻向の　川音高しも　あらしかも速《と》き〈荒足鴨疾〉」（萬葉集一一〇一《二一〇五》）・「吹くからに　秋の草木の　しをるれば　むべ山かぜを　あらしといふらむ」（古今集二四九）は、形容詞アラシ［荒］「…岩《いは》が根《ね》の　荒《あら》き島根《しまね》に〈安良伎之麻祢尓〉宿《やど》りする君」（萬葉集三六八八 三七一〇）の語幹アラ＋シ［風］の構成ととらえられる。

ノミト［喉］・ノド［喉］

ノミト［喉］ 喉吻（略）上（略）訓、乃美土《ノミト》〈川［訓］乃美土〉（新訳華厳経音義私記《しんやくけごんきょうおんぎしき》）

ノド［喉］ 一テイノミヅヲエテハベリシマ、ニ ノドヲウルフルハベラズ（法華百座聞書抄《ほっけひゃくざききがきしょう》）

ノミト［喉］は、「（略）語源が飲《ノ》ミ＝処《ト》（または門《ト》）とすればト甲類が正しい。（略）」（『時代別国語大辞典上代編』【考】の欄）、「《『飲み門（と）』の意》」（『岩波古語辞典』）とされて、動詞ノム［飲・呑］「青柳《あをやなぎ》 梅《うめ》との花《はな》を 折《を》りかざし 飲《の》みての後《ち》は〈能弥弖能ゝ知波〉散《ち》りぬともよし」（萬葉集八二一 八二五）の連用形ノミ＋ト［門］の構成ととらえられる。ノミト［喉］のトをト［処］と見ることもあるが、飲む所とするよりは、飲む際の狭い出入口ととらえる方がよいと考えられる。また、ノド［喉］は、平安末期に下って、ノミト［喉］が撥音便形ノンドを経て約《つづ》まったものである。

ミト

ミト 然《しか》らば、吾《あれ》と汝《なむち》と、是《こ》の天《あめ》の御柱《みはしら》を行き廻《めぐ》り逢《あ》ひて、美斗能麻具波比《ミトノマグハヒ》此七字は音を以ゐよ。を為《せ》む〈為（二）美斗能麻具波比（一）此七字以音〉（古事記・神代） 故《かれ》、其《そ》の八《や》上《がみ》比売《ヒメ》は、先《さき》の期《ちぎり》の如《ごと》く美刀阿多波志都《ミトアタハシツ》。此七字は音を以ゐよ。〈美刀阿多波志都此七字以音〉（古事記・神代）

ミトは、「陰部。ミは接頭語。トは門または所の意か。」（『時代別国語大辞典上代編』）、「《ミは接頭語。トはトツギ（婚）のト。アタハシは当の意の動詞アタヒの尊敬語》」（『岩波古語辞典』ミトアタハシの項）とされ、そのトは、トツグ［嫁］「鶺鴒（略）或は鶺鴒。迩波久奈布利《ニハクナブリ》。日本紀私記に云《い》はく、止都《トツ》岐乎之倍止利《ギヲシヘトリ》といふ。〈鴽鴽（略）或鵇鵖　迩波久奈布利　日本紀私記云　止都岐乎之倍止利〉」（和名類聚抄・二十巻本十八）のトとされる。ミトおよびトは、女性の陰部を表すが、これも、所の意と言うよりは狭い出入口の意であって、そのトはト［処］ととらえるよりト［門］ととらえる方がよいと考えられる。

なお、やはり女性の陰部を表すホト［陰・秀処］「次に、火《ひ》之《の》夜《ヤ》藝《ギ》速男神《はやをのかみ》夜藝二字は音を以ゐよ。を生みき。（略）此《こ》の子を生みしに因《よ》りて、美《ミ》蕃《ホ》登《ト》此の三字は音を以ゐよ。を炙《や》かえて〈美蕃登此三字以音見（レ）炙而〉病み臥《ふ》して在《あ》り。」（古事記・神代）のトはト乙類であるので、これは、例えば、ホ［秀］「千《ち》葉《ば》の 葛野《かづの》を見《み》れば 百千足《もゝちだ》る 家庭《やには》も見《み》ゆ 国《くに》の秀《ほ》も見《み》ゆ〈久尓能富母美由〉」（古事記・応神・四一）＋ト［処］「…山処《やまと》の〈夜麻登能〉一本薄《ひともとすすき》 項傾《うなかぶ》し 汝《な》が泣《な》かまさく…」（古事記・神代・四）の構成などのように、別に考えるのがよいであろう。

ツ［津］

ツ［津］　津　四聲字苑に云《い》はく、津（略）和名、豆《ツ》。〈津（略）和名豆〉は水を渡る処といふ（和名類聚抄・二十巻本十）

ツ［津］は、「船の泊る所。船着き場。」（『時代別国語大辞典上代編』）の意に用いられる。

ところで、このツ［津］を、「《ト（戸）の母音交替形》」（『岩波古語辞典』）と見る説がある。ここに、ツ［津］とト［門・戸］とが母音交替ととらえられるかどうか、検討する必要がある。

ウ列とオ列甲類との母音交替

ト［門・戸］のトは、上代特殊仮名遣のト甲類であり、ウ列とオ列甲類とは交替することが多いので、その点からはツ［津］と母音交替と見る可能性が高いかと思われる。ウ列とオ列甲類の母音交替の例をいくらか挙げてみると、次のようである。

マスミ［真澄］……わが目らは ますみの鏡〈真墨乃鏡〉……（萬葉集三八八五[三九〇七]）―マソミ

……我が持てる まそみ鏡に〈真十見鏡尓〉……（萬葉集三三一四[三三二八]）

ツガ［樛］……つがの木の〈都賀乃樹乃〉いや継ぎ継ぎに……（萬葉集三三二四[三三三七]）―トガ……

とがの木の〈刀我乃樹能〉いや継ぎ継ぎに……（萬葉集九〇七[九一二]）

タヌシ［楽］……この御酒《みき》の あやに甚楽《うただぬ》し〈阿椰珥于多娜濃芝〉……（日本書紀・神功・三三）―タノシ ……この御酒《みき》の 御酒《みき》の あやに甚楽《うただの》し〈阿夜迩多陁怒斯〉……（古事記・仲哀・四〇）

シヌフ［偲］……栗食《くりは》めば まして偲《しぬ》はゆ〈麻斯提斯農波由〉……（萬葉集八〇二[八〇五]）―シノフ

……家《いへ》にも行《ゆ》かめ 国《くに》をも偲《しの》はめ〈久尓袁母斯怒波米〉（古事記・允恭・九〇）

アユヒ［足結］ 宮人《みやひと》の 足結《あゆひ》の小鈴《こすず》〈阿由比能古須受〉……（古事記・允恭・八二）―アヨヒ

……足結《あよひ》手作《たづく》り〈阿庸比陁豆矩梨〉腰作《こしつく》らふも（日本書紀・皇極・一〇六）

ナユタケノ［枕詞］ なゆ竹の〈名湯竹乃〉とをよる御子……（萬葉集四二〇[四二三]）―ナヨタケノ

……なよ竹の〈奈用竹乃〉とをよる児《こ》らは……（萬葉集二一七）

この他に、ノ［野］「…さ野《の》つ鳥《とり》〈佐怒都登理〉雉《きぎし》は響《とよ》む…」（古事記・神代・二）が以前にヌと訓《よ》まれてきたことも、ウ列とオ列甲類の母音交替の上にとらえられる。

このように見ると、ツ［津］とト［門・戸］とを母音交替としてとらえる可能性は高いと思われてくる。

「〜津《ツ》」と「〜門《ト》」

ところが、以下のようなことを見ると、必ずしもそのようには言えないと考えられる。

和名類聚抄・大東急記念文庫本に見える地名「〜津《ツ》」「〜門《ト》」の例に次のようなものがある。(11)

〜津《ツ》：アサフツ「朝津阿佐布豆」（越前国・丹生《ニフ》郡）、アヒツ「會津阿比豆」（陸奥国・郡名）、イシツ「石津伊之津」（美濃国・郡名）、エナツ「榎津衣奈都」（武蔵国・男衾《ヲブスマ》郡）、ウルヒツ「濕津宇留比豆」（上総国・市原《イチハラ》郡）、オキツ「置津乎木津《ママ》」（安房国・長狭《ナガサ》郡）、オホツ「大津於保都」（長門国・郡名）、カツ「鹿津加津」（上総国・望陁《マウダ》郡）、カハツ「川津加波都」（駿河国・安倍郡）、クハツ「桒津久波都」（攝津国・豊嶋《テシマ》郡）、コツ「木津古都」（近江国・髙嶋《タカシマ》郡）、タカツ「髙津多加都」（越後国・頸城《クビキ》郡）、フカツ「深津布加津」（備後国・郡名）、フヂツ「藤津布知豆」（肥前国・郡名）、フナツ「舩津布奈都」（越前国・今立《イマダチ》郡）、ミツ「御津美都」（参河国・寶《ホ》飯［飫］郡）、ムロツ「室津无呂都」（長門国・豊浦《トヨラ》郡）、ヤナイヅ「楊津也奈以豆」（攝津国・河邊《カハノヘ》郡）、ワタンヅ「度津和多无都」（参河国・寶《ホ》飯［飫］郡）、ヲツ「尾津乎都」（伊勢国・桒名《クハナ》郡）

〜門《ト》：ウハト「表門宇波止」（甲斐国・山梨《ヤマナシ》郡）、カムト「神門加无止」（出雲国・郡名、再掲）、セト

「勢門世止」（筑前国・糟屋《カスヤ》郡、再掲）、タト「田門多土」（安藝国・安藝郡）、ツト「津門都止」（攝津国・武庫《ムコ》郡）、ナガト「長門奈加度」（国名）・「長門奈加止」（安房国・平群《ヘグリ》郡）

なお、〜トと訓のある「〜戸《ト》」の地名は、和名類聚抄・二十巻本には見えない。

これらの例を見ると、和名類聚抄の地名「〜津《ツ》」の前項「〜」と地名「〜門《ト》」の前項「〜」とは共通していないことが知られる。このことからすると、ツ［津］とト［門］とを母音交替として見るのはやや難しいと見られる。

右に地名「津門都止」があるが、これは、「船着き場」を表すツ［津］であるところの、狭くて出入口となる所を表すト［門］である土地を意味するかと見られて、どちらかと言えば、ツ［津］とト［門］とをそれぞれ個別的にとらえる地名ととらえられそうである。ツ［津］とト［門］とを母音交替と見ることとは、やや離れた例と見てよいと考えられよう。

また、次のような例が見える。

ヒロキツ［広津］　遂《つひ》に即《すなは》ち倭国《やまとのくに》の吾礪《あと》の広津《ひろきつ》広津、此をば比盧岐頭《ヒロキツ》と云《い》ふ。〈倭國吾礪廣津廣津　此云比盧岐頭〉邑《むら》に安置《はべ》らしむ（日本書紀・雄略天皇七年、地名）

「ト［門］」および「ト［戸］」の箇所で見てきたように、ト［門・戸］は、狭くて出入口となる所、ないし、それを閉じるものを表すととらえられた。それに対して、ツ［津］は、形容詞ヒロシ［広］の連体形を上接することがあり広いこともある所であって、ツ［津］とト［門・戸］とが同様の意を表すとすれば、これは矛盾した例と言うことにならざるを得ない。この例を見ると、ツ［津］とト

［門］とを母音交替と見るのは難しくなってくる。

異なるアクセント

さらに、類聚名義抄の声点によって知られるアクセントを見ると、次のようである。

戸ト（上）（観法下九二［47ウ］、再掲）

扃トサシ（上上平）（観法下九二［47ウ］、再掲）

闔トビラ（上上○）（観法下七五［39オ］）

外ト（上）（観法下一三四［68ウ］）

隣トナリ（上上上）（図二〇四）

嫁トツグ《ギ》（上上平《上》）（高59ウ）

津豆（禾）（平）（図三八）

これらのトは、上声であり、高く始まる高起式である。それに対して、ツ［津］は、のように、平声であり、低く始まる低起式であって、アクセントが異なっている。金田一法則（「はしがき」参照）によって、高起式のト［門］・ト［戸］・ト［外］と、低起式のツ［津］とを、母音交替ととらえるのは困難であると考えられる。

以上、上代特殊仮名遣のト甲類であるところのト［門］とト［戸］とト［外］について、狭くて出入口となる所を表すト［門］と、狭い出入口を閉じるものを表すト［戸］と、狭い出入口を出た所を表すト［外］として、ともにとらえられることを述べ、また、ト甲類とト乙類のものがあって些かわかりにくいト［処］について、ト甲類であるものの中にト［門］ととらえられるものがあることを述べ、さらに、ト［門・戸］と母音交替ととらえる説のあるツ［津］について、母音交替ととらえるのが困難であると考えられることを述べてきた。

なお、第一章一にとり挙げたトシ［利・鋭・聡］・トグ［磨］のトは、同じくト甲類であるが、平声であり、右にとり挙げたト［門］・ト［戸］・ト［外］が上声であるのとはアクセントが異なっているので、別にとらえるのがよいと考えられる。[12]

注

（1）井手至氏『遊文録』萬葉篇二［2009·10 和泉書院］第三篇第二章、もと「上代語「かなと、かなづ」考」（「上代文学」51［1983·11］）・山口佳紀氏『古代日本語文法の成立の研究』［1985·1 有精堂出版］第二章第一節に、それぞれカナトについて別の説があるが、省略する。

（2）因みに、動詞終止形＋名詞の構成の地名の例として、和名類聚抄・大東急記念文庫本に（高山寺本に見えるものもあるが省略する）、四段動詞のものに、アクナミ「飽波阿久奈美」（大和国・平群《ヘグリ》郡）、アフホシ「會星安布保之」（駿河国・有度《ウド》郡）、イクハ「生葉以久波」（筑後国・郡名）、カツタ「勝田加都多」（美作国・勝田《カツマタ》郡）、スムヂ「住道須无知」（攝津国・住吉《スミヨシ》郡）、タルミ「垂水多留美」（讃岐国・那珂《ナカ》郡）、マスダ「益田末須太」（近江国・浅井《アサヰ》郡）、ユフキ「結城由不支」（下総国・郡名）、下二段動詞のものに、イヅシ「出石伊豆志」（但馬国・郡名）、ウハシ「得橋宇波之」（加賀国・能美郡）、ナヅカハ「撫河奈都加波」（備中国・都宇《ツ》郡）が見える（上二段動詞のものは見えない）。

(3)『日本語史の諸相　工藤力男論考選』［1999・8 汲古書院］、もと「国語国文」42-7［1973・7］

(4) 蜂矢「一音節語幹の形容詞」（「萬葉」178［2001・9］）参照。

(5) 蜂矢「語幹を共通にする形容詞と形容動詞」（『国語語彙史の研究』21［2003・3 和泉書院］）・「語基を共通にする形容詞と形容動詞」（『国語語彙史の研究』22［2004・3 和泉書院］）参照。

(6) 蜂矢「対義語ヒロシ・セバシとその周辺」（「萬葉」104［1980・7］）参照。

(7)［1972・1 角川書店］

(8) 蜂矢「ダ行上二段動詞語彙考」（「ことばとことのは」7［1990・11］）参照。第二章四をも参照。なお、ヒヅ・モミヅは、本来、ヒツ［漬］・モミツ［黄葉］のように清音ツであり、ヒツ・モミツは上二段動詞ではなく四段動詞であるので、ここに挙げない（モミヅ［黄葉］については、第二章四参照）。

(9) 注(6)論文参照。

(10) ソトモ［背面］との関係については、宮地敦子氏『身心語彙の史的研究』［1979・11 明治書院］第一部第五章、もと「対義語の消長」（「国語国文」37-7［1968・7］）をも参照。

(11) それぞれ、高山寺本に見えるものもあるが、省略する。

(12) 以上のことは、「ト［門］とト［戸］とト［外］」（「京都語文」（佛教大学）14［2007・11］）参照。

三　タ［手］・テ［手］など

テ［手］

テ［手］とそれに連関するいくつかの語について、上代を中心とする例を挙げて述べる。

テ［手］

梯立《はしたて》の 倉椅山《くらはし》を 嶮《さが》しみと 岩懸《いはか》きかねて 我《わ》が手取《てと》らすも〈和賀弖登良須母〉（古事記・仁徳・六九）……妹《いも》が手《て》を〈伊慕我堤嗚〉我《われ》に巻《ま》かしめ 我《わ》が手《て》をば〈倭我堤嗚磨〉妹《いも》に巻《ま》かしめ……（日本書紀・継体・九六）

テ［手］は、被覆形タ［手］に対する露出形である（「はしがき」参照）。例えば、『時代別国語大辞典上代編』には「①手。タはその交替形。」「②負傷。受けた傷。」とある。タ［手］の例は、後に「被覆形タ［手］と接頭辞タ」の箇所に挙げる。

イタテ［痛手］ 振熊《ふるくま》が 痛手《いたて》負《お》はずは〈伊多弖淤波受波〉鳰鳥《にほどり》の 淡海《あふみ》の海《うみ》に 潜《かづ》きせなわ（古事記・神功・三八）

は、「重いてきず。重傷。」（『時代別国語大辞典上代編』）とされ、「②負傷。受けた傷。」の例になる。

テ［手］が傷の意をも表すのは、手が傷を受けやすい場所であるからであろうか。『岩波古語辞典』には、「《手（攻撃）を加えることの意から》」とあるが、必ずしも明らかではない。
平安時代以降、テ［手］はさらに広い意味に用いられるが、省略する。

テ［道］

他方、道の意のテ［道］は、「手」と表記されることがあり、

ナガテ［長道］　君が行《ゆ》く 道の長手《ながて》を〈道乃奈我弖乎〉繰《く》り畳《たゝ》ね 焼《や》き滅《ほろ》ぼさむ 天《あめ》の火もがも（萬葉集三七二四《三七四六》）ぬばたまの 昨夜《（きそ）》は帰しつ 今夜《（こよひ）》さへ 我を帰すな 道の長手を〈路之長手呼〉（萬葉集七八一《七八四》）

などの例があるが、ナガテ［長道］はナガチ［長路］「天離《あまざか》る 鄙《ひな》の長道《なが（ち）》を〈比奈乃奈我道乎〉恋《こ》ひ来《く》れば 明石《あかし》の門《（と）》より 家《いへ》のあたり見ゆ」（萬葉集三六〇八《三六二〇》）と母音交替の関係ととらえられ、テ［道］はチ［路］「岐〈略〉道の別るるなり 知万太《チマタ》〈知万太〉」（新撰字鏡）と母音交替の関係と見られる。

テ［方］

また、方向を表す接尾語テ［方］も、「手」と表記されることがあり、

ウシロデ［後方］……木幡《こはた》の道《みち》に 逢《あ》はしし嬢子《をとめ》 後手《うしろで》は〈宇斯呂傳波〉小楯《をだて》ろかも……（古事記・応神・四二）

などの例があるが、これも接尾語チ［方］「日下部《くさかべ》の 此方《こち》の山《やま》と〈許知能夜麻登〉畳薦《たゝみこも》 平群《へぐり》の山《やま》の…」（古事記・雄略・九一《九〇》）と母音交替の関係と見られる。そして、接尾語テ［方］はテ［道］の接

尾語化したものと、接尾語チ［方］はチ［路］の接尾語化したものととらえられる。(1)
ところで、テ［手］と、これらテ［道］・テ［方］との関係はどうであろうか。テ［方］は行く道の方向を表すと見られるが、手でその方向を示すと見て両者を関連づけてとらえることもできそうである。しかしながら、類聚名義抄に

テ　手テ（平）（観仏下本三八［20ウ］）

チマタ　街チマタ（上上上）（高24オ）

とあり、テ［手］は平声、テ［道］の母音交替と見られるチ［路］は上声で、アクセントが異なるので、金田一法則（「はしがき」参照）により別語ととらえるのがよいと考えられる。

被覆形タ［手］と接頭辞タ

テ［手］の被覆形タ［手］は、基本的に複合語の前項として用いられ、名詞（動詞連用形が名詞化したものを含む）を下に伴う例、現代語のノに当たる連体の助詞ナを介して名詞を下に伴う例、動詞を下に伴う例が見える。

タ［手］＋名詞の例

まず、タ［手］＋名詞（動詞連用形が名詞化したものを含む）の例をいくつか挙げる。

タマクラ［手枕］　……うち行《ゆ》きて　妹が手枕《たまくら》〈妹我多麻久良〉さし交《か》へて　寝《ね》ても来《こ》ましを……

（萬葉集三九七八《四〇〇二》）

タモト［手本］……娘子《をとめ》らが　娘子《をとめ》さびすと　韓玉《からたま》を　手本《たもと》に巻《ま》かし〈多母等尓麻可志〉……〈萬葉集八〇四（八〇八）〉

タツカヅヱ［手束杖］……手束杖《たつかづゑ》〈多都可豆恵〉腰《こし》にたがねて　か行《ゆ》けば　人《ひと》に厭《いと》はえ　かく行《ゆ》けば　人《ひと》に憎《にく》まえ……〈萬葉集八〇四（八〇八）〉

タクジリ［手抉］八十《やそ》平瓮《ひらか》　天手抉《あめのたくじり》八十枚《やそち》手抉、此をば多衢餌離《タクジリ》と云《い》ふ。〈天手抉八十枚手抉　此云多衢餌離〉厳瓮《いつへ》を造作《つく》りて〈日本書紀・神武天皇即位前〉

タノゴヒ［手巾］手巾　修復山陵故事に云《い》はく、白紵手巾廿枚手巾、和名、太乃古比《タノゴヒ》。〈白紵手巾廿枚手巾（一一）和名　太乃古比〉といふ〈和名類聚抄・二十巻本十四〉

タムケ［手向］恐《かしこ》みと　告《の》らずありしを　み越路《こしぢ》の　手向《たむけ》に立《た》ちて〈多武氣尓多知弖〉妹《いも》が名告《の》りつ〈萬葉集三七三〇（三七五二）〉

右のうち、タモト［手本］は、やや下って、タモト［手本］を覆う衣類の部分を表すところの

タモト［袂］秋の野の　草のたもとか　花すすき　ほにいでてまねく　袖と見ゆらむ〈古今集二四三〉

としても用いられる。タツカヅヱ［手束杖］は、手でつかむ杖の意で、［タ［手］＋ツカ［束］］＋ツヱ［杖］の構成と見られる。

また、タクジリ［手抉］・タノゴヒ［手巾］・タムケ［手向］は、動詞連用形が名詞化したものを下に伴う例である。このうち、タムケ［手向］は、神仏に物を捧げて、特に道中の無事を祈ることを表

すが、タムケする場所、すなわち、峠の意となるものである。峠《とうげ》は、タムケ↓タウゲ↓トウゲの変化によるものである。トウゲの形になるのは江戸時代初頃と見られる。

タ［手］＋ナ〔連体〕＋名詞の例

次に、タ［手］＋ナ〔連体〕＋名詞の例を挙げる。

タナゴコロ［掌］　掌　四声字苑に云《い》はく、掌（略）和名、太那古《タナゴ》〻路《ロ》。日本紀私記に云はく、手掌、太奈《タナ》曽古《ソコ》といふ。〈掌（一）（略）和名　太那古〻路　日本紀私記云　手掌　太奈曽古〉は手の心なりといふ（和名類聚抄・十巻本二）

タナスヱ［手端・手末］　是《ここ》を以《もち》て、手端《たなすゑ》の吉棄物《よしきらひもの》、足端《あなすゑ》の凶棄物《あしきらひもの》有《あ》り〈有（二）手端吉棄物　足端凶棄物（一）〉。（略）手端吉棄、此をば多那須衛能余之岐羅毗《タナスヱノヨシキラヒ》と云ふ〈手端吉棄　此云（二）多那須衛能余之岐羅毗（一）〉。（日本書紀・神代上・第七段一書第二）

タナソコ［手掌・掌］　手掌《たなそこ》も憀亮《やらら》に手掌憀亮、此をば陁那則擧謀耶羅〻爾《タナソコモヤラヽニ》。〈手掌憀亮手掌憀亮　此云陁那則擧謀耶羅〻爾〉拍《う》ち上《あ》げ賜《たま》ひつ（日本書紀・顕宗天皇即位前）

右のうち、タナゴコロ（和名類聚抄）の例に見えるタナソコ「太奈曽古」は、右のタナソコ（日本書紀・顕宗天皇即位前）の例に基づくと見られる。

タ［手］＋動詞の例

そして、タ［手］＋動詞の例を挙げる。

タスク［助］　……天地の　神相《あひ》うづなひ　皇祖《すめろき》の　み霊助《たす》けて〈御霊多須氣弖〉……〈萬葉集四〇

九四《四一一八》）

タヅクル［手作］ 大和《やまと》の 忍《おし》の広瀬《ひろせ》を 渡《わた》らむと 足結手作《あよひたづく》り〈阿庸比陁豆矩梨〉 腰作《こしつく》らふも（日本書紀・皇極・一〇六）

タニギル［手握］ ……剣大刀《つるぎたち》 腰《こし》に取《と》り佩《は》き さつ弓《ゆみ》を 手握《たにぎ》り持《も》ちて〈多尓伎利物知提〉……（萬葉集八〇四《八〇八》）

タバサム［手挟・手插］ ……梓弓 八つ手挟《たばさ》み〈八多婆佐弥〉 ひめ鏑《かぶら》 八つ手挟《たばさ》み〈八多婆佐弥〉……（萬葉集三八八五《三九〇七》）

タヲル［手折］ 秋《あき》の野に 露負《つゆお》へる萩《はぎ》を 手折《たを》らずて〈多乎良受弖〉 あたら盛《さか》りを 過《す》ぐしてむとか（萬葉集四三一八《四三四二》）

これらが表す動作は、いずれも手で行うことと見られる。

右のうち、タスク［助］は、「助《ス》クに接頭語タがついたもの。」（『時代別国語大辞典上代編』）とされて、タスク［助］のタをタ［手］ではなく接頭辞タと見るとらえ方もあり、いずれと見るのがよいか考える必要がある。

接頭辞タ＋動詞の例

それで、接頭辞タ＋動詞の例を挙げることにする。

タバカル［慮・計］ 今時《いま》の深智の人、神功も亦測《またタバカ》リ罕《がた》し〈神功二宇《［亦罕］》（レ）測《測太波加利》〉（日本霊《にほんりょう》異記《いき》・上序・興福寺本）

タバシル［激］ 霜の上に あられた走《ばし》り〈安良礼多婆之里〉 いや増《ま》しに 我《あれ》は参《ま》ゐ来《こ》む 年の緒長《なが》く（萬葉集四二九八《四三二二》）

タモツ［有・存］ 能ク勝位にして永ク安寧なるを保タ《タモ》令《シ》メ、（西大寺蔵金光明最勝王経《こんこうみょうさいしょうおうぎょう》 平安初期点・春日政治氏釈文）

タモトホル［廻］ ……渋谿《しぶたに》の 崎《さき》たもとほり〈佐吉多母登保理〉 松田江《まつだえ》の 長浜《ながはま》過ぎて……（萬葉集三九九一《四〇一五》）

これらが表す動作は、タモツ［有・存］を暫《しばら》く別にして、手で行うことではないと見られる。別にするタモツ［有・存］は、そのタをタ［手］と見る、すなわち、本来、手で持つことを表す可能性も考えられないではない。

接頭辞タ＋形容詞の例

また、接頭辞タ＋形容詞の例もある。

タドホシ ……玉鉾《たまほこ》の 道をた遠《どほ》み〈道乎多騰保美〉 山川の 隔《へ》りてあれば……（萬葉集三九五《三九》七《七九》）

タフトシ［貴・尊］ 赤玉《あかだま》は 緒《を》さへ光《ひか》れど 白玉《しらたま》の 君《きみ》が装《よそ》し 貴《たふと》くありけり〈多布斗久阿理祁理〉（古事記・神代・七）

タヤスシ［輒］ 言に言へば 耳《み》にたやすし〈三ゝ二田八酢四〉 すくなくも 心の中に 我が思はなくに（萬葉集二五八一《二五八六》）

これらについては、形容詞に上接するタがタ［手］であることは考えにくいと見られる。よって、

タヨワシ　岩戸割る　手力《たぢから》もがも　手《た》弱き〈手弱寸〉女にしあれば　すべの知らなく（萬葉集四一九）

は、「〈手弱寸〉」のように「手」と表記されているけれども、接頭辞タと見るのがよいと考えられる。

なお、現代語のトウトイ［尊］は、タフトシ→タウトシ→タウトイ→トウトイの変化によるものであり、タフトシは、接頭辞タ＋フトシ［太］の構成であって、古代語においてフトシ［太］はタカシ［高］・ヒロシ［広］と並んで、ほめ言葉として用いられるものであった。

ここに、類聚名義抄を見ると、タ［手］は、

タノゴヒ　手巾太能古比（平平上平）（図二七七）

タムケノカミ　道神（一）タムケノカミ（平平平〇〇〇）（観法下一［2オ］）

タナソコ　掌タナソコ（平平上平）（観仏下本三八［20ウ］）

のように平声であり、接頭辞タは、

タバカル　擢タバカル（上上上平）（観仏下本四〇［21ウ］）

タモツ　域タモツ（上上平）詩（図二三八）

タフトシ　貴タフトシブ（上上上〇平）（高40オ）

タヤスシ　易タヤスシク（上上〇〇〇）（観仏中九〇［46ウ］）

のように上声であって、アクセントが異なっているので、両者を区別することができる。(2)そして、

タスク　忱多須久（平平上）（図二七三）

のように、タスク［助］の夕は平声であるので、『時代別国語大辞典上代編』の述べるところとは異なり、タスク［助］の夕は夕［手］と見るのがよいことになる。また、タモツ［有・存］の夕は上声であるので、夕［手］と見る可能性もないではなかったが、接頭辞夕と見るのがよいことになる。

テダスケ［手助］　一人御てたすけのためにまい《〔ゐ〕》るべきよし仰下さる（はるのみやまぢ〔飛鳥井雅有〕・弘安三[1280]年八月廿六日）

とすると、下って鎌倉時代以降に見えるテダスケ［手助］は、タスク［助］の表す動作が手で行うことの他にも拡大し、タスケの夕が夕［手］であることが明確でなくなって、手で行う動作であることを明確にするためにさらにテ［手］を上に伴ったものと考えられる。(3)

タナビク

タナビク［棚引］　後《おく》れ居て　我はや恋ひむ　春霞　たなびく山を〈多奈妣久山乎〉君が越え去なば（萬葉集一七七一 一七七五）　ここにして　家やもいづち　白雲の　たなびく山を〈棚引山乎〉越えて来にけり（萬葉集二八七 二九〇）

は、接頭辞タ＋ナビク［靡］「稲筵《いなむしろ》　川副柳《かはそひやなぎ》　水行《みづゆ》けば　靡《なび》き起《お》き立《た》ち〈儺弭企於己陁智〉その根《ね》は失《う》せず」（日本書紀・顕宗即位前・八三）の構成かとも見られるが、タナグモル「曀（略）太奈久毛礼利《タナグモレリ》〈太奈久毛礼利〉又久留《クル》　又久《ク》毛《モ》利《リ》天《テ》風《かぜ》吹《ふ》く」（新撰字鏡・享和本）・トノグモル「この見《み》ゆる　雲《くも》ほびこりて　との曇《ぐも》り〈等能具毛理〉雨《あめ》も降《ふ》らぬか　心足《こころだ》らひに」（萬葉集四一二三 四一四七）のような、一面にの意の接頭語タナ・トノがあるので、接頭語タナ＋ヒク［引］「…白《しろ》たへの 袖《そでを》折り返し 紅《くれなゐ》の 赤裳《あかも》裾《すそ》引《び》き〈安可毛須蘇妣伎〉…」（萬葉集三九七三 三九九六）の構成と見る可能性もある。そのいずれと見るのがよいかであるが、

トノビク 大君《おほきみ》の 命《みこと》恐《かしこ》み 青雲《あをくむ》の とのびく山《やま》を〈等能妣久夜麻乎〉越《こ》よて来《き》ぬかむ（萬葉集四四〇三 四四二七・防人歌）

の例があるので、接頭語タナ＋ヒク［引］の構成と見る方がよいと考えられる。類聚名義抄のアクセントから見ても、

タナビク　靄タナビク（上上上〇）（観僧上二七［15オ］）
ナビク　弭ナビク（平平上）（観仏中五［4オ］）
ヒク　引ヒク（上平）（高42オ）

のようであるので、タナビク（上上上〇）は、タ（上）＋ナビク（平平上）と見るより、タナ（上上か）＋ヒク（上平）と見る可能性の方が高いと考えられよう。

トル［取・執・捕］

トル

トル［取・執・捕］ ちはやぶる 宇治《（う）ぢ》の渡《わた》りに 棹取《さをと》りに〈佐袁斗（甲）理迩〉速《はや》けむ人し 我《わ》が仲間《もこ》に来《こ》む（古事記・応神・五〇） 雲雀《ひばり》は 天《あめ》に翔《かけ》る 高行《たかゆ》くや 速総別《はやぶさわけ》 鷦鷯取《さざきと》らさね〈佐耶岐登（乙）良

佐泥〉（古事記・仁徳・六八） 略トル（平上）（類聚名義抄・高103ウ）

トル［取・執・捕］のトは、タ［手］・テ［手］の母音交替と見られる。すなわち、トル［取・執・捕］は典型的な手で行う動作であると考えられる。類聚名義抄に見えるアクセントも、右に示したようにトルのトは平声であるので、先に見たように平声であるところのタ［手］・テ［手］と母音交替と見てよいと考えられる。

トの上代特殊仮名遣の混同

トル［取・執・捕］のトは、古事記・日本書紀の歌謡（記紀歌謡）においても上代特殊仮名遣の甲乙両例があり、右の古事記歌謡（応神・五〇）の例は「斗」とあり甲類であるのに対して、同（仁徳・六八）の例は「登」とあり乙類である。

ト（・ド）の甲乙両例が見える語に、他にトフ［問・訪］・トク［解］・アト［足・跡］・タドキ［跡状・態］・イト［甚］などがある。萬葉仮名「斗」の他に「刀」「都」はト甲類、「度」はド甲類であり、「登」の他に「止」「等」はト乙類、「杼」「騰」はド乙類である。

トフ［問・訪］ さねさし 相模《さがむ》の小野《をの》に 燃《も》ゆる火《ひ》の 火中《ほなか》に立《た》ちて 問《と》ひし君《きみ》はも〈斗(甲)比斯岐美波母〉（古事記・景行・二四） ……下訪《したど》ひに〈志多杼(乙)比尓〉我《わ》が訪《と》ふ妹《いも》を〈和賀登(乙)布伊毛袁〉下泣《したな》きに 我《わ》が泣《な》く妻《つま》を……（古事記・允恭・七八）

トク［解］ 万代《よろづよ》に 心《こころ》は解《と》けて〈許己呂波刀(甲)氣氐〉我《わ》が背子《せこ》が 摘《つ》みし手見つつ 忍《しの》びかねつも（萬葉集三九四〇 三九六二） ……大刀《たち》が緒《を》も 未《いま》だ解《と》かずて〈伊麻陁登(乙)迦受弖〉 襲《おすひ》をも 未《いま》だ解《と》かねば

〈伊麻陁登(乙)加泥［婆］〉……（古事記・神代・二）
アト［足・跡］……足取《あとと》り〈阿都(甲)圖唎〉端取《つまど》りして 枕取《まくらと》り 端取《つまど》りして……（日本書紀・継体・九六）御《み》足《あ》跡《と》作《つく》る〈美阿止(乙)都久留〉石《いし》の響《ひび》きは 天《あめ》に到《いた》り 地《つち》さへ揺《ゆ》すれ 父母《ちゝはゝ》がために 諸《もろ》人《ひと》のために（仏足跡歌一）
タドキ［跡状・態］ 大舟の 上《うへ》にし居れば 天雲《あまくも》の たどきも知《し》らず〈多度(甲)伎毛思良受〉歌ひこそ 我《わ》が背《せ》（萬葉集三八九八〔三九一七〕）……たまきはる 命惜《いのちを》しけど せむすべの たどきを知《し》らに〈多騰(乙)伎乎之良尓〉……（萬葉集三九六二〔三九八四〕）
イト［甚］ 天の川 いと川波は〈伊刀(甲)河浪者〉立《た》ゝねども さもらひ難し 近きこの瀬を（萬葉集一五二四〔一五二八〕）春の雨は いやしき降るに 梅の花 いまだ咲かなく いと若みかも〈伊等(乙)若美可聞〉（萬葉集七八六〔七八九〕）

トフ［問・訪］のトは、日本書紀歌謡の二例はいずれも甲類、古事記歌謡の六例は四例が甲類、二例が乙類であり、萬葉集には両例が見えるので、本来は甲類である可能性が高いと考えられる。トク［解］のトは、記紀歌謡では全て乙類で、萬葉集でもほとんどは乙類であるので、本来は乙類であると見られる。アト［足・跡］のトは記紀歌謡・萬葉集では甲類であり、仏足跡歌では乙類であるので、本来は甲類であると見られる。タドキ［跡状・態］は、タ［手］＋ツキ［付］の構成と見られるタヅキ［跡状］「梓弓 末のたづきは〈末乃多頭吉波〉知らねども 心は君に 寄りにしものを」（萬葉集二九八五・一云〔二九九八〕）の母音交替ととらえられるところからすると、ウ列―オ列甲類の母音交替の多いこと

（第二章二参照）から見て、そのドは本来は甲類であると考えられる。イト［甚］は、阪倉篤義氏『語構成の研究』(4)に、甲乙両例に意味の差があるとする説がある。

今一つ、場所を表すト［処］も甲乙両例がある。(5) 例えば、クマト［隈処］「葦垣《あしかき》の 隈処《くまと》に立《た》ちて〈久麻刀(甲)尓多知弖〉 我妹子《わぎもこ》が 袖《そで》もしほゝに 泣《な》きしそ思《も》はゆ」（萬葉集四三五七《四三八一》・防人歌）のトは甲類であり、ホト［陰・秀処］「次に、火《ひ》之《の》夜《ヤ》藝《ギ》速男神《はやをのかみ》夜藝二字は音を以ゐよ。を生みき。（略）此《こ》の子を生みしに因《よ》りて、美蕃登《ミホト》此の三字は音を以ゐよ。〈美蕃登(乙)此三字以音〉を炙《や》かえて病み臥《ふ》して在《あ》り。」（古事記・神代）のトは乙類である。

なお、アト［足・跡］は、ア［足］「足《あ》の音《おと》せず〈安能於登世受〉行《ゆ》かむ駒《こま》もが 葛飾《かづしか》の 真間《まま》の継《つ》ぎ橋《はし》 止《や》まず通《かよ》はむ」（萬葉集三三八七《三四〇五》・東歌）＋ト［処］（前掲クマト［隈処］の例）の構成ととらえられ、アトのみで足跡・足下の意に用いられる。やや下って、アシアト［足跡］「水ノ北岸ニ盤石ノ上ニ佛ノ脚跡《アシアト》有(反)(リ)、」（興福寺蔵大慈恩寺三蔵法師伝《だいじおんじさんぞうほうしでん》 永久四[1116]年点・築島裕氏釈文）は、アトが足跡に限らず痕跡・遺跡・背後・前例および後《のち》などの意にも用いられるようになり、それらとの区別の必要からアシ［足］を上に伴ったものととらえられる。

このように、本来は甲類と見られるものも、本来は乙類と見られるものもあり、また、上代の中で下ると甲乙両例が見えるものが多いが、トル［取・執・捕］の場合は、記紀歌謡に甲乙両例があることから見て、本来は甲類とも乙類とも決めにくいと言える。

ところで、先にタ［手］・テ［手］とトル［取・執・捕］のトとが母音交替と見られると述べたが、この交替は、マ［目］・メ［目］—モル［守］—ミル［見］の母音交替に近似している。ただ、ミル［見］に当たるチルの例は見当たらない。マ［目］・メ［目］—モル［守］—ミル［見］については、後に第二章四に見る。

タク［手］・タタク

タク［手］

タク［手］　大舟を　荒海に漕ぎ出で　八舟たけ〈八船多氣〉我が見し児《こ》らが　まみは著《しる》しも（萬葉集一二六六《一二七〇》）……石瀬野に　馬だき行《ゆ》きて〈馬太伎由吉氏〉をちこちに　鳥踏《ふ》み立て……（萬葉集四一五四《四一七八》）たけばぬれ〈多氣婆奴礼〉たかねば長き〈多香根者長寸〉妹が髪　このころ見ぬに　掻き入れつらむか（萬葉集一二三）　振分の　髪を短み　青草を　髪にたくらむ〈髪尓多久濫〉妹をしそ思《おも》ふ（萬葉集二五四〇《二五四五》）

タク［手］は、船を漕ぐ意、馬を操る意、また、髪を整えるなどする意に用いられているが、これらはいずれも手で行う動作であり、タ［手］が接尾辞クを伴ったものと見られる。『時代別国語大辞典上代編』には、「髪タク・舟タク・馬タクの三つを、もとは同じ何か手の動作をあらわす語と考えることは許されるであろう。」とあり、『岩波古語辞典』には、合わせて「《腕を働かして事をする意》」とある。舟タク・馬タク・髪タクに限らず、手を働かせて事を行う意と見ることができる。

タタク

タタク　……そ擁《だた》き〈曽陁多岐〉擁《たゝ》き抜《まな》がり〈多〻岐麻那賀理〉ま玉手《たまで》　玉手《たまで》さし巻《ま》き……（古事記・神代・三）……妹《いも》が手《て》を　我《われ》に巻《ま》かしめ　我《わ》が手《て》をば　妹《いも》に巻《ま》かしめ　真栄葛《まさきづら》　擁《たゝ》き叉《あざ》はり〈多〻企阿蔵播梨〉……（日本書紀・継体・九六）

タタク［叩］　門《かど》をたゝきて、くらもちの皇子《みこ》おはしたり、と告《つ》ぐ（竹取物語）　室の戸を叩《タ、》キテ白《まを》さく〈叩㆓室戸㆒白《叩タ、キテ》〉（日本霊異記《にほんりょういき》・下十七・真福寺本）

タタク（古事記・神代・三、日本書紀・継体・九六）は、叩く意、手抱く意、あるいは、撫でる意のようにいろいろな解釈のあるところであるが、蜂矢『国語重複語の語構成論的研究』(6)に見たように、タタク［叩］も含めて、タク［手］のタ［手］の重複が接尾辞クを伴ったものととらえ、タク［手］の反復（・継続）を表すと考えたい。そして、タタク［叩］もタタクの一種と見ることができる。

なお、タタクとともに用いられるマナガルは、マヌカル「一切の怖畏を脱《マヌカ》ル、こと得む。」（西大寺蔵金光明最勝王経《こんこうみょうさいしょうおうぎょう》平安初期点・春日政治氏釈文）と連関してとらえられる可能性もあるが、「未詳。」（『時代別国語大辞典上代編』）とされる。同じくアザハル「群言紛糺《マガヒアザハ》リテ異議舛《タガヒ》ニ馳《ハ》ス。」（興聖寺蔵大唐西域記《だいとうさいいきき》十二平安中期点・曽田文雄氏釈文）は、「もつれあう。からみあう。交差する。」（『時代別国語大辞典上代編』）の意とされる。

タ［手］＋タク［手］説

蜂矢前掲書にも見たが、これとは別に、タタクをタ［手］＋タク［手］ととらえる説がある。福田良輔氏「「ソダタキ・タタキ」管見」(7)がそれで、「「タタク」は「手《た》」と手を働かす意味の四段活用動詞「タク」との合成語であって、「手を働かせ（つづけ）る」ことを意味するものであり、「手抱《たむだ》く」とは意味を異にする動詞と解すべきである。」と述べられる。土橋寛氏『古代歌謡全注釈古事記編』(8)も、「タクが「手ク」であることが忘れられると、新たに上に「手」を冠して「手タ《タ》ク」となったものであろう。」とされ、福田氏が「撫でる」意に、土橋氏が「抱擁」の意に解するという差違はあるが、タタクをタ［手］＋タク［手］ととらえる点では同様である。

土橋氏前掲書は、マモル［目守］「…木の間《こま》もよ い行《ゆ》き目守《まも》らひ〈伊由岐麻毛良比〉…」（古事記・神武・一四）に対して、

モルは元来（略）見守る意であるが、用法が拡大されて守る意に用いられるようになると、見守る意を表わすのに目を添えて「目守ル《マモ》」と言い、そのマモルの用法がまた拡大されて守る意味に用いられると、上に見を添えて「見守ル《ミマモ》」となる。「手ク《タ》」が「手タク《タ》」となる（記3）のと同じ過程であろう。

とも述べられている。マモル［目守］が、「目《マ》=守《モ》ルの意。」（『時代別国語大辞典上代編』）とされるように、メ［目］の被覆形マ［目］＋モル［守］「筑波嶺《ね》の をてもこのもに 守部《もりへ》すゑ〈毛利敝須恵〉母《はは》い守《も》れども〈波播已毛礼杼母〉魂《たま》そ合《あ》ひにける」（萬三三九三《三四一一》・東歌）の構成ととらえられることを合わせ考えると、タタクを被覆形タ［手］＋タク［手］の構成と見る可能性はあると見られる。

一音節語基の重複＋接尾辞

しかしながら、蜂矢前掲書に見たことであるが、

ツク［突］ 大魚《おふを》よし 鮪突《しびつ》く海人《あま》よ 〈斯毗都久阿麻余〉 其《し》が離《あ》れば うら恋《ごほ》しけむ 鮪突《しびつ》く志毗（しび）〈志毗都久志毗〉（古事記・清寧・一〇九 一一〇）—ツック［啄］ ……したゞみを い拾ひ持ち来て 石もち つつき破（やぶ）り 〈都追伎破夫利〉……（萬葉集三八八〇 三九〇二）

フク［吹］ 狭井川《さゐがは》よ 雲立《くもた》ち渡《わた》り 畝火山《うねびやま》 木《こ》の葉《は》さやぎぬ 風吹《かぜふ》かむとす 〈加是布加牟登須〉（古事記・神武・二〇）—フフク［噴］(9) 雨風《かぜ》いみじく降りふゝく（蜻蛉日記） 噴（略）ハク フ、ク（平平上）フキクタス フク（平上）（類聚名義抄・観仏中二八［15ウ］）

などのように、一音節語基が接尾辞を伴ったものと、同じ一音節語基の重複が接尾辞を伴ったものとが対応する例が他にいろいろ見えるところからすると、タク［手］—タタク（タタク［叩］を含む）もその対応の中に入れられて、タタクは一音節語基であるタ［手］の重複が接尾辞クを伴ったものととらえるのがよいと考えられる。(10)

今、十分には述べられないが、意味の「拡大」(11)、ないし、意味が「忘れられる」ことに対して、拡大した意味のものと区別する、ないし、意味を明確化するために、同様の意の要素を上に伴う場合に、全く同じ形態の要素を伴うのではなく、先にふれたテ［手］＋タスケ［助］、アシ［足］＋アト［足跡］、マ［目］＋モル［守］、ミ［見］＋マモルなどのように、何らかの形で形態の異なる要素を伴う(12)のが通常であるかと見られる。その点から見ても、タ［手］＋タク［手］ととらえるよりは、タ

〔手〕の重複がクを伴ったものととらえるのがよいと考えられよう。

タタカフ〔戦・闘〕

タタカフ〔戦・闘〕……木《こ》の間《ま》もよ い行《ゆ》き目守《まも》らひ 戦《たたか》へば〈多多加閇婆〉我《われ》はや飢《ゑ》ぬ……（古事記・神武・一四）一《ひとり》の大僧有り、斧を執《と》りて父を毆《タヽカ》フ〈執(レ)斧毆(レ)父《毆太ゝ加不》〉（日本霊異記《にほんりょういき》・上五・興福寺本、国会図書館本は《毆打也》）

タタカフ〔戦・闘〕は、タタク〔叩〕が助動詞フ〈反復・継続〉を伴ったものととらえられる。タタク〔叩〕＋アフ〔合〕の約《つづ》まったものと見る可能性もありそうであるが、右の日本霊異記の例は、叩き続ける意と見られて、タタク＋フの構成ととらえる方がよいと考えられる。スマフ〔住〕「天離《あまざか》る鄙《ひな》に五年《いつとせ》住《す》まひつゝ〈周麻比都ゝ〉都《みやこ》のてぶり忘《わす》らえにけり」（萬葉集八八〇《八八四》）が、スム〔住〕「他国《ひとくに》は住《す》み悪《あ》しとそいふ〈須美安之等曽伊布〉速《すむや》けくはや帰《かへ》りませ恋《こ》ひ死《し》なぬとに」（萬葉集三七四八《三七七〇》）＋フ〈反復・継続〉の構成ととらえられ、スム〔住〕＋アフ〔合〕の約まったものとはとらえにくいことと合わせて見る際に、ある場合は〜＋フ〈反復・継続〉、ある場合は〜＋アフ〔合〕の約まったものととらえるより、いずれも〜＋フ〈反復・継続〉ととらえるのがよいと考えられよう。タタカフ〔戦・闘〕の古事記歌謡の例のように、意味の上でタタク〔叩〕＋アフ〔合〕ととらえられそうなものは、反復・継続、とりわけ反復の場合に、その動作の主体が常に一定であるとは見ないことでよい、つまり、Aが（Bを）叩き、また、Bが（Aを）叩く、というのも、叩くの反復であると見ればよい、そのように動作の反復をとらえるのがよいと考えられる。

以上、テ［手］、タ［手］、トル［取・執・捕］、タク［手］、タタクなどについて見た。(13)

注

（1）テ［道］・チ［路］、接尾語テ［方］・同チ［方］については、蜂矢「チ［路］とミチ［道］」（『萬葉集研究』30［2009・3 塙書房］）参照。

（2）これらのことについては、蜂矢「日本霊異記訓釈「波リ天」考」（「訓点語と訓点資料」80［1988・6］）参照。

（3）尤も、現代語のテダスケ［手助］は常に手で行う動作であるとは限らないので、さらに意味が拡大したと考えられる。

（4）［1965・5 角川書店］第二篇第二章第二節

（5）第二章二に、ト｜［処］とされる例のいくつかはト｜［門］ととらえられることについて述べたので、それを別にして考える。

（6）［1998・4 塙書房］第三篇第四章

（7）「文藝と思想」（福岡女子大学）18［1959・11］

（8）［1972・1 角川書店］

（9）フフク［噴］は、下ると、フブク［吹雪］「Fubuqi, u, uita. 雪を伴って風が吹く。」（日葡辞書）のように、第二音節の清濁も、雪を伴うか否かの意味も変化する。

（10）ただ、蜂矢前掲書には、タタク［叩］とツック［突］とが母音交替ととらえられると述べたが、タタク「叩タ、ク（平平上）」（類聚名義抄・観仏中四二［22ウ］）、ツク「踵ツク巽（上平）」（類聚名義抄・図一〇九）のように、タタクと、ツク［突］のツの重複が動詞化接尾辞クを伴ったものがツックと見られるところのツクとはアクセントが異なるので、そのように見るのは難しい。

なお、タタクの語頭のアクセントは平声であり、タ［手］の重複がクを伴ったととらえる場合にも、タ［手］＋タク［手］ととらえる場合にも、タ［手］と一致している。

(11) 土橋氏前掲書は「用法」の「拡大」とされるが、意味の「拡大」とする方がよいと考えられる。

(12) 要素を下に伴う例として、ツムジカゼ［旋風］（第三章一(二)参照）におけるツムジ［飄］のシ［風］とカゼ［風］の例がある。下る例であるが、江戸時代以降に見える「湯《ゆ》＋湯婆《たんぽ》」の「湯《ゆ》」と「湯《たん》」や、現代の徳島の名産である「竹《たけ》＋竹輪《ちくわ》」の「竹《たけ》」と「竹《ちく》」のように、また、要素を下に伴う例として、江戸時代以降に見える「豌豆《えんどう》＋豆《まめ》」の「豆《とう》」と「豆《まめ》」のように、音訓が異なるものもある。

(13) 以上のことの多くについては、蜂矢「テ［手］とその周辺」（『待兼山論叢 文学篇』（大阪大学）42［2008·12］）参照。

四　マ［目］・メ［目］など

メ［目］

メ［目］とそれに連関するいくつかの語について、上代を中心とする例を挙げて述べる。

淡海《あふみ》の海《み》　瀬田《せた》の渡《わた》りに　潜《かづ》く鳥《とり》　目《め》にし見《み》えねば　〈梅珥志弥曳泥麼〉　悒《いきどほ》ろしも（日本書紀・神功・三〇）

メ［目］は、被覆形マ［目］に対する露出形である（「はしがき」参照）。

……片淵《かたふち》に　網張《あみは》り渡《わた》し　目《め》ろ寄《よ》しに　〈妹慮豫嗣尓〉　寄《よ》し寄《よ》り来《こ》ね　石川片淵《いしかはかたふち》（日本書紀・神代・三）

この例は、網の目の意に用いられているが、ものの結び目・合わせ目の意を表すものである。

ユメ［夢］

メ［目］の複合語の中でおもしろいのは、ユメ［夢］である。

ユメ［夢］　寝《ね》ぬるよの　ゆめをはかなみ　まどろめば　いやはかなにも　なりまさるかな（古今集・仮名序、古今集六四四も同歌）

ユメ［夢］は、上代ではイメ［夢］である。

イメ［夢］　現《うつつ》には　逢《あ》ふよしもなし　ぬばたまの　夜《よる》の夢《いめ》にを〈用流能伊昧仁越〉継《つ》ぎて見《み》えこそ（萬葉集八〇七《八一二》）

『時代別国語大辞典上代編』（イメ［夢］の項の【考】）に、「上代では必ずイメという形で現われ、ユメという形はなかった。語源について、忌ムと関係づける説もあるが、やはり寐《イ》＝目《メ》と考えるべきであろう。」とあるように、イ［眠・寐］＋メ［目］の複合ととらえられ、また、上代ではイメであったものが、平安時代にはユメになるものである。

右に「忌ムと関係づける説もある」とあるので、イム［忌］についても見ておくが、

イム［忌］　月(の)顔《かほみ》見るは忌《い》むこと(と)制《せい》しけれ共《（ども）》（竹取物語）

のように、連体形イムの例が見えて四段動詞であるので、イメの形は已然形ないし命令形である。イム［忌］の上代の確例は見えないが、もし上代にイム［忌］があるとすると、四段動詞の已然形の活用語尾はエ列乙類（命令形の活用語尾はエ列甲類）であるので、イム［忌］の已然形イメのメも、イメ［夢］のメも、上代特殊仮名遣の乙類であって、そのことはこの説にとって都合がよいが、動詞の已然形が名詞化することはほとんど考えられず、名詞化するのは基本的に連用形であるので、この説は正しくないと言える。

　このように、イメ［夢］は、イ［眠・寐］＋メ［目］の複合ととらえられ、そのイ［眠・寐］は、

……ま玉手《たまで》　玉手《たまで》さし巻《ま》き　股長《もゝなが》に　眠《い》は寝《な》さむを〈伊波那佐牟遠〉……（古事記・神代・三）

のように、寝ることを表す名詞として用いられる。なお、ナスは、寝る意のヌ〔寝〕が助動詞ス〔尊敬〕を伴ったものである。

イメ〔夢〕は、寝ることを表すイ〔眠・寐〕とメ〔目〕との複合ととらえられて、寝て見るものの意であると考えられる。ユメ〔夢〕の形ではこのようなことは考えつきにくいが、上代に見えるイメ〔夢〕の形であれば知られることであると言ってよい。

被覆形マ〔目〕

露出形メ〔目〕に対する被覆形マ〔目〕は、基本的に複合語の前項として用いられ、名詞（動詞連用形が名詞化したものを含む）を下に伴う例、現代語のノに当たる連体の助詞ナ・ツないしノを介して名詞を下に伴う例、動詞を下に伴う例、形容詞を下に伴う例が見える。

マ〔目〕＋ナ・ツ・ノ〔連体〕＋名詞の例

まず、マ〔目〕が助詞ナ・ツ・ノ〔連体〕を介して名詞を下に伴う例を挙げる。

マナコ〔眼・眼精〕　眼睛（略）倭言、麻那古《マナコ》〈倭言　麻那古〉（大般若経音義《だいはんにゃきょうおんぎ》・石山寺本）

マナブタ〔瞼〕　瞼（略）目の表の皮なり　万奈不太《マナブタ》〈万奈不太〉（新撰字鏡）

マナジリ〔眦〕　眦　広雅に云《い》はく、眦（略）末奈之利《マナジリ》〈眦（略）末奈之利〉は目の裂くるなりといふ。遊仙窟《いうせんくつ》に云はく、眼の尾なりといふ。師説、訓は上に同じ。〈遊仙窟云　眼尾也師説　上訓同〔訓同上〕〉（和名類聚抄・十巻本二）

マナカヒ｜　……いづくより　来《きた》りしものそ　まなかひに〈麻奈迦比尓〉もとなかゝりて　安眠《やすい》しな
さぬ（萬八〇二）

マツゲ［睫］　眼睫《八〇六》（略）倭言、麻都奇《マツゲ》〈倭言　麻都奇〉（大般若経音義《だいはんにゃきょうおんぎ》・石山寺本）

マノアタリ［眼当・面・親］　え対面給《たいめむたま》はらぬ、まのあたりならずとも、さるべからん雑事等は、
うけ給はらん（源氏物語・帚木）

マナコ［眼・眼精］はマ［目］＋ナ〈連体〉＋コ｜［子］の構成、マナブタ［瞼］はマ［目］＋ナ〈連体〉＋フタ［蓋］の構成、マナジリ［眦］はマ［目］＋ナ〈連体〉＋シリ［尻・後］の構成、マナカヒはマ［目］＋ナ〈連体〉＋カヒ｜［交］の構成であり、また、マツゲ［睫］はマ［目］＋ツ〈連体〉＋ケ｜［毛］の構成であり、そして、マノアタリ［眼当・面・親］はマ［目］＋ノ〈連体〉＋アタリ［辺］の構成である。

マ［目］＋名詞の例

次に、マ［目］が名詞（動詞連用形が名詞化したものを含む）を下に伴う例を挙げる。

マド｜［窓］　窓闥交暎上、末土《マド》〈上　末土〉（略）（新訳華厳経音義私記《しんやくけごんきょうおんぎしき》）

マヘ｜［前］　……後《しり》つ戸《と》よ　い行《ゆ》き違《たが》ひ　前《まへ》つ戸《と》よ〈麻幣都斗用〉い行《ゆ》き違《たが》ひ……（古事記・崇神
・一二）

マケ｜［瞙］　瞙訓、末気《マケ》なり〈訓　末気也〉眼の暗きを云《い》ふなり（略）（新訳華厳経音義私記）

マグハヒ｜［合・交・目合］　然《しか》らば、吾《あれ》と汝《なむち》と、是《こ》の天《あめ》の御柱《みはしら》を行き廻《めぐ》り逢《あ》ひて、美斗能麻具波《ミトノマグハ》

比《ヒ》此の七字は音を以ゐよ。を為《せ》む〈為㆓美斗能麻具波比㆒此七字以音〉（古事記・神代）
マミ［目見］　まみなどはうとましけれど、楽《がく》もなを《〔ほ〕》いとおもしろし（枕草子）

マド［窓］がマ［目］＋ト［門］の構成であること、および、マヘ［前］がマ［目］＋ヘ［方］の構成であることについては、第二章二に述べた。マケ［瞙］は、「視力のおとろえる、一種の眼病。」（『時代別国語大辞典上代編』）の意とされ、「《マ（目）ケ（気）の意》」（『岩波古語辞典』）とあるように、マ［目］＋ケ［気］の構成と見られる。ケ［気］が病気を表す例には、脚気《かっけ》の意のアシノケ［脚気］「脚気　医家書に脚気論有り。脚気、一に云《い》はく、脚の病といふ。俗《ひと》の云はく、阿之乃介《アシノケ》といふ。〈醫家書有㆓脚氣論㆒脚氣　一云　脚病　俗云　阿之乃介〉」（和名類聚抄・十巻本二）、その時に流行《はや》る病の意のトキノケ［疫］「疫　説文に云《い》はく、疫（略）衣夜美《エヤミ》、一に云はく、度岐乃介《トキノケ》といふ。〈疫（略）衣夜美　一云　度岐乃介〉は民皆《たみみな》の病《やまひ》なりといふ」（和名類聚抄・十巻本二）がある。

マグハヒ［合・交・目合］は、「男女・夫婦の契りを結ぶこと。」（『時代別国語大辞典上代編』）の意であり、マ［目］が動詞クフ［食］＋助動詞フ〔反復・継続〕の連用形が名詞化したクハヒを伴ったものととらえられる。マミ［目見］は、目もと、目つきの意で、マ［目］が動詞ミル［見］の連用形が名詞化したミを伴ったものと見られる。

マ［目］＋動詞の例

そして、マ［目］が動詞を下に伴う例を挙げる。

マミユ［見・覲］　尊位に覲《まみ》ゆるときは、〈覲《マミ》㆓ユルときは尊位㆒に、〉余人をして座具を敷かしめぬ

が如くぞ。（東大寺図書館蔵金剛般若経《こんごうはんにゃきょう》讃述《さんじゅつ》 仁和元[885]年点・大坪併治氏釈文）

マジロク・マダタク　暄（略）万志呂久《マジロク》　又万太ゝ久《マダヽク》〈万志呂久　又万太ゝ久〉（新撰字鏡）

マミユ［見・覩］は、マ［目］＋ミユ［見］「千葉《ちば》の　葛野《かづの》を見《み》れば　百千足《ももちだ》る　家庭《やには》も見《み》ゆ〈夜迩波母美由〉国《くに》の秀《ほ》も見《み》ゆ〈久尒能冨母美由〉」（古事記・応神・四一）の構成と見られる。ミユ［見］は、「見ルの語幹に自発の意を表わすユがついてできた語。」（『時代別国語大辞典上代編』）とある。マダタクは、マ［目］＋タタク［叩］「門《かど》をたゝきて、くらもちの皇子《みこ》おはしたり、と告《つ》ぐ」（竹取物語）の構成と見られる。マジロクのマもマ［目］と見られて、シロクは、ミジロク「寝入《ねい》らで身《み》じろき臥《ふ》し給へれば」（宇津保物語・蔵開中）のシロクと同様であると見られ、「（古くは「しろく」）小さく動く。こまかく動く。他の語と結合して複合動詞をつくることが多い。」（『日本国語大辞典』〔初版・第二版とも〕シロクの項）とされる。

この他に、マモル［目守］があるが、後に挙げる。

マ［目］＋形容詞の例

マグハシ［目細］　下野《しもつけの》　三毳《みかも》の山《やま》の　こ楢《なら》のす　まぐはし児《(こ)》ろは　誰《た》がけか持《も》たむ（萬葉集三四二四《三四四三》・東歌）

マバユシ［目映］　つつめども　ほだにひとめの　しげきよに　あけばひかげの　まばゆからまし（中務集二五三）

マグハシ［目細］は、マ［目］＋クハシ［妙・細］「…蒜摘《ひるつ》みに　我《わ》が行《ゆ》く道《みち》に　香妙《かぐは》し〈伽遇破志〉

花橘《はなたちばな》…」（日本書紀・応神・三五）の構成と、マバユシは、マ［目］＋ハユシ［映］「おほむかへしきこえむもはゆければ、ゆふを御み丁のかたびらにゆひつけてたちぬ」（和泉式部集四五六詞書）の構成と見られる。

ミル［見］

ミル［見］のミは、マ［目］・メ［目］と母音交替と見られる。

ミル［見］千葉《ちば》の 葛野《かづの》を見《み》れば〈加豆怒袁美礼婆〉百千足《もゝちだ》る 家庭《やには》も見《み》ゆ 国《くに》の秀《ほ》も見《み》ゆ（古事記・応神・四一）

動詞の活用と上代特殊仮名遣との関係

ミル［見］は上一段動詞であるが、上一段動詞と上二段動詞とについて検討する必要があるので、上一段動詞と上二段動詞との活用語尾と上代特殊仮名遣との関係について見ておくことにしたい。

上一段動詞の活用語尾は、未然形がイ列甲類、連用形がイ列甲類、終止形がイ列甲類＋ル、連体形がイ列甲類＋ル、已然形がイ列甲類＋レ、命令形がイ列甲類＋ヨであり、六活用形にイ列甲類が用いられる。上二段動詞の活用語尾は、未然形がイ列乙類、連用形がイ列乙類、終止形がウ列、連体形がウ列＋ル、已然形がウ列＋レ、命令形がイ列乙類＋ヨであり、未然形・連用形・命令形にイ列乙類が用いられる。

上代特殊仮名遣の区別のあるイ列の音節は、キ・ヒ・ミとその濁音ギ・ビである。上一段動詞は終止形が二音節であるものが多く、その場合に、第二音節がルであるので、第一音節つまり語頭がイ列であり、和語で語頭に濁音が来ることは上代では擬音語しか例が見えないので、二音節語の語頭のイ列に濁音であるギ・ビが来ることはない。そして、右のように、上一段動詞のキ・ヒ・ミ（・ギ・ビ）は甲類であり、上二段動詞のキ・ヒ・ミ（・ギ・ビ）は乙類である。つまり、未然形・連用形・命令形にキ・ヒ・ミ（・ギ・ビ）の乙類が用いられていれば、上二段動詞と見るのがよいことになる。

上一段動詞

上一段動詞を分類して示すと、次のようである。

(イ)もとから上一段動詞のもの　キル［着］、ミル［見］

(ロ)本来は上二段動詞のもの　ヒル［乾・干］、ヒル［嚔］、ミル［廻・転］、ヰル［居］など

(ハ)どちらか不明のもの　ニル［似］、ニル［煮］、イル［射］、イル［鋳］、ヰル［率］など

(イ)のものは、キル・ミルのようにキ・ミが甲類であって、もとから上一段動詞であったと考えられる。(ロ)のものは、ヒ・ミが乙類であることなどから見て、本来は上二段動詞であったものが上一段動詞に変化したものと考えられる。(ハ)のものは、そのどちらであるか不明のものである。

以下、(ロ)のものについて述べることにする。このことについては、橋本進吉氏「上代に於ける波行上一段活用に就いて」[1]の研究があり、動詞フ［乾・干］、フ［嚔］、アラビル［荒］、ヰル［居・坐］について述べられており、また、有坂秀世氏「古動詞「みる」（廻・転）について」[2]の研究があり、動詞ミル［廻・転］について述べられている。それらを参照しつつ、例を挙げながら見て行きたい。

以下、上二段動詞の例には▼印を、上一段動詞の例には▽印を付して挙げることにする。

フ［乾・干］

▼フ［乾・干］ 熊襲梟帥《くまそたける》、二《ふたり》の女有《むすめあ》り。兄《え》を市乾鹿文《いちフかや》と曰《まう》す。乾、此をば賦《フ》と云《い》ふ。〈兄曰(二)市乾鹿文(一)乾 此云賦〉弟《おと》を市鹿文《いちかや》と曰《まう》す。（日本書紀・景行天皇十二年十二月） 妹《いも》が見《み》し 楝《あふち》の花《はな》は 散《ち》りぬべし 我《わ》が泣《な》く涙《なみた》 いまだ干《ひ》なくに〈伊摩陁飛那久尓〉（萬葉集七九八《八〇二》）

▽ヒル［干］ あしひきの 山べに今は すみぞめの 衣の袖は ひる時もなし（古今集八四四）

日本書紀の例は、訓注により、「熊襲梟帥《くまそたける》」の二人の娘の、姉の方の名「市乾鹿文《いちフかや》」の「乾」字をフと訓《よ》むものであり、乾く意に近いフという語があると見られて、上一段動詞ヒルであればフという活用形は見えず、上二段動詞であれば終止形はフであるので、上二段動詞であると見られる。また、萬葉集の例は、未然形ヒに乙類の萬葉仮名「飛」が用いられていて、上二段動詞である。古今和歌集の例は、連体形ヒルが用いられていて、上一段動詞と見られる。

平安中期初頃になると上一段動詞ヒルが見えるが、上代では上二段動詞フであって、例えば、『時代別国語大辞典上代編』には、フの項が立てられるが、ヒルの項は立てられていない。第一章六で、ヒルの例として右の萬葉集の例を挙げたが、その際にも述べたように、フの例とする方がよいものである。

ハナフ［嚔］など

▼ハナフ［嚔］ 眉根掻き 鼻ひ紐解け〈鼻火紐解〉待てりやも いつかも見むと 恋ひ来し我を

〈萬二八〇八〉 つぎねふ 山城川《やましろがは》に 蜻蛉嚏《あきづはな》ふく〈安支川波奈布久〉嚏《はな》ふとも〈波奈布止毛〉
我《あ》が愛者《はしもの》に二八一九 逢《あ》はずは止《や》まじ〈琴歌譜八・継根振〉

▽ハナヒル［嚏］ 鼻（略）玉篇に云《い》はく、嚏（略）波奈比流《ハナヒル》〈嚏（略）波奈比流〉といふ〈和名類聚抄・十巻本二〉

ハナフ［嚏］・ハナヒル［嚏］（・ハナフク［嚏］）は、くしゃみをする意であり、ハナ［鼻］＋フ［嚏］・ヒル［嚏］（・フク［吹］）の構成と見られる。

萬葉集の例は、ヒ乙類の萬葉仮名「火」が用いられていて、上二段動詞である。平安初期とされる琴歌譜の例は、終止形ハナフが用いられていて、上二段動詞と見られる。和名類聚抄の例は、終止形ハナヒルとあって、上一段動詞と見られる。

▽ヘヒル［屁］ 屁 四声字苑に云《い》はく、屁（略）（略）楊氏漢語抄に云はく、放屁、倍比流《ヘヒル》といふ。〈屁（一）（略）（略）楊氏漢語抄云 放屁（一） 倍比流〉は下部に気を出だすなりといふ〈和名類聚抄・十巻本二〉

ヘヒル［屁］は、体内から気体を出す点でハナヒル［嚏］と同様であって、ヘヒル［屁］のヒルはハナヒル［嚏］のヒル［嚏］とともにとらえられる。上二段動詞ヘフの例は見当たらないが、ハナヒルと同様に上二段動詞から変化した上一段動詞と見てよいと考えられる。

▼フ［簸］ 避《さ》り追《お》はえて、出雲国《いづものくに》の肥《ひ》の河上《かはかみ》〈出雲國之肥上河上〉、名《な》は鳥髪《とりかみ》といふ地《ところ》に降《くだ》りき〈古事記・神代〉 天《あめ》より出雲国《いづものくに》の簸《ひ》の川上《かはかみ》〈出雲國簸之川上〉に降到《いた》ります〈日本書紀・神代上・第八段本書〉

▽ヒル［簸］　簸米　米比留《こめヒル》〈米比留〉（新撰字鏡）

『時代別国語大辞典上代編』（フ［嚔］の項の【考】）には、「「出雲国簸之川上」（神代紀上）を「肥河」（記神代）と、乙類の仮名「肥」を用いているところから、もみがらなどをあおり除くことをいう上一段動詞ヒルも、古くは上二段であったことがしられ、語源的にもこのフと同源であったかと考えられる。」とある。

スサノヲ命《のみこと》が高天原から出雲に追いやられた話の、古事記の例は、ヒ乙類の萬葉仮名「肥」が用いられていて、日本書紀の例の「簸」字は、箕であおって、穀物のぬかやちりを除く意であるので、「箕《み》で、もみがらやまめがらをあおり除く」（『時代別国語大辞典上代編』フ［嚔］の項）意の上二段動詞フ［簸］があったと考えられる。新撰字鏡の例は、米《こめ》ヒルとあって、同じ意の上一段動詞ヒル［簸］と見られる。そして、フ［簸］・ヒル［簸］は、風を送る点で、ハナフ［嚔］・ハナヒル［嚔］やヘヒル［屁］のフ・ヒルと同様であると考えられる。

アラブ［荒］

▼アラブ［荒］　如此《かく》荒夫琉《あらブル》神等《かみたち》夫琉の二字は音を以ゐよ。を言向《ことむ》け平《たひら》げ和《やは》し〈如(レ)此言(二)向予[平](三)和荒夫琉神等(二)夫琉二字以音〉（古事記・神武）　天降《あまくだ》し遣《つか》はし弖《テ》、荒布留《あらブル》神等《かみたち》乎《ヲ》撥《はら》ひ平《む》介《ケ》〈天降遣弖荒布留神等乎撥平介〉（祝詞《のりと》・出雲国造《いづものくにのみやつこ》神賀詞《かむよごと》）

▽アラビル［荒］　陸奥国《みちのくのくに》の荒備流《あらビル》蝦夷等《えみしども》乎《ヲ》討治《うちをさめ》尓《ニ》〈陸奥国荒備流蝦夷等乎討治尓〉（宣命・六十二詔・続日本紀　延暦八［789］年）　此《こ》乃《ノ》心《こころ》悪《あしき》子《こ》乃《ノ》心《こころ》荒比留波《あらビルハ》〈此乃心悪子乃心荒比留波〉（祝

詞・鎮火祭《ほしづめのほかひ》）

古事記および祝詞・出雲国造神賀詞の例は、連体形荒《あら》ブルであり、上二段動詞と見られる。宣命の例は、連体形荒《あら》ビルである点では上一段動詞であるが、ビ乙類の萬葉仮名「備」が用いられていて、上二段動詞であったことをも示している。祝詞・鎮火祭の例は、連体形荒《あら》ビルであり、甲類の萬葉仮名「比」が用いられていて、完全に上一段動詞である。

ウ［居］

▼ウ［居］　爰《ここ》に倭迹々姫命《やまととゝひめのみこと》 仰《あふ》ぎ見《み》て、悔《く》いて急居《つきう》。急居、此をば菟岐于《ツキウ》と云《い》ふ。〈悔之急居急居　此云菟岐于〉（日本書紀・崇神天皇十年九月）

▽ヰル［居・坐］　琴頭《ことがみ》に　来居《きゐ》る影姫《かげひめ》〈枳謂屢箇皚必謎〉玉《たま》ならば　吾《あ》が欲《ほ》る玉《たま》の　鰒白玉《あはびしらたま》（日本書紀・武烈・九二）

日本書紀訓注の例のツキウ［急居］は、「急にすわる。しりもちをつく。」（『時代別国語大辞典上代編』）意とされ、そのウはすわる意と見られるが、終止形ウが用いられ、上二段動詞と見られる。日本書紀歌謡の例の来居《キヰ》ルのヰルは、すわる意で、連体形ヰルであって、上一段動詞と見られる。なお、上代におけるウ［居］・ヰル［居］は、〜している意ではなく、すわる意に用いられる。

ム［廻］

▼タム［廻］　いづくにか　舟泊てすらむ　安礼の崎　漕ぎたみ行きし〈榜多味行之〉棚なし小舟（萬五八）

▽ミル［廻・転］……うち廻《み》る〈宇知微流〉島《しま》の埼々《さきざき》かき廻《み》る〈加岐微流〉磯《いそ》の埼落《さきお》ちず……

（古事記・神代・五）

このミル［廻・転］は、「曲がりめぐる。あたりの意の名詞ミは、この語の名詞形。」（『時代別国語大辞典上代編』）とあり、名詞ミ［廻］の例は、「馬並めて いざ打《う》ち行《ゆ》かな 渋谿《しぶたに》の 清《きよ》き磯回《いそみ》に〈伎欲吉伊蘇未〉寄《よ》する波見《なみ》に」（萬葉集三九五四《三九七六》）などのようである。古事記歌謡の例は、連体形ミルである点では上一段動詞であるが、ミ乙類の萬葉仮名「微」が用いられていて、上二段動詞であったことをも示している。名詞ミ［廻］も、ミ乙類の萬葉仮名「未」が用いられている。有坂氏前掲論文が示されるように、まわる・めぐる、曲がるの意のタム［廻］のムは、このミル［廻・転］に対する上二段動詞と見られる。連用形タミのミには、乙類の萬葉仮名「味」が用いられている。マフ［転・舞］「…歌《うた》ひつつ 醸《か》みけれかも 舞《ま》ひつゝ〈麻比都〻〉醸《か》みけれかも」（古事記・仲哀・四〇）・マハル［廻］「戸樞転《（と）ボソマハ》（らず）［不］（は）、皮を著（くる）こと聴《（ゆる）》す。」（小川広巳氏蔵願経四分律《がんぎょうしぶんりつ》 平安初期点・大坪併治氏釈文）のマ、メグル［廻・巡］「をみなへし 咲《さ》きたる野辺を 行《ゆ》き巡《めぐ》り〈由伎米具利〉君《きみ》を思ひ出 たもとほり来《き》ぬ」（萬葉集三九四四《三九六六》）のメ、および、タム［廻］のム、ミル［廻・転］のミは母音交替ととらえられる。

タム［廻］のタは、接頭辞とされるが、類聚名義抄に見えるタム［迂］のアクセントが

迂タミタリ（平上平東）（高27ウ）

のように、低く始まる低起式であり、そして、接頭辞タの例は、第二章三に見たように高く始まる高

起式であって一致しないので、タム［廻］とタム［迂］とをともにとらえるのは難しいことになる。

以上の例は、いずれも上二段動詞の例の方が上一段動詞の例より古いか同じ頃のものであり、上二段動詞から上一段動詞に変化したものと見られる。

それに対して、次のイサチル［啼］・イサツ［啼］は、上一段動詞の例の方が上二段動詞の例より古いものである。

イサチル［啼］

▽イサチル［啼］　何《なに》の由《ゆゑ》にか、汝《なむち》が、事依《ことよ》さえし国を治《をさ》めずして、哭《な》き伊佐知流《イサチル》〈哭伊佐知流〉（古事記・神代）

▼イサツ［啼］　兵粮《かて》既《すで》に尽《つ》きて、憂泣《いさ》つること茲《ここ》に深《ふか》し。〈憂—泣《イサツルコト》《「こと」》茲《に》深。〉（日本書紀・雄略天皇二十年・前田本）

古事記の例は、係助詞カの結びの連体形イサチルであり、上一段動詞と見られる。日本書紀古訓の例は、平安末期の訓で、連体形イサツルであり、上二段動詞と見られる。「古訓には上二段も（略）あるが、上一段が古いとみるべきである。」（『時代別国語大辞典上代編』）、「平安時代に入ってからは上二段活用と認められたらしい。」（『岩波古語辞典』）とあるように、上一段動詞から上二段動詞に変化したものと見られる。

ところで、イサツ［啼］については、イサヅと濁音ヅの例が見える。

▼イサヅ［啼］　涕泣（一）（略）哭泣（一）　ナキイサヅル　古語　（○○平平上平）（類聚名義抄・図三七）

つまり、イサチル〔上一段〕→イサツ〔上二段〕→イサヅ〔上二段〕のような変化と見られる。類聚名義抄・図書寮本のイサヅの例には、「古語」とあり、古語拾遺が出典であるので、古語拾遺の例を見ると、

素戔嗚神《すさのをのかみ》、常《つね》に哭《な》き泣《いさ》つるを以《もち》て行《しわざ》と為《す》。〈常《に》以(二)哭泣《ナキイサツルヲ》(平平平○)(一)て為《ス》(レ)行《シワザト》。〉（古語拾遺・嘉禄本）

のようである。この例は、イサツかイサヅか明らかでない。

これに近い例に、秋に草木の葉の色が黄色や赤色に変わる意の、モミツ〔黄葉〕〔四段〕→モミヅ〔黄葉〕〔上二段〕がある。

モミツ〔黄葉〕〔四段〕　百舟《ももふね》の　泊《は》つる対馬の　浅茅山《あさぢ》　しぐれの雨《あめ》に　もみたひにけり〈毛美多比尓家里〉（萬葉集三六九七《三七一九》）

モミヅ〔黄葉〕〔上二段〕　しぐれつゝ　もみづるよりも　ことのはの　心の秋に　あふぞわびしき（古今八二〇）　もみつる（平平平○）（古今集・高松宮貞応本、古今集註・毘沙門堂本）　黄草モミヅ（平○上）（類聚名義抄・観僧上一〔2オ〕）

萬葉集の例はモミタフの形であるが、これはモミツ〔黄葉〕の未然形が助動詞フ〔反復・継続〕を伴ったものであり、モミツ〔黄葉〕は清音ツで四段動詞である。これに対して、古今和歌集の例は連体形モミツルないしモミヅルであり、そして、高松宮貞応本および古今集註・毘沙門堂本の声点《しょうてん》によると濁音ヅであり、上二段動詞モミヅと見られる。

上二段動詞〜ヅには、第二章二に挙げたように、

ハヅ［恥・羞］（東大寺《とうだいじ》諷《ふ》誦文稿《じゅもんこう》）
オヅ［恐・怖］（仏足跡歌二〇）
トヅ［閉］（西大寺蔵金光明《こんこうみょう》最勝《さいしょう》王経《おうぎょう》平安初期点・春日政治氏釈文）
ヨヅ［攀］（萬葉集三五七四《三五九六》・東歌）
ネヅ［捻・捩］（今昔物語集・十―十二）
シコヅ［讒］（西大寺蔵金光明最勝王経 平安初期点・春日政治氏釈文）

のような例があり、これらとの類推によって、モミツ［黄葉］も上二段動詞～ヅの形態になったものと、さらには、イサツ［啼］も上二段動詞～ヅの形態になることがあったものと考えられる。

川端善明氏の指摘

川端善明氏『活用の研究』Ⅱ(3)は、上二段動詞と上一段動詞との相互変化について、「一音節語幹」のものは、上二段→上一段となる傾向があり、「多音節語幹」のものは、アラブを別にして、上一段→上二段となる傾向があると指摘される。確かに、フ［乾・干］、フ［嚏］、フ［簸］、ウ［居］、ム［廻］は「一音節語幹」のものであり、イサツ［啼］は「多音節語幹」のものである。アラブ→アラビルをどうとらえるかに問題が残るが、基本はこのようであると見てよい。

そして、イサツ［啼］→イサツ［啼］の他に、時代が下ると、次のような「多音節語幹」の例が挙げられる。

▽ココロミル［試］　人の身も　ならはしものを　あはずして　いざ心みむ　こひやしぬると（古今

五一八）

▼ココロム［試］ 試コ、ロム／(略)／コ、ロミル（色葉字類抄） かやうにたのみ仰《せ》候《ふ》うへは、便宜候はゞ、當家の浮沈もこゝろむべしとこそ存《じ》候へ（平治物語・古活字本上）

▽モチヰル［用］ 汝ガ牙を須《モチ》ヰ(むと)欲《おも》ふ(と)いふ。（東大寺図書館蔵地蔵十輪経《じぞうじゅうりんぎょう》 元慶七[883]年点・中田祝夫氏釈文）

▼モチフ［用］ 用(略) モチヰル モチフ モツ モテ コ、ヲモテ ツカフ(略)（類聚名義抄）

▼モチユ［用］ 當代才能ヲフルウテ、用ラレンカト思テ、人ニツイシヨウヲシテ、マワル。サレドモ用ユルモノ、ナイホドニ、ツイシヨウガ無用也。（中華若木詩抄《ちゅうかじゃくぼくししょう》）

▽カガミル［鑑］ 必ず須《(すべか)》(らく)法を審《アキラ》メ機を察《カヾ》ミル[須]《べ》し。（石山寺蔵法華義疏《ほっけぎしょ》 平安中期点・中田祝夫氏釈文）

▼カガム［鑑］ 人水《みづ》に於《お》いて鑑《かゞ》むること無《な》し〈人無《(一)ナシ》㆓於《[オ]ヲイテ》㆑水《ミヅニ》鑑《カヾムル「》㆒〉（文明本節用集、文明本節用集にはカヾミルも）

▽ユメミル［夢見］ ゆめみずと なげきし人を ほどもなく またわがゆめに みぬぞかなしき（後拾遺集五六五）

▼ユメム［夢見］ 戀てふ眞清水《ましみづ》を掬《く》み得て暫時《しばし》は永久《とこしへ》の天を夢むと雖も、（国木田独歩「わかれ」［一八九八（明治三一）年］、「わかれ」には「夢《ゆめ》みる」も） 彼は遽《(にはか)》に何をや打案ずらん、夢むる如き目を放《はな》ちて、（尾崎紅葉「金色夜叉続々」五［一八九九～一九〇二（明治三二～三

五）年〕）あはれ、皐月《さつき》の軟風《なよかぜ》に／ゆられてゆめむわがおもひ。（北原白秋『邪宗門』軟風〔一九〇九（明治四二）年〕）萩原朔太郎『蝶を夢む』〔一九二三（大正一二）年〕、など

色葉字類抄の例は、ココロムだけではなくココロミルの例でもあり、類聚名義抄の例は、モチフだけではなくモチヰルの例でもある。

ココロミル［試］はココロ［心］＋ミル［見］の構成と、モチヰル［用］はモチ［持］＋ヰル［率］「山川《やまがは》に 鴛鴦《をし》二《ふた》つ居《ゐ》て 偶《たぐひ》よく 偶《たぐ》へる妹《いも》を 誰《たれ》か率《ゐ》にけむ〈多例柯威尓鶏武〉」（日本書紀・皇極・一一三）の構成と、ユメミル［夢見］はユメ［夢］＋ミル［見］の構成と見られて、ミル［見］もヰル［率］も上一段動詞であるので、本来これらは上一段動詞であると考えられるものである。また、カガミル［鑑］は、カガミ［鏡］を活用させたものであり、カガミ［鏡］はカゲ［影］の被覆形＋ミ［見］の構成ととらえられるので、本来上一段動詞と考えられる。

これら「多音節語幹」のものは、上二段動詞化した例が見えるようになる。ココロム［試］は、平安末期から、カガム［鑑］は室町時代から、ユメム［夢見］は下って明治から見える。(4) モチヰル［用］に対するモチフ［用］・モチユ［用］については、「元来ワ行上一段活用の動詞であるが、平安中期以後、ハ行上二段にも活用するに至り、さらに、中世に入って、ヤ行上二段にも活用するようになった。」（『時代別国語大辞典室町時代編』）とされる。ここに「平安中期以後」とあるのは、ハ行上一段動詞かと見られる例であるが、「彼《かれ》い実に用《もち》を須ひるときは、〈須《モチ》二ヒルときは彼れい實に用一を、〉」（石山寺蔵成唯識論《じょうゆいしきろん》寛仁四[1020]年点・大坪併治氏釈文）の例があることによるかと見られる。

▽カイマミル〔垣間見〕 穴《あな》をくじり、かいまみまどひあへり〈竹取物語〉 このをとこ、かいまみてけり〈伊勢物語〉

■カイマム〔垣間見〕 さてかいまめば、我にはよくてみえしかど〈大和物語〉 たち聞《ぎ》き、かいまむ人のけはひして〈更級日記〉

カイマミル〔垣間見〕も、カイマ〔垣間〕＋ミル〔見〕の構成と見られるので、本来上一段動詞であると考えられること、先のものと同様であるが、カイマムの例は、なぜか大和物語のものも更級日記のものも四段動詞である。これらが上一段動詞ではなく四段動詞である理由は明らかでない。なお、カイマ〔垣間〕はカキマ〔垣間〕のイ音便である。

メス〔見・召・食〕

メス〔見・召・食〕 ……荒たへの 藤原が上《うへ》に 食《(を)》す国を 見《め》したまはむと〈賣之賜牟登〉 みあらかは 高知らさむと……〈萬五〇〉

メス

メス〔見・召・食〕は、ミ〔見〕＋助動詞ス〈尊敬〉の構成で、見る、および、飲む・食う・着るなどの尊敬語である。『時代別国語大辞典上代編』には、「尊敬語。ミルに尊敬のスがついてできた語。」「①見るの意。」「②統治する・治めるの意。」「③喚び寄せる・身近に伺候させるの意。」「④食う・飲む・着るなど、物を身につけるの意。」「⑤補助動詞として尊敬の意を添えるのに用いる。」とある。

メスの連用形が名詞化したメシ［召］「若狭《わかさ》の御《ご》といひける人をめしたりけるが、又も召《めし》なかりければ」（大和物語）は、上からの呼び出し・請求などの意に用いられる。また、中世末にはメシ［飯］「飯《めし》の時分《じぶん》になって〈mexi no jibun ni natte〉新《あたら》しいものをば何《なに》をも無塩《ぶえん》と言《ゆ》うと心得《こころえ》て」（天草本平家物語）としても用いられるが、これは、メスが食うの尊敬語であることによるものである。

ケス

同様の語にケス［着］「…汝《な》が着《け》せる〈那賀祁勢流〉襲《おすひ》の裾《すそ》に 月立《つきた》ちにけり」（古事記・景行・二七）があり、キ［着］＋助動詞ス〈尊敬〉の構成で、着るの尊敬語である。ケスの連用形が名詞化したケシ「ぬばたまの 黒《くろ》き御衣《みけし》を〈久路岐美祁斯遠〉ま具《つぶさ》に 取《と》り装《よそ》ひ…」（古事記・神代・四）の例もあり、着物の意に用いられる。

モル［守］・マモル［目守］

モル［守］

モル［守］　筑波嶺《ね》の をてもこのもに 守部《もりへ》すゑ〈毛利敝須恵〉母《はは》い守《も》れども〈波播已毛礼杼母〉
魂《たま》そ合《あ》ひにける（萬葉集三三九二《三四一二》・東歌）

『時代別国語大辞典上代編』には、「①守る。番をする。見張る。」「②うかがう。気にして待つ。他人に気づかれぬようにする場合にいう。」とあり、『岩波古語辞典』には、「《固定的に或る場所をじっと見る意。独立した動詞としては平安時代すでに古語となり、多く歌に使われ、一般には、これの上にマ（目）を加えたマモリが用いられるようになった》」とある。

モル［守］は、基本的に、まもる意に用いられる。モル［守］のモは、マ［目］、メ［目］、ミル［見］のミとの母音交替ととらえられ、じっと見ることがまもることになると考えられる。

〜モリ

サキモリ［防人］ 防人《さきもり》に〈佐伎母理尓〉立《た》ちし朝明《あさけ》の かな門出《とで》に 手離《(た)ばな》れ惜《を》しみ 泣《な》きし児《(こ)》らはも（萬葉集三五六九《三五九一》・東歌）

は、サキ［崎］をまもる人の意であり、サキモリ［防人］などのモリは、このモル［守］の連用形が名詞化したものである。

同様に、セキモリ［関守］「あはぢしま かよふちどりの なくこゑに いくよねざめぬ すまのせきもり」（金葉集二度本二七〇《二八八》）は関所をまもる人の意、ミカキモリ［御垣守］「みかきもり ゑじのたくひの よるはもえ ひるはきえつつ ものをこそおもへ」（詞花集二二五《二二四》）は皇居の垣をまもる人の意である。コモリ［子守］のように、江戸時代以降に用いられるようになったものも、トウダイモリ［灯台守］のように、明治以降に用いられるようになったものもある。動物の、爬《は》虫類のヤモリ［守宮］、両生《［棲］》類のヰモリ［蠑螈］は、それぞれ、ヤ［家］をまもるもの、ヰ［井］をまもるものの意である。

ワタシモリ［渡守］「渡守《わたしもり》「はや舟《ふね》に乗《の》れ、日も暮《く》れぬ」といふに」（伊勢物語）は、より古くはワタリモリ「…渡《わた》り守《もり》〈和多里母理〉舟《ふね》も設《まう》けず 橋《はし》だにも 渡《わた》してあらば…」（萬葉集四一二五《四一二九》）であり、「檝櫓《かぢ》を取《と》りて、密《ひそか》に度子《わたしもり わたりもり》に接《まじ》りて〈取㆓檝《カ》櫓《ヂ》㆒て密 接《にマジリ》㆓度子《ワタリモリ養老 ワタシモリに》㆒て〉（日本書紀・仁徳天皇即位前・前田本）の例は、平安末期の訓に「ワタシモリ」とあるのに対して、養老五[721]年の日本書紀講書の訓と見られるものに「ワタリモリ」とあることを示していて、両訓の新古を表している。

マモル［目守］

マモル［目守］……木《こ》の間《ま》よも い行《ゆ》き目守《まも》らひ〈伊由岐麻毛良比〉戦《たゝか》へば 我《われ》はや飢《ゑ》ぬ……

（古事記・神武・一四）

『時代別国語大辞典上代編』には、「①じっと目を離さずにいる。見つめる。様子をうかがう。目《マ》＝守《モ》ルの意。」「②守護する。防ぎまもる。」とあり、『岩波古語辞典』には、「《マ（目）モリ（守）の意。広く、宮城の門・人の心・娘・農作物などに害をなすものの侵入を防ごうと、それを監視し、守護する意。モリ（守）が、野・山・関所・渡しなどの地点を監視する意に片寄って使われたのに対して、広く種種のものごとを守護する場合に使われた》」とある。

マモルは、第二章三に見たように、マ［目］＋モル［守］の構成であり、モルはまもる意であるので、本来は、見まもる意に用いられる。そのマモルがまもる意にも用いられるようになるのは、……しらぬひ 筑紫の国は 敵守《あたまも》る〈安多麻毛流〉おさへの城《き》そと……（萬葉集四三三一 四三五五）の例が見えるので、上代のうちからである。

マボル

マボル［戍］ みる人、面《をもて［お］》をまぼりかへしてゐたり（蜻蛉日記） 秦の桂林を戍《まぼ》りて〈秦 戍《神マボリ(テ)》㆓

桂林〈(ヲ)〉(知恩院蔵大唐玄奘三蔵法師表啓《だいとうげんじょうさんぞうほうしひょうけい》 平安初期点・中田祝夫氏釈文) 五(には)[者]密《キビ》シク諸根を護《マボ》ラム。(西大寺蔵不空羂索神呪心経《ふくうけんじゃくしんじゅしんぎょう》 寛徳二[1045]年点・小林芳規氏釈文)

マボルは、マモルとマ行―バ行の子音交替の例である。右の蜻蛉日記の例は見まもる意に、その他の例は、まもる意に用いられている。

マバル[瞻] この御足跡《みあと》を 瞻《まば》りまつれば〈麻婆利麻都礼婆〉足跡主《あとぬし》の 玉《たま》の装《よそ》ほひ 思《おも》ほゆるかも 見《み》る如《ごと》もあるか(仏足跡歌一六) 千載の外、瞻《まば》り仰《あふ》ぐこと〈瞻《マバリ》仰《(ぐ)こと》〉絶《た》ゆること無《な》からしめむ。(知恩院蔵大唐玄奘三蔵法師表啓 平安初期点・中田祝夫氏釈文)

マバルは、「みまもる。目を見張る。目《マ》=張《ハ》ルか。」(『時代別国語大辞典上代編』)とあり、マ[目]+ハル[張]の構成とされるが、見まもる意に用いられるところからすると、マボルの母音交替と見ることもできそうである。類聚名義抄において、

マモル　衛マモル(平平上)(高24オ)
マボル　戍マボ《モ》ル(平平○上)(観僧中三九[21オ])
マバル　瞻マホ《モ》ル(平○○上) マバル(平平上)(観仏中六五[34オ])

のように、アクセントが一致していて、とりわけ、「瞻」字の訓にマボル・マモルとマバルとがあることが参照される。ハル[張]のアクセントは、

ハル　張ハル(上平)(観僧中二六[14ウ])

のようであり、マ[目](平)+ハル[張](上平)が「平平上」になることはなおあり得ると見られ

るけれども、マボルの母音交替と見る可能性が大きいのではないかと考えられよう。

以上、マ［目］、メ［目］、ミル［見］のミ、モル［守］のモが母音交替であることなどについて見た。(5)

注

（1）『上代語の研究』［1951・10 岩波書店］、もと「国語・国文」1―1［1931・10］

（2）『国語音韻史の研究』［1944・7 明世堂書店、1957・10増補新版 三省堂］、もと「シル（知）とミル（転）の考」（「国語と国文学」17―10［1940・10］）の後半

（3）［1979・2 大修館書店、1997・4増補新版 清文堂出版］第二部第二章第二節㈢・㈣

（4）蜂矢「語の変容と類推――語形成における変形について――」（『国語語彙史の研究』27［2008・3 和泉書院］）参照。

（5）以上のことの多くは、蜂矢「メ［目］とその周辺」（「親和国文」44［2009・12］）参照。

第三章　古代からの地名

この章では、古代から現代に続く地名をとり挙げる。

地名は、どうしてそのように言うようになったかがわかりにくいものであるが、わかりにくいだけに、却って、いろんな人がそれぞれ都合のよい意見を述べる対象でもある。そんな中で、どのように客観的に述べることができるか、気をつけなければならないところである。それ故に、第二章より、さらに注意が必要なこともあろう。

そうした点に留意しつつ、その地名の由来を、語構成など国語学的な面からいろいろ検討すると、それぞれの地名について、ある程度その見当がつけられるものがあり、また、地名になる基の語について考えられることもかなりあるので、そうしたおもしろさの見えるものをいくつかとり挙げてみることにする。具体的には、旧国名を二つ（淡路・信濃）、県名を二つ（島根・新潟）、市名を二つ（津・敦賀）、温泉名を二つ（城崎・和倉）、とり挙げることにしたい。

それぞれ二つをとり挙げることにするが、第一章と異なり、二つを対比することに意図がある訳ではない。どちらかと言えば、それぞれのおもしろさは個別的であり、むしろ、多様であることが注意されるところである。

なお、古代の地名を見るのに、和名類聚抄（「はしがき」参照）・二十巻本に見える国名・郡名・郷名および駅名を見ることが多い。二十巻本は、基本的に大東急記念文庫本（天正本）を見ることにし、平安時代の写本である高山寺本をも見ることにする。国名・郡名・郷名は国郡部に、駅名は居処部に見える。国名・郡名は大東急記念文庫本のみに見え、駅名は高山寺本のみに見えるので、それぞれ、大東急記念文庫本か高山寺本かの区別は示さないことにする。郷名は、右に述べたように、基本的に大東急記念文庫本を見て、高山寺本をも見るが、高山寺本にも見えるものに＊印を、高山寺本のみに見えるものに☆印を付して示す。また、郷名は、国・郡を示して一々「郷名」と示さないことにする。大東急記念文庫本を[急]と示し、高山寺本を[高]と示すことがある。

なお、用例数を数える時には、大東急記念文庫本と高山寺本とが重なるものは合わせて一つに数え、郡名と郷名とが同じであるものは別々に数えることにする。

右のことは、基本的に第三章を通じて同様である。

一　淡路・信濃――旧国名から

古代からの地名について述べるに当たり、まず、旧国名を二つとり挙げることにする。アハヂ〔淡路〕とシナノ〔信濃〕とである。

（一）　淡　路

アハヂ〔淡路〕は、現在の兵庫県の一部であるが、そう言うよりは、淡路島であると言う方がわかりやすいであろうか。

淡路島は、古事記の伊耶那岐《イザナキ》命《のみこと》・伊耶那美《イザナミ》命《のみこと》の国生み神話に、

如此《かく》言ひ竟《をは》りて御合《みあひ》して、生みし子は、淡道《あはぢ》之《の》穂《ほ》之《の》狭別島《さワケのしま》。別を訓《よ》みて和気《ワケ》と云《い》ふ。下《しも》、此《これ》に効《なら》へ。

〈淡道之穂之狭別島訓別云和氣　下効此〉

のように「淡道《あはぢ》之《の》穂《ほ》之《の》狭別島《さワケのしま》」とあるところである。

以下、アハヂ〔淡路〕がアハ〔阿波〕へ行くチ〔路〕の意であることを中心に述べることにしたい。

ミチ［道］

―ミチ［道］……木幡《こはた》の道《みち》に〈許波多能美知迩〉逢《あ》はしし嬢子《をとめ》……（古事記・応神・四二）

ミチ［道］は、チ［路］に接頭語ミが上接したものと見られる。例えば、「元来チだけで道の意をあらわした。これに接頭語ミのついたのがミチであろう。」（『時代別国語大辞典上代編』）とされる。接頭語ミについては、後に見ることにする。

チ［路］

チ［路］の単独の例は見当たらないが、次のように複合した例が見える。

チマタ［衢］　岐（略）道の別るるなり　知万太《チマタ》〈知万太〉（新撰字鏡）

チワク［道別］　天津《あまつ》日子《ひこ》番能迩〻藝《ホノニ、ギ》命《のみこと》に詔《のりたま》ひて、天《あめ》の石位《いはくら》を離《はな》れ、天《あめ》の八重《やへ》の多那《タナ》此二字は音を以ゐよ。雲《ぐも》を押し分けて、伊都能知和岐知和岐弖《イツノチワキチワキテ》伊より以下の十字は音を以ゐよ。〈伊都能知和岐知和［岐］弖自伊以下十字以音〉天の浮橋に宇岐士摩理蘇利多〻斯弖《ウキジマリソリタ、シテ》宇より以下十一字は音を以ゐよ。（古事記・神代）

チマタ［衢］は、チ［路］＋マタ［俣］「帰《かへ》りて彦人皇子《ひこひとのみこ》に水派宮《ミマタのみや》に附《つ》く。水派、此をば美麻多《ミマタ》と云《い》ふ。〈帰附(二)彦人皇子於水派宮(一)水派　此云美麻多〉」（日本書紀・用明天皇二年四月）の複合と見られ、チワク［道別］は、チ［路］＋動詞ワク［別］「…天《あま》そゝり高《たか》き立山《たちやま》冬夏《ふゆなつ》と別《わ》くこともなく〈和久許等母奈久〉白《しろ》たへに雪《ゆき》は降《ふ》り置《お》きて…」（萬葉集四〇〇三 四〇二七）の複合と見られる。

ネ［嶺］・サキ［崎］

チ［路］―ミチ［道］と同様のものに、ネ［嶺］―ミネ［嶺］、サキ［崎］―ミサキ［岬］がある。

ネ［嶺］高《たか》き嶺《ね》に〈多可伎祢尓〉雲《くも》の付《つ》くのす我《われ》さへに君《きみ》に付《つ》きなな高嶺《たかね》と思《も》ひて〈多可祢等毛比弖〉（萬葉集三五一四 三五二五・東歌）―ミネ［嶺］谷狭《たにせば》み峰《みね》に延《は》ひたる〈弥年尓波比多流〉玉《たま》かづら絶《た》えむの心《こころ》我《わ》が思《も》はなくに（萬葉集三五〇七 三五二八・東歌）

サキ［崎］押《お》し照《て》る難波《なには》の埼《さき》の〈那珥破能瑳者能〉並《なら》び浜《はま》並《なら》べむとこそその子《こ》は有《あ》りけめ（日本書紀・仁徳・四八）―ミサキ［岬］夫《そ》れ朝貢《みつきあ》ぐる使者《つかひ》、恒《つね》に嶋曲《ミサキ》海中《わたなか》の嶋の曲《くま》の崎岸《さき》を謂《い》ふ。俗《ひと》、美佐祁《ミサキ》と云《い》ふ。を避《さ》るごとに〈恒避㆓嶋曲㆒ 謂海中嶋曲崎岸也 俗云 美佐祁〉、毎《つね》に風波《かぜなみ》に苦《くる》しぶ（日本書紀・継体天皇二十三年三月）

ミネ［嶺］はネ［嶺］に接頭語ミが上接し、ミサキ［岬］はサキ［崎］に接頭語ミが上接したものと見られる。ミチ［道］のミも、ミネ［嶺］・ミサキ［岬］のミも、上代特殊仮名遣の甲類である。

ミ～

接頭語ミが、地形を表す名詞に上接したものは、ミチ・ミネ・ミサキの他に、次のものがある。

ミウラ［浦］浦回《うらみ》より漕《こ》ぎ来《こ》し舟《ふね》を風速《はや》み沖《おき》つみ浦《うら》に〈於伎都美宇良尓〉宿《やど》りするかも（萬葉集三六四六 三六六八）

ミカハ［川］妹も我も一つなれかも三河なる〈三河有〉二見の道ゆ別れかねつる（萬葉集二七六 二七八、地名）

ミサカ［坂］　足柄《あしがら》の　み坂恐《さかかしこ》み〈美佐可加思古美〉曇《くも》り夜《よ》の　我《あ》が下延《したばへ》を　言出《こちで》つるかも（萬葉集三三七一《三三八八》・東歌）

ミシマ［島］　矢形尾の　鷹《たか》を手にすゑ　三《み》島《しま》野に〈美之麻野乃〉狩《か》らぬ日まねく　月《つき》そ経《へ》にける（萬葉集四〇一二《四〇三六》、地名）

ミタ［田］　……神奈備の　清きみ田《（た）》屋の〈清（キ）三田屋乃〉垣内《（かき）つ》田《（だ）》の　池の堤の……（萬葉集三二二三《三二三七》）

ミタケ［岳］　嶽　蒋魴曰《い》はく、嶽（略）字、亦岳に作る。訓、丘と同じか、未詳。漢語抄に云《い》はく、美多介《ミタケ》といふ。〈嶽（略）字亦作岳　訓与丘同未詳　漢語抄云　美多介〉は高き山の名なりといふ（和名類聚抄・十巻本二）

ミタニ［谷］　……み谷《たに》〈美多迩〉二渡《ふたわた》らす　阿治志貴《（あぢしき）》高日子根《たかひこね》の神《かみ》そ（古事記・神代・六）

ミツ［津］　大伴の　三《み》津《（つ）》の浜なる〈美津能濱尓有〉忘れ貝　家なる妹を　忘れて思へや（萬葉集六八、地名）

ミノ［野］　ももきね　三野《（みの）》の国の〈三野之國之〉高北の　くくりの宮に……（萬葉集三二四二《三二五六》、地名）

ミヤマ［山］　置目《おきめ》もや　淡海《あふみ》の置目《おきめ》　明日《あす》よりは　み山隠《やまがく》りて〈美夜麻賀久理弖〉見《み》えずかもあらむ（古事記・顕宗・一一一《一一二》）

ミヰ［井］　……水こそば　常にあらめ　御井《（みゐ）》の清水《（ましみづ）》〈御井之清水〉（萬葉集五二）

ミヲ［峯］　汝が庶兄弟《ままはらから》をば坂の御尾《みを》に追ひ伏せ〈追(二)伏坂之御尾(一)〉（古事記・神代）

地名ミ〜

また、右のものを含めて、和名類聚抄・二十巻本の地名で訓の見えるものは次のようである。

ミウラ［浦］　御浦美宇良（相模国・郡名）（＊相模国・御浦《ミウラ》郡、高御津［浦］美宇良）

ミカハ［川］　参河三加波（国名）

ミサカ［坂］　御坂美佐加（武蔵国・横見《（ヨコミ）》郡、高無訓）、三坂美左加（筑前国・穂浪郡、高無訓）

ミシマ［島］　三嶋美之末（越後国・郡名）・三嶋美之万（越中国・射水《イミヅ》郡、高無訓）（越後国・三嶋《ミシマ》郡、高無訓）

ミタ［田］　美田三多（☆武蔵国・荏原《エバラ》郡、急御田無訓）、三田美多（＊隠岐国・知夫郡）（＊安藝国・高田《タカダ》郡、高美［夕］）、三太美［夕］（☆越前国・丹生《ニフ》郡、急無訓）

ミタニ［谷］　三谿美多尓（備後国・郡名）、三谷美多尓（＊讃岐国・山田《ヤマダ》郡、高美多迩）

ミツ［津］　御津美都（参河国・寶《ホ》飯［飫］郡）、三津美都（＊阿波国・三好《ミヨシ》郡、高美豆）

ミノ［野］　御野美乃（備前国・郡名）（＊備前国・御野《ミノ》郡）、三野美乃（讃岐国・郡名）（越中国・礪波《トナミ》郡、高無訓）（播磨国・餝磨郡、高無訓）（＊阿波国・三好《ミヨシ》郡）

ミハラ［原］　御原三波良（筑後国・郡名）・御原美波良（＊安房国・朝夷《アサヒナ》郡、高三波良）、三原美波良（淡路国・郡名訓二箇所）

ミエ［江］　三江美衣（但馬国・城埼《キノサキ》郡、高無訓）

ミヰ［井］　御井三井（筑後国・郡名）・御井美井（伊豫国・宇摩郡）・御井三為（☆伊与国・桑村《クハムラ》郡、[急]無訓）

ミヲ［峯］　三尾美乎（＊近江国・髙嶋《タカシマ》郡）

ミに「御」字を用いているものは、接頭語ミととらえてよい。接頭語ミが美称としても用いられることを合わせ考えると、「美」字を用いているものも同様にとらえてよいと見られる。「参」「三」字を用いているものは、三つの意である可能性も考えられるが、とりあえず同様のものと考えておく。

右に示したように、武蔵国・荏原郡の「美田」（高山寺本）は、「御田」（大東急記念文庫本）ともある。また、国名「美濃」は、和名類聚抄に訓がないが、正倉院文書に「御野國」戸籍があって、右に加えられる。越後国・三嶋郡の「三嶋」は、延喜式・神名帳に「御《ミ》嶋《シマ》石部神社」とあり、阿波国・三好郡の「三津」は、正倉院文書に「御津郷」（造東大寺司牒解・天平勝宝四[752]年十月二十五日、当時は美馬郡）とあり、越中国・礪波郡の「三野」は、「介外従五位下御野宿禰清庭」（越中国官倉納穀交替帳・延喜十[910]年）の例があり、淡路国・郡名の「三原」は、「淡路御原之海人八十人」（日本書紀・応神天皇二十二年三月）・「淡路御原皇女」（同二年三月）の例があることも参照される。

右に挙げていないミヌマ［沼］について、「大君は　神にしませば　水鳥の　集《すだ》く水沼《(み)ぬま》を　〈須太久水奴麻乎〉都と成しつ」（萬葉集四二六一 四二八五）のミは、接頭語ミではなくミ［水］と見られて、それを考え合わせると、ミカハ・ミタニなどのミは、水の意の可能性もある。近江国・髙嶋郡の「三尾」は、延喜式・神名帳に「水尾神社」とあり、これは削る方がよい可能性も考えられる。

和名類聚抄の地名にミタケ・ミヤマの例が見えないのは、山地であるので国名・郡名・郷名になりにくかったかと見られる（尤も、陸奥国・郡名にヤマ「耶麻山」の例がある）。

地名ミネ・ミサキ・ミチ

ミネ［嶺］・ミサキ［岬］およびミチ［道］が、和名類聚抄の地名として見える例は、

ミネ　美祢岑（長門国・郡名）、三根岑（肥前国・郡名）・三根美祢（肥前国・神埼《カムザキ》郡、高無訓）

ミサキ　御埼美佐木（＊相模国・御浦《ミウラ》郡、高美左支）

ミチ　味知美知（＊加賀国・石川《イシカハ》郡、高美乎［千］）

のようである。加賀国の「味知」は、江戸時代の、和名類聚抄の地名の注釈書である村岡良弼『日本地理志料』に「按ずるに、味知は道なり〈按 味智［知］者 道也〉」とあり、ミチ［道］の例と見てよいと考えられる。なお、高山寺本に「美乎」とあるのは「美千」の誤写と見られる。

ミチ・ミネ・ミサキは、地形を表す名詞に接頭語ミが上接したもので、地名として用いられるかどうかという点では、ミウラからミヲまでのものと基本的に同様であるが、地形を表す名詞チ・ネ・サキのみならず接頭語ミが上接したミチ・ミネ・ミサキまでもが地形を表す名詞として用いられる点で、接頭語ミが上接したものが地形そのものを表すのではないミウラからミヲまでのものと異なっている。

接頭語ミ

接頭語ミと名詞ミ［霊］

接頭語ミは、

ミコ［御子］　高光《たかひか》る　日の御子《みこ》〈比能美古〉　やすみしし　我《わ》が大君《おほきみ》……（古事記・景行・一一八）

ミヤ［宮］　纏向《まきむく》の　日代《ひしろ》の宮《みや》は〈比志呂乃美夜波〉　朝日《あさひ》の　日照《ひで》る宮《みや》〈比傳流美夜〉　夕日《ゆふひ》の日影《ひがけ》る宮《みや》〈比賀氣流美夜〉……（古事記・応神・九九[一〇〇]）

などのように、ミ［御］として、神・天皇などに対する尊敬を表すものである（ミヤ［宮］は、ミ［御］＋ヤ［屋］の構成と見られる）が、本来は、

ヤマツミ　次に山の神、名は大山津見神《おほやまつみのかみ》を生み〈次生㈡山神　名大山上津見神㈠〉（古事記・神代）

ワタツミ　海神《わたつみ》の〈和多都民能〉神《かみ》の命《みこと》の　みくしげに　貯《たくは》ひ置《お》きて……（萬葉集四二二〇[四二四四]）

などのように、ヤマ［山］「楯並《たたな》めて　伊那佐の山《やま》の〈伊那佐能夜麻能〉木《こ》の間《ま》よも　い行《ゆ》き目守《まも》らひ…」（古事記・神武・一四）・ワタ［海］「…海《わた》の底《そこ》〈和多能曽許〉沖《おき》つ深江《ふかえ》の　海上《うなかみ》の　子負《こふ》の原《はら》に…」（萬葉集八一三[八一七]）のような自然などの、言わば原始的な霊格を表す名詞ミ［霊］として用いられる（ツは現代語でノに当たる連体の助詞である）もので、それが接頭語ミとしても用いられるようになったものかと考えられる。自然などの霊格に対する畏敬を表すものであって、地形などを表す名詞に

つくのはむしろ本来的な用法かと思われる。

『岩波古語辞典』には、「▽（略）後に接頭語として、神・天皇などに関するものごとに冠するミ（御）は、これの転用と思われる。」（ミ［霊］の項）、「《ミ（霊）と同根。古くは、神・天皇・宮廷のものを表わす語。（略）更に尊敬の接頭語となった。ミチ（道）・ミネ（嶺）・ミヤ（宮）など一音節語の上に冠した場合は二音節語を形成して敬意が薄れ、そのまま普通語となったものもある。（略）》」（ミ［御］の項）とある。そして、「ミ草・ミ空・ミ冬・ミ陰《ト》・ミ酒《キ》等」の「美称といわれる用法の例」（『時代別国語大辞典上代編』ミ［御］の項）としても用いられるようになる。

なお、『岩波古語辞典』が「一音節語の上に冠した場合」とするのは、ミサキ［岬］のように〝二音節語〟の上に冠することもあるので、また、ミヤ［宮］を合わせて挙げるのは、ミヤ［宮］のミに「御」の意が見えるので、それぞれ必ずしも適切ではないと言える。

〜チ［路］

ヒタチ［常陸］
国名でチ（ないしヂ）を末尾に持つものは、淡路《アハヂ》の他に、常陸《ヒタチ》（茨城県）がある。
アハヂ［淡路］……我妹子《わぎもこ》に 淡路《あはぢ》の島《しま》は〈安波治乃之麻波〉夕《ゆふ》されば 雲居《くもゐ》隠《かく》りぬ……（萬葉集三六二七）　淡路阿波知（和名類聚抄・国名）
ヒタチ［常陸］三六四九 常陸《ひたち》なる〈比多知奈流〉浪逆《なさか》の海《うみ》の 玉藻《たまも》こそ 引《ひ》けば絶《た》えすれ あどか絶《た》えせむ

（萬葉集三三九七《三四一五》・東歌）　常陸比太知（和名類聚抄・国名）

常陸《ヒタチ》は、常陸国風土記に

直通《ひたみち》の義《こころ》を取《と》りて、名称《な》と為《な》せり〈取㆓直通之義㆒以為㆓名称㆒焉〉（総記）

とあるところから、ヒタ［直］＋ミチ［道］の略とする説があるが、(1) ミチ［道］をチ［路］に接頭語ミが上接したものととらえるところからは、ヒタ［直］＋ミチ［道］のミの脱落と見るよりも、ヒタ［直］＋チ［路］の構成と見る方がよい、つまり、右の常陸国風土記の例も、「直通《ひたち》の義《こころ》を取《と》りて」と訓《よ》む方がよいと考えられる。(2)

地名＋チ［路］

また、地名＋チ［路］の構成の複合名詞は、淡路《アハヂ》の他に、古事記・日本書紀の歌謡（記紀歌謡）および萬葉集に、後に挙げる「近江路」「当麻路《タギマチ》」「大和路」の他に、次のような例が見える。

入間路《イリマヂ》　入間道《いりまぢ》の〈伊利麻治能〉大屋川原《おほ(や)がはら》の　いはゐつら　引かばぬるゝゝ　我《わ》にな絶《た》えそね（萬葉集三三七八《三三九六》・東歌）

大野路　大野路《(おほのぢ)》は〈大野路者〉繁道茂路《(しげちしげみち)》　繁《しげ》くとも　君し通はば　道は広けむ（萬葉集三八八一《三九〇三》）

紀伊路《キ》　これやこの　大和にしては　我が恋ふる　紀伊路《き(ぢ)》にありといふ〈木路尓有(ト)云〉名に負ふ背の山（萬葉集三五）

越路《コシヂ》　……しなざかる　越路《こしぢ》をさして〈古之地乎左之氐〉延《は》ふつたの　別《わか》れにしより……（萬葉集四二二〇《四二四四》）

相模路《ヂ》　相模道《(さがむ)ち》の〈相模治乃〉余綾《(よ)ろぎ》の浜《はま》の　砂《まなご》なす　児《(こ)》らはかなしく　思《おも》はるるかも（萬葉集三三七二 三三八九・東歌）

楽浪路《ササナミヂ》　……階《しな》だゆふ　楽浪道《さざなみぢ》を〈佐佐那美遅袁〉すくすくと　我《わ》が坐《いま》せばや……（古事記・応神・四二）

佐保路《ヂ》　夕霧《ゆふぎり》に　千鳥《ちどり》の鳴《な》きし　佐保道《(さほ)ぢ》をば〈佐保治乎婆〉荒《あら》しやしてむ　見《み》るよしをなみ（萬葉集四四七七 四五〇一）

信濃路　信濃道《(しなのぢ)》は〈信濃道者〉今《いま》の墾《は》り道《みち》　刈《か》りばねに　足踏《あしふ》ましなむ　沓《くつ》はけ我《わ》が背《せ》（萬葉集三三九九 三四一七・東歌）

龍田路　……龍田道《(たつたぢ)》の〈龍田道之〉岡辺の道に　丹つつじの　薫《(にほ)》はむ時の　桜花　咲きなむ時に……（萬葉集九七一 九七六）

丹波路　丹波道《(たにはぢ)》の〈丹波道之〉大江の山の　さなかづら　絶えむの心　我が思はなくに（萬葉集三〇七一 三〇八五）

筑紫路　筑紫道《(つくしぢ)》の〈筑紫道之〉荒磯の玉藻　刈るとかも　君が久しく　待つに来まさぬ（萬葉集三二〇六 三二二〇）

土左路　……参ゐ上る　八十氏人の　手向する　恐《(かしこ)》の坂に　幣《(ぬさ)》奉り　我はぞ追へる　遠き土左道《(とさぢ)》を〈遠杵土左道矣〉（萬葉集一〇二二 一〇二六）

難波路《ナニハヂ》　難波道《なにはぢ》を〈奈尓波治乎〉行《ゆ》きて来《く》までと　我妹子《わぎもこ》が　付《つ》けし紐《ひも》が緒《を》　絶《た》えにけるかも（萬葉集四四〇四《四四二七》・防人歌）

奈良路《ヂ》　君《きみ》が行《ゆ》き　日《け》長《なが》くなりぬ　奈良路《(なら)ぢ》なる〈奈良遅那留〉山斎《しま》の木立《こだち》も　神《かむ》さびにけり（萬葉集八六七《八七一》）

泊瀬路　こもりくの　豊泊瀬道《(とよはつせぢ)》は〈豊泊瀬道者〉常滑の　恐《(かしこ)》き道そ　恋ふらくはゆめ（萬葉集二五一一《二五一六》）

衾路　衾道《(ふすまぢ)》を〈衾道乎〉引手の山に　妹を置きて　山路を行けば　生けりともなし（萬葉集二一二）

松浦路《マツラヂ》　百日《もゝか》しも　行《ゆ》かぬ松浦道《まつらぢ》〈由加奴麻都良遅〉今日《けふ》行《ゆ》きて　明日《あす》は来《き》なむを　何《なに》か障《さや》れる（萬葉集八七〇《八七四》）

山背路　つぎねふ　山背道《(やましろぢ)》を〈山背道乎〉他夫《(ひと)づま》の　馬より行くに　己夫《(おのづま)》し　徒歩《(かち)》より行けば……（萬葉集三三一四《三三二八》）

若狭路　かにかくに　人は言ふとも　若狭道《(わかさぢ)》の〈若狭道乃〉後瀬《(のちせ)》の山の　後《(のち)》も逢《(あ)》はむ君（萬葉集七三七《七四〇》）

これらの例から見て、淡路《アハヂ》は、地名アハ［阿波］＋チ［路］の構成と見てよいと考えられる。ただ、淡路《アハヂ》は、地名＋チ［路］が改めて地名として用いられる例であって、その点で右の例と異なることが注意される。

地名＋チ［路］のチ［路］の意味

ところで、地名＋チ［路］のチ［路］には、次の二種がある。

(イ)その地名の所の中の道を表す場合

(ロ)その地名の所へ行く道を表す場合

淡路《アハヂ》は、淡路国が畿内と阿波国（徳島県）との間にあるという位置から見て、「阿波」へ行く道の意であると見られ、(ロ)の例ととらえられる。

さて、右の(イ)・(ロ)について、例えば近江路の場合は次のようである。

近江道《あふみぢ》の〈淡海路乃〉鳥籠《とこ》の山なる　不知哉川《いさやがは》　日《け》のころごろは　恋ひつつもあらむ（萬葉集四八七）

……近江道《あふみぢ》の〈近江道乃〉逢坂山《あふさかやま》に　手向《たむ》けして　我が越え行けば　楽浪《ささなみ》の　志賀の唐崎……（萬葉集三二四〇）

前者の例の「鳥籠《とこ》の山」や「不知哉川《いさやがは》」は、

犬上の〈狗上之〉鳥籠《とこ》の山なる〈鳥籠山尓有〉不知哉川《いさやがは》〈不知也河〉いさとを聞《き》こせ　我が名告《の》らすな（萬葉集二七一〇）

の例があって、近江国犬上郡の山・川と見られるので、前者は近江の中の道と考えられる。他方、後者の例の「逢坂山《あふさかやま》」は、山城国と近江国との境の山であるので、後者は近江へ行く道と考えられる。無論、全ての例がこのようにはっきりと分けられるものではないが、どちらかと言えば、(ロ)の例の

方がやや多いであろうか。とりわけ、

　冬の十二月、大宰帥《だざいのそち》大伴卿《おほとものまへつきみ》、京に上《のぼ》りし時、娘子《をとめ》が作る歌二首（一首略）

大和道《やまとぢ》は〈倭道者〉雲隠りたり　然れども　我が振る袖を　なめしと思《も》ふな（萬葉集九六六《九七一》）

のように、遠くへ行く人を送る歌の場合は、(ロ)と見る可能性が高いと思われる。

また、

　大坂《おほさか》に　遇《あ》ふや嬢子《をとめ》を　道問《みちと》へば　直《ただ》には告《の》らず　当麻道《たぎまち》を告《の》る〈當藝麻知袁能流〉（古事記・履中・七七、日本書紀・履中即位前・六四も同様）

の例は、古事記・日本書紀の本文によれば、履中天皇ないし即位前の皇太子が難波宮から逃れて大和国（奈良県）の石上神宮《いそのかみじんぐう》に至る途中のことであるから、当麻《たいま》の中の道というよりは、当麻を通る道、当麻を経由する道（すなわち竹内街道）と見るのがよいであろう。そのように見るならば、(イ)と見られるもののいくらかは、その地名の所を経由する道ととらえられることになろう。とりわけ、その地名が狭い地域を指す場合には、その地名の所を経由する道ととらえやすいと考えられる。

　戊辰《つちのえたつのひ》、美濃《みの》信濃《しなの》の二国の堺《さかひ》、径道険隘《けいだうけむあい》にして、往還艱難《わうくわんかんなん》なり。仍《より》て吉蘇路《キソぢ》を通《とほ》す。〈戊辰　美濃信濃二國之堺　径道険隘　往還艱難　仍通(二)吉蘇路(一)〉（続日本紀・和銅六[713]年七月）

とある「吉蘇路」（木曽路）も、木曽を経由する道と考えられる。(3)

(二) 信濃

旧国名をとり挙げるその第二として、シナノ〔信濃〕について考えることにする。現在の長野県に当たる。

ところで、長野県の隣の県はいくつあるかと数えてみると、西側の岐阜から時計回りに、富山・新潟・群馬・埼玉・山梨・静岡・愛知と八県あり、これは他の都道府県と比べて最多である。

同様に、信濃国の隣の国はいくつあるかと数えてみると、美濃・飛驒・越中・越後・上野・武蔵・甲斐・駿河・遠江・三河の十国で、これも他の国と比べて最多である。

一八七一〔明治四〕年一一月に信濃の西部と飛驒とからできた筑摩県の隣の県は、それらより多いこともあろうかと数えてみると、岐阜・福井・金沢・新川・柏崎・長野・山梨・静岡・浜松・額田の十県で、信濃国の隣の十国を越える訳ではない。

シナノ

「科野」

信濃は、

故《かれ》、追《お》ひ往《ゆ》きて、科野国《しなののくに》の州《す》羽海《はのうみ》に迫《せ》め到《いた》りて〈迫㆓到科野國之州羽海㆒〉（古事記・神代）

科野国言《しなののくにまう》さく〈科野國言〉、「蠅《はへ》群《むらが》れて西《にし》に向《むか》ひて、巨坂《おほさか》を飛《と》び踰《こ》ゆ。大《おほ》きさ十圍許《としだきばかり》。高《たか》さ蒼天《あめ》に至《いた》れり。」とまうす（日本書紀・斉明天皇六年是歳）

のように「科野」とも記される。「信濃之奈乃」（和名類聚抄・国名）とあるように、シナノと訓《よ》む。

「信濃」

シナノのシナに「信」字を当てることについては、江戸時代の本居宣長『地名字音転用例』や東条義門『男信《なましな》』に詳しい。

日本語は、音節が母音で終わる開音節語であり、中国語は、音節が子音で終わることもある閉音節語である。中国漢字音には、

-p・-t・-k（入声《にっしょう》）
-m・-n・-ng（鼻音）

のように子音で終わる音節があり、その漢字を日本語の表記に用いる場合には、おおよそ、その子音をとり除いて一音節に用いるか、その子音の後にイ・ウの母音を（主に固有名詞ではア・オの母音を）加えて二音節に用いるかして、音節が母音で終わる日本語に合わせて用いられる。信濃の「信」字は-nの例で、アの母音を加えて二音節シナとして用いるものである。

他方、信濃の「濃」は、上代特殊仮名遣のノ甲類の萬葉仮名であり、ノ甲類であるノ̄「野」「春《はる》の野《の》に〈波流能努尓〉鳴《な》くやうぐひす　なつけむと　我《わ》が家《へ》の園《その》に　梅《うめ》が花咲《はなさ》く」（萬葉集八三七 八四一）を表すと見てよいであろう。

階《シナ》野《ノ》

鏡味明克《かがみあきかつ》氏「長野県の地名」[4]は、信濃のシナについて、江戸時代の、賀茂真淵《かものまぶち》の「階《しな》坂」説、谷川《たにがわ》士清《ことすが》の「科《しな》の木」説などがあるとした上で、

長野県には各地に科《しな》の地名が見られ、いずれも山麓や丘陵地に位置することから、信濃も同じ地形語と思われ、真淵も説いたように、段々の「階《しな》」の語源で、段丘、傾斜地、坂などとして説かれている諸説がほぼあてはまる「階野《しなの》」であろう。古代の郡郷名にも科の地名は多く、信濃国内で『和名抄』に見える名として、更級《さらしな》、埴科《はにしな》の郡名、更級郡の更級、埴科郡の倉科《くらしな》、高井郡の穂《ほ》科《しな》、安曇《あずみ》郡の前科《さきしな》の郷名が算えられる。現在の市町村名でも、更級、埴科の両郡名を合わせた更《こう》埴《しょく》市をはじめ、明科《あかしな》町（略）、立科《たてしな》町（蓼科《たてしな》山と同源）、浅科村などがあり、旧村名として妻科《つましな》（長野市）、駄科《だしな》（飯田市）、正科《しょうじな》（池田町。古くは庄科と書いたように荘園の「庄」か）などがある。また大町市付近の古名仁科《にしな》も赤土の丹階《にしな》の意であろう。（略）明科《あかしな》も「赤科《あかしな》」で仁科と同じ赤土の名、段丘の地形がよく見える。（略）隣接豊科《とよしな》町の名だけはシナに語源を持つ地名ではなく、明治七年（一八七四）に、鳥羽《とば》、吉野《よしの》、新田《しんでん》、成相《なりあい》の四村を合併して、四つの村の頭の音を合わせて豊科《とよしな》と称した合成地名である。

と述べられて、「階《しな》」と「野《の》」とが複合した「階野《しなの》」であるとされる。

「科《しな》の木」説と「階坂《しな》」説

鏡味氏の言われる賀茂真淵の「階坂《しな》」説とは、枕詞についての『冠辞考』（「しなざかる」の項）に、「譬《たとへば》は信濃國を古《いにしへ》は科野と書《かく》、その郡にも埴科《ハニシナ》・更級《サラシナ》あり、波閇科・妻科などいふ神社もこゝに有《ある》は、式に見ゆ、山國にて級坂《シナ》あれは《ば》地の名となりけん（略）」とあるのを指し、谷川士清の「科《しな》の木」説とは、日本書紀の注釈書である『日本書紀通証』（巻十二）に、「信濃ノ國（略）今按ずるに、科の木、此の国に出づ。其の薄皮、甚だ靭《しな》ひ強し。〈今按 科ノ木、出二於此國一 其薄皮、甚靭強《シナヒツヨシ》〉」とあるのを指すと見られる。

鏡味氏は、「階坂《しな》」説により、信濃のシナは「段丘、傾斜地、坂など」を表すとされている。

〜シナ

和名類聚抄・二十巻本の地名を見ると、〜科《シナ》・〜級《シナ》・〜階《シナ》および〜信《シナ》が見える。

〜科《シナ》：ヤマシナ「山科也末之奈」（山城国・宇治《ウヂ》郡、高無訓）、ハニシナ「埴科波尓志奈」（信濃国・埴《ハニ》科《シナ》郡名）、ホシナ「穂科保[之]〻奈」（＊同・高井《タカヰ》郡、高保之奈）、クラシナ「倉科久良之奈」（＊同・科《シナ》郡）、カラシナ「辛科加良之奈」（＊上野国・多胡郡）、カサシナ「笠科加佐之奈」（＊同・利《ト》根《ネ》郡、高加左之奈）

〜級《シナ》：サラシナ「更級佐良志奈」（信濃国・郡名）・「更級左良之奈」（同・更級《サラシナ》郡、高無訓）

〜階《シナ》：タカシナ「高階太加之奈」（武蔵国・入間《イルマ》郡、高無訓）

〜信《シナ》：タウシナ「當信唐[シ]奈」（☆信濃国・更級《サラシナ》郡、急無訓）、ナマシナ「男信奈万之奈」（＊上野国・利根《トネ》郡、高奈末之奈）

右の男信《ナマシナ》は、東条義門『男信』の題になったものである。
延喜式・神名帳の信濃国には、真淵『冠辞考』にも挙げられるように、次のものが見える。
波閇科《ハヘシナ》神社・佐良志奈《サラシナ》神社（更級郡）、妻科《ツマシナ》神社（水内郡）
また、長野県の、これまでに挙げられていない旧村名に、次のものがある。
神科《かみしな》（上田市）、更科《さらしな》（中野市）、更級《さらしな》（埴科郡）、信級《のぶしな》（上水内郡）、および、科布《しなの》（南安曇郡）
さて、科《シナ》・級《シナ》・階《シナ》および品《シナ》は階層を表す。音読みの〜信《シナ》も同様である可能性が高い。

階陛倭に云《い》はく之那《シナ》といふ〈倭云 之那〉（略）（新訳華厳経音義私記《しんやくけごんきょうおんぎしき》）
層（略）累なり 級なり（略）志奈《シナ》 又己志《コシ》なり〈志奈 又己志也〉（新撰字鏡）
陛（略）階陛 志奈《シナ》 又波志《ハシ》 又毛止井《モトヰ》〈志奈 又波志 又毛止囲〉（新撰字鏡）

の例があり、岡田希雄《よしお》氏『新訳華厳経音義私記倭訓攷』[5]は、

之那は階陛二字の和訓であり、（略）こゝのシナは階段、段《キダ》はしの事であるが、シナと云ふ語は山階寺、信濃国のシナ、其の信濃や上野の山国に多い更科、明科《アケシナ》、蓼科《タデシナ》、男信《ナマシナ》などのシナ、人品や階級を云ふシナ等と同じ語である。

と述べられる。『岩波古語辞典』には、「《階段のように順次に高低の差別・序列のあるもの。転じて、序列によって判定される物の質の良否》」とあり、その「転じて」以下のシナ［品］の例としては、「弓《ゆみ》といへば 品《しな》なきものを〈志奈〻支毛乃遠〉梓弓《あづさゆみ》 真弓《まゆみ》槻弓《つきゆみ》 品《しな》ももとめず〈志奈毛毛止女須〉品《しな》もとめず〈志奈毛〻止女須〉」（神楽歌一六・弓）がある。

〜シナ（・〜ジナ）の地名は、基本的に鏡味氏の言われる通りであろう。シナが「段丘、傾斜地、坂」の意、ノが野の意であるとするならば、信濃国の野は基本的に盆地であるから、シナノは段丘などに囲まれた野の意ということになろうか。

なお、鏡味氏の記述のうち、更埴市は、二〇〇三年九月一日、更級郡上山田町、埴科郡戸倉町と合併して、千曲《ちくま》市になった。

風《シ》ナ野《ノ》

ところで、〜シナ（・〜ジナ）の後項シナを「段丘、傾斜地、坂」の意と見るとして、それがそのままシナノ〔信濃〕の前項シナについても言えるかどうかと言うと、そう簡単ではない。実は、〜シナ（・〜ジナ）の地名は多く挙げられるが、シナノの他にはシナ〜の例が和名類聚抄・二十巻本に見えないこと[6]が注意されて、シナが前項に来るシナノを、シナが後項に来る〜シナ（・〜ジナ）と同様にとらえてよいかどうかが問題になる。

とすると、シナ〜の場合のもう一つの可能性が検討される必要があろう。

それは、シナノ〔信濃〕を、シ〔風〕＋ナ〔連体〕＋ノ〔野〕の構成ととらえることである。なお、ナ〔連体〕が語末に来ることはないので、〜シナ（・〜ジナ）の場合にはその可能性はない。

アラシ〔嵐〕・ツムジ〔飄〕

アラシ〔嵐〕　ぬばたまの　夜さり来れば　巻向の　川音高し　あらしかもとき〈荒足鴨疾〉（萬葉集

一二〇一〔一二〇五〕）　吹くからに　秋の草木の　しをるれば　むべ山かぜを　あらしといふらむ（古今集二四九）

ツムジ［飄］……み雪降る　冬の林に（一云、略）つむじかも〈飄可毛〉い巻き渡ると……（萬葉集一九九）七日に満たず、倏《たちまち》に猛風《ツムジカゼ》来《きた》りて〈縫〔倏〕猛風来《倏忽也　猛風川牟之加世》〉（日本霊《にほんりょう》異記《いき》・上三十四・興福寺本）

風を表すシ［風］には、アラシ［嵐］・ツムジ［飄］などの例が見える。アラシ［嵐］については、第二章二にふれた。ツムジカゼ［旋風］は、ツムジ［飄］のシが風の意であることから見て、シが風の意であることが明らかでなくなって、かつ、ツムジが「奴万呂年四　左右の耳に都牟自《ツムジ》〈左右耳都牟自〉」（正倉院文書・奴婢見来帳・天平勝宝二［750］年）のように旋毛の意をも表すところからそれと区別する必要があって、新たにカゼ［風］と複合したものととらえられ、ツムジ［飄］をツムジカゼ［旋風］の略語とはとらえないのがよいと考えられる。(7)

シナト

また、風が吹くところを表すとされるシナトの例が見える。

シナト——吹《ふ》き撥《はら》ふ気《いき》、神と化為《な》る。号《みな》を級長戸辺命《しなとべのみこと》と曰《まう》す。亦は級長津彦命《しなつひこのみこと》と曰《まう》す。是、風神《かぜのかみ》なり。〈号曰(二)級長戸邊命(一)　亦曰(二)級長津彦(一)　是風神也〉（日本書紀・神代上・第六段一書第六）　科戸《しなと》の風乃《かぜノ》〈科戸之風乃〉天《あめ》の八《や》重《へ》雲乎《ぐもヲ》吹《ふ》き放《はな》つ事《こと》の如久《ごとク》（祝詞《のりと》・六月晦大祓《みなづきのつごもりのおほはらへ》）

日本書紀の神名シナトベノミコトの、また、祝詞に見えるシナトノカゼのシナトがそれである。

なお、シナトについては、先に、第二章二で、風が吹く所というより、風が通る狭い所を表すと見る方がよいことについて述べた。

因みに、白土三平の漫画『カムイ伝』に、抜忍の「風《シナド》のトエラ」という登場人物がいる。シナトではなく、シナドとあるが、やはりこのシナトのことであろう。余談であるが、白土の描く忍者の名には、『ワタリ』に登場する「セセナギ」のように、他にも古語が見える（類聚名義抄「溷」字の訓に「セ、ナキ」とある）。

伊勢津彦説話

さて、田中（現姓、宮川）久美氏「枕詞「しなたつ・しなてる・しなだゆふ」について」(8)は、その標題に挙げる三つの枕詞シナタツ・シナテル・シナダユフがかかる地名が、いずれも製鉄に関わる地であるとして、そのシナを（製鉄に必要な）風の意ととらえられる。

田中氏が参照されるところの江戸時代の斎藤彦麻呂『諸国名義考』も、また、田中氏論文も挙げられることであるが、次のような伊勢津彦の説話がある。

神倭磐余彦《かむやまといはれひこ》の天皇《すめらみこと》（略）天《あめ》の日別《ひわけ》の命《みこと》に勅《みことのり》して曰《の》りたまはく、「国、天津《あまつ》の方《かた》にあり。其の国を平《ことむ》くべし。」とのりたまひ、（略）其の邑《むら》に神あり、名を伊勢津彦《イセつひこ》と曰《い》ふ〈名曰㆓伊勢津彦㆒〉。（略）啓《ま》云《を》さく「吾今夜《あれこよひ》を以《もち》て、八風《やかぜ》を起《おこ》して〈起㆓八風㆒〉海水《うしほ》を吹《ふ》き、波浪《なみ》に乗りて東《あづま》に入らむ。（略）」とまをす。（略）大風四《おほかぜよも》ゆ起《おこ》り〈大風四起〉、波瀾《なみ》を扇挙《うちあ》ぐ。（略）古語《ふること》に云《い》はく「神風《かむかぜ》の伊勢《イセ》の国《くに》〈神風伊勢國〉、常世《とこよ》浪寄《なみよ》する国《くに》」といふは蓋《けだ》しこの謂《いひ》ならむや。伊勢津彦の神は、

逃《のが》れて信濃の国に来往《ゆ》けりといふ〈伊勢津彦神　逃令来往信濃國〉。（伊勢国風土記逸文［萬葉集註釈］）

枕詞カムカゼノ

右の伊勢国風土記逸文に「神風《かむかぜ》の伊勢《イセ》の国《くに》〈神風伊勢國〉」とあることについて、少し述べておく。

「神風《かむかぜ》の」は、伊勢にかかる枕詞として用いられていて、

神風《かむかぜ》の〈加牟加是能〉伊勢《（いせ）》の海《うみ》の　生石《おひし》に　這《は》ひ廻《もとほ》ろふ　細螺《しただみ》の　い這《は》ひ廻《もとほ》り……（古事記・神武・一三）

の例も見える。枕詞「神風《かむかぜ》の」が伊勢にかかることについては、『時代別国語大辞典上代編』に「伊勢の地は神のいる所であり、常に風の烈しい土地であるところから、伊勢《イセ》にかかる。」と『岩波古語辞典』に「神風の息吹（いぶき）のイと同音から「伊勢」にかかる。一説、イセツヒコが風を起した伝説があることなどから「伊勢」にかかる。」とある。イ［息］は、

吹《ふ》き棄《う》つる氣噴《いふき》の狭霧《さぎり》吹《ふ》き棄《う》つる氣噴《いふき》の狭霧《さぎり》、此をば浮枳于都屢伊浮岐能佐擬理《フキウツルイフキノサギリ》と云《い》ふ。〈吹棄氣噴之狭霧吹棄氣噴之狭霧　此云　浮枳于都屢伊浮岐能佐擬理〉に生まるる神を（日本書紀・神代上・第六段本書）

のように息《いき》の意に用いられるが、息はすなわち風でもある。従って、枕詞「神風《かむかぜ》の」は、伊勢は風の強い土地であり、だからこそ、伊勢《イセ》津《つ》彦《ひこ》の説話があるのであろうが、他方で、息は風でもあるので、イ［息］の音を持つ伊勢にかかる、という関係であるととらえられる。

諏訪と風神

さて、この伊勢国風土記逸文に、「伊勢津彦の神は、逃《のが》れて信濃の国に来往《ゆ》けりといふ。」とあるこ

とが注意される。つまり、風を起こすところの伊勢津彦が逃れて行った信濃もまた、風の強い土地ではないかと考えられる。そして、そのことは、信濃国の諏訪と風神との話に現れている。

　けさみれば　きそぢの桜　咲きにけり　風のはふりに　すきまあらすな（散木奇歌集七五、夫木一一二二も同様）

俊頼歌云、シナノナル　キソヂノサクラ　サキニケリ　カゼノハフリニ　スキマアラスナ／是ハ信濃国ハ極《いと》風早キ処也。仍《よりて》スハノ明神ノ社　風祝《かぜのはふり》ト云物ヲ置テ、是ヲ春ノ始ニ深物ニ籠居テ祝シテ百日之間尊重スルナリ（袋草紙・上・雑談、十訓抄にも同話）

しなのぢや　風のはふりに　心せよ　しらゆふ花の　にほふ神がき（洞院百首一七二、夫木一一二一も同様）

諏訪の明神に「風祝」を置いたとあるところの「風の祝《はふり》」とは、風神を祭る神職のことである。前掲『諸国名義考』に、「信濃ハ息長野《シナノ》にてもあらむか」とあり、前掲田中氏論文に、「信濃は風に縁の深い地ではある」とあって、信濃は風《シ》ナ野《ノ》であるとも考えられる。

　信濃は、階野《シナノ》であろうか、風《シ》ナ野《ノ》であろうか。階《シナ》〜の例が他にないとすると、どちらかと言えば後者の方がよいであろう。

注

（1）「風土記研究」19〔1995・12〕の「編集後記」（植垣節也氏執筆）

（2）「直通」は、底本・諸本に「近通」とあって、問題がない訳ではない。神道大系古典編7『風土記』（田中卓氏校注）、橋本雅之氏「『常陸国風土記』注釈（一）総記」（「風土記研究」19〔前掲〕）参照。

（3）以上に述べたことの多くは、蜂矢「チ〔路〕とミチ〔道〕」（『萬葉集研究』30〔2009・3 塙書房〕）参照。

（4）「角川地名大辞典月報」47〔1990・7〕

（5）〔1962・9 京都大学国文学会〕、もと「国語国文」11-3〔1941・3〕

（6）東京都の区名の「品川」は、平安末期から確認できるが、「階《シナ》〜」とは考えにくいようである。

（7）蜂矢「古語の略語」（「日本語学」7-10〔1988・10〕）参照。第二章三の注(12)をも参照。

（8）「叙説」（奈良女子大学）6〔1981・10〕

二　島根・新潟——県名から

次に、県名を二つとり挙げることにしたい。シマネ［島根］とニヒガタ［新潟］とである。

㈠　島　根

島根《しまね》について考えることにするが、これは、漢字表記にそのまま沿ってシマ［島］＋ネ［根］と分析されよう。そのように分析した上で、改めてシマ［島］とネ［根］との関係を考えてみたい。

シマ［島］とネ［根］

シマ［島］

島根《しまね》の前項であるシマ［島］「…うち廻《み》る 島《しま》の埼々《さきざき》〈斯麻能佐岐耶［邪］岐〉かき廻《み》る 磯《いそ》の埼落《さきお》ちず…」（古事記・神代・五）のマは、ヤマ［山］・ハマ［浜］・ヌマ［沼］・クマ［隈］などと合わせとらえると、阪倉篤義氏『語構成の研究』(1)が述べられるように、「場所あるいは状態を意味する造語成分」かと考えられる。(2)シマ［島］のシは、必ずしも明らかではないが、占有する、占有する印をつける意の動詞シム［標・占］「あをによし 奈良人見《ひとみ》けむと 我《わ》が背子《せこ》が 標《し》めけむ黄葉《もみち》〈之米家牟毛美知〉地《つち》に落《お》ちめやも」（萬葉集四二二三 四二四七）とともにとらえられるかとも考えられる。類聚名義抄に見えるアクセントは、

シマ　嶋之方（禾）（平平）（図一三七）

シム　占シム（平上）（高76ウ）、シメ　摽シメ（平平）（観仏下本五〇［26ウ］）

のように、いずれも低く始まる低起式であるので、その可能性はあると見られる。

ネ［根］

他方、ネ［根］「…竹《たけ》の根《ね》の〈多氣能泥能〉根足《ねだ》る宮《みや》〈泥陁流美夜〉木《こ》の根《ね》の〈許能泥能〉根蔓《ねば》ふ宮《みや》〈泥婆布美夜〉…」（古事記・雄略・九九 一〇〇）は、『時代別国語大辞典上代編』に、

①植物の根。（略）②接尾語として、名詞に直接、あるいはガを介してつく。大体、生えているもの・地についているものの意の名詞に接し、それゆえ根《ネ》の名詞的意味を保っているかどうか決めにくいことが多い。（略）

とあり、『岩波古語辞典』に、

《ナ（大地）の転。大地にしっかりと食い込んでいるものの意》①植物の、地中に張って、幹を支える部分。（略）②起源。由来。根源。（略）③《接尾語的に用いて》㋑大地にしっかり食い込んでいるもの。（略）㋺しっかりもとに食い込んでいるもの。（略）

とある。島根《しまね》の後項であるネ［根］は、前者の②、後者の③に当たり、接尾語と見られる。

接尾語ネ［根］が用いられるものに、次のようなものがある。

地中に張る植物の根の意のもの

まず、(イ)地中に張る植物の根の意が比較的よく見えるものを挙げる。

そのうち、(a)植物を表す名詞に下接するものとして、

クサネ［草根］　安可見《あかみ》山《やま》　草根《くさね》刈《か》り除《そ》け　〈久左祢可利曽氣〉逢《あ》はすがへ　争《あらそ》ふ妹《いも》し　あやにかなしも（萬葉集三四七九《三四九八》・東歌）

カヤネ［草根］　君が代も　我が代も知るや　磐代の　岡の草根《かやね》を〈岡之草根乎〉いざ結びてな（萬葉集一〇）

キネ［木根］　磐根《いはね》木根《きね》履《ふ》み佐久弥弖《サクミテ》〈磐根木根履佐久弥弖〉（祝詞《のりと》・六月《みなづきの》月次《つきなみ》）

の例が見え、(b)工作物を表す名詞に下接するものとして、

カキネ［垣根］　うぐひすの　通ふ垣根《かきね》の〈徃来垣根乃〉卯《う》の花の　憂きことあれや　君が来まさぬ（萬葉集一九八八《一九九二》）

の例が見える。先の両辞典には指摘されていないが、

ヤネ［屋根］　板葺の　黒木の屋根《やね》は〈黒木乃屋根者〉山近し　明日の日取りて　持ちて参《ま》ゐ来《こ》む（萬葉集七七九《七八二》）

も、かつて竪穴式住居では屋根が地面に着いていたので、(b)に入れられよう。

根を張るように大地に固定されているもの

次いで、(ロ)根を張るように大地に固定されているものに、

イハネ［岩根］　妹《いも》に逢《あ》はず　あらばすべなみ　岩根《いはね》踏《ふ》む　〈伊波祢布牟〉　生駒《いこま》の山を　越《こ》えてそ我《あ》が来《く》る（萬葉集三五九〇《三六一二》）

イハガネ［岩根］　……岩《いは》が根《ね》の　〈伊波我祢乃〉　荒《あら》き島根《しまね》に　宿《やど》りする君（萬葉集三六八八《三七一〇》）

の例が見える。

からだに根のように生えているもの

そして、(ハ)からだに根のように生えているものに、

ハネ［羽根］　……白《しろ》たへの　翼《はね》さし交《か》へて　〈波祢左之可倍弖〉　打《う》ち払《はら》ひ　さ寝《(ぬ)》とふものを……（萬葉集三六二五《三六四七》）

ウナネ［頸根］　宇《ウ》事《ジ》物《もの》　頸根《うなね》築《つ》き抜《ぬ》き弖《テ》　〈宇事物　頸根築抜弖〉（祝詞・広瀬大忌祭《ひろせのおほいみのほかひ》）

の例が見える。また、ネ［根］の意がやや見えにくいが、

マヨネ［眉根］　眉根掻き　〈眉根掻〉　鼻ひ紐解け　待てりや　いつかも見むと　恋ひ来《(こ)》し我を（萬葉集二八〇八《二八一九》）

シヒネ［瘤］　奴安居万呂年六　右方与《ヨ》保《ホ》呂《ロ》久《ク》保《ボ》尓《ニ》志《シ》比《ヒ》祢《ネ》在《あ》り〈右方　與保呂久保爾　在志比禰〉額に黒子《ほくろ》一つ（正倉院文書・大宅朝臣賀是万呂奴婢見来帳・天平勝宝二［750］年）

もここに入れられよう。

右のうち、ハネ［羽根］は、本来、ハ［羽］「翁（略）波於止《ハオト》〈波於止〉」（新撰字鏡）が胴体に生えている根もとの部分を言ったものが、後に、ハ［羽］をもハネ［羽根］と言うようになったかと見られる。接尾語ネ［根］のものの多くは、ヤネ［屋根］・カキネ［垣根］など、いずれも同様であろう。

なお、ハ［羽］は、ハ［葉］「狭井川《さゐがは》よ　雲立《くもた》ち渡《わた》り　畝火山《うねびやま》　木《こ》の葉《は》さやぎぬ〈許能波佐夜藝奴〉風《かぜ》吹《ふ》かむとす」（古事記・神武・二〇）とともにとらえられる可能性がある。ハ［羽］もハ［葉］もほぼ平らな形態で、ハ［羽］が胴体に生えることとハ［葉］が枝につくこととが類似していて、そして、類聚名義抄に見えるアクセントを見ると、

ハ［羽］　羽ハ（上）ハネ（上上）（観僧上九五［49オ］）

ハ［葉］　葉ワキハヨ（〇〇上上）（観僧上四六［24ウ］）　藿マメノハ（平平平上）（観僧上一八［10ウ］）

のように、いずれも高いアクセントである上声であることから見て、そのように考えられる。

その他のもの

さらに、㈡その他のものとして、先の両辞典のいずれかが「接尾語」とするものに、

キネ［杵］　杵（略）訓、岐祢《キネ》〈川［訓］岐祢〉（新訳華厳経音義私記《しんやくけごんきょうおんぎしき》）

ツナネ［綱根］　底《そこ》つ磐根《いはね》乃《ノ》極《きは》美《ミ》、下《した》つ綱根《つなね》古語《ふること》に番縄《つがひなは》の類《たぐひ》之《これ》を綱根《つなね》と謂《い》ふ〈底津磐根乃極美　下津綱根古語番縄之類謂之綱根〉（祝詞・大殿祭《おほとのほかひ》）

イヒネ［飯］　飯《いひ》ね〈伊比祢〉良《よ》く数《かぞ》へて賜《たま》ふべし（正倉院仮名文書・甲）

の例が見える。ネ［根］の意がはっきりしていないので、接尾語ネの例と言えるかどうか判断が難し

いが、ツナネ［綱根］の例は、イハネ［岩根］と対になって用いられているので、接尾語ネ［根］と見てよいであろうか。

そして、シマネ［島根］は、

……大和《やまと》をも　遠《とほ》く離《さか》りて　岩《いは》が根《ね》の　荒《あら》き島根《しまね》に〈安良伎之麻祢尓〉宿《やど》りする君（萬葉集三六八八 三七一〇）

のように萬葉集に見え、「島。ネは接尾語。」（『時代別国語大辞典上代編』）、「《ネは大地にしっかりとくいこんだもの》島。」（『岩波古語辞典』）とされていて、右の(ロ)に入れられる。

出雲国風土記の国引き説話

島根県は、出雲・石見・隠岐の三国からなる。出雲国風土記によると、出雲国には意宇・嶋根・秋鹿・楯縫・出雲・神門・飯石・仁多・大原の九郡があり、和名類聚抄・大東急記念文庫本によると、意宇於宇・能義乃木・嶋根[之]三末祢・秋鹿安伊加・楯縫多天奴比・出雲[3]・神門加无止・飯石伊比之・仁多尓以多・大原於保波良の十郡がある。県名「島根」は、出雲国の郡名「嶋根」によると見られる。

国引き説話

さて、出雲国風土記で最もよく知られているのは、国引き説話であろう。

「八束水臣津野命《やつかみづおみづののみこと》」が、

(1)「栲衾《たくぶすま》、志羅紀《シラキ》の三埼《みさき》〈栲衾　志羅紀（新羅）乃三埼〉」、

(2)「北門《きたど》の佐伎《サキ》の国〈北門佐伎之國〉」、
(3)「北門《きたど》の農波《ぬなみ》の国〈北門之良〔農〕波乃國〉」、
(4)「高志《コシ》の都都《ツツ》の三埼《みさき》〈高志（越）之都都乃三埼〉」
を、それぞれ、「国の余《あまり》有りやと見れば、国の余《あまり》有り〈國之餘有耶見者 國之餘有〉」と詔《の》りたまいて、「童女《をとめ》の胸鉏取《むなすきと》らして〈童女胸鉏所（レ）取而〉、大魚《おふを》の支太《キダ》衝《つ》き別《わ》けて〈大魚之支太衝別而〉、波多《ハタ》須ゝ支《ス、キ》穂《ほ》振《ふ》り別《わ》けて〈波多須ゝ支穂振別而〉、三身《みつみ》の綱打《つなう》ち挂《か》けて〈三身之綱打挂而〉、霜黒葛《しもつづら》闇ゝ耶《クルヤ、》ゝゝ尓《、、ニ》〈霜黒葛闇ゝ耶ゝゝ尓〉、河船《かはぶね》の毛ゝ曽ゝ呂ゝ尓《モソロ、、、ニ》〈河船之毛ゝ曽ゝ呂ゝ尓〉、国ゝ来ゝ《くにこ、、》〈國ゝ来ゝ〉」
と引き来縫《きぬ》える国は、それぞれ
(1)「去豆乃《コヅノ》折絶《をりたえ》より、八穂尓支豆支《やほニキヅキ》の御埼《みさき》〈自（二）去（小）豆（豆）乃折絶（一）而 八穂尓支豆支（杵築）御埼〉」、
(2)「多久乃《タクノ》折絶《をりたえ》より、狭田《さだ》の国〈自（二）多久乃折絶（一）而 狭田（佐陀）之國〉」、
(3)「宇波の折絶《をりたえ》より、闇見《くらみ》の国〈自（二）宇波折絶（一）而 闇見國〉」、
(4)「三穂《みほ》の埼《さき》〈三穂（美保）之埼〉」
であり、(1)を持ち引ける「綱《つな》」は「薗《その》の長浜《ながはま》〈薗之長濱〉」で、堅め立てし「加志《カシ》」は「石見の国と出雲の国との堺に有る、名は佐比賣《サヒメ》山〈石見國与（二）出雲國（一）之堺有 名佐比賣山〉」であり、(4)を持ち引ける「綱《つな》」は「夜見《よみ》の嶋《しま》〈夜見嶋〉」で、堅め立てし「加志《カシ》」は「伯耆《ははき》の国に有る火神岳《ひのかみだけ》〈有（二）伯耆國（一）火神岳〉」である、という。引き来縫《きぬ》われた(1)~(4)は、西から東へほぼ出雲・楯縫・秋鹿・嶋根の四郡、つまり島根半島に当たる。また、右の「佐比賣《サヒメ》山」は今の三瓶《さんべ》山に当たり、「夜見《よみ》の嶋《しま》」

は今の弓ケ浜《ゆみがはま》に当たり、「伯耆《ははき》の国に有る火神岳《ひのかみだけ》」は今の大山《だいせん》に当たる。

ところで、嶋根郡は、前掲「八束水臣津野命《やつかみづおみづののみこと》」が命名したとあり、島根半島の東半部に当たり、ほぼ右の(3)・(4)の地域に当たる。

シマネは、萬葉集のシマネの例によれば、島が大地に固定されているものということになるが、嶋根郡のシマネについて考える場合に、固定されている嶋根郡を含む島根半島が国引きされるとは考えにくいので、国引きの後で固定されて、シマネと呼ばれたということであろうか。

シマネ［嶋根］

以下、萬葉集のシマネをシマネ［島根］と表し、嶋根郡のシマネをシマネ［嶋根］と表して、区別して考えることにする。

嶋根郡は、「綱」である弓ケ浜によって引かれた国の根もとに当たる。ここで、本来のハネ［羽根］を例にして述べると、ハ［羽］が弓ケ浜、胴体が島根半島、ネ［根］の部分が嶋根郡に相当することになろう。こう考えると、シマネ［嶋根］のネはネ［根］の意を持ち、(ハ)に近いものと考えられて、それは(ロ)のシマネ［島根］の場合とやや異なる意味を持つことになる。

ところが、ハネ［羽根］の場合に、ネ［根］の部分はハネと呼ばれることを合わせ考えると、シマネ［嶋根］のネ［根］の部分は、引いた「綱」の根もとであるから、シマネではなくツナネとでも呼ぶべきであろうということになって、この考え方は些か具合が悪いようにも思われる。

しかしながら、萬葉集のシマネ［島根］のようにとらえようとすると嶋根郡は島であることになるが、シマネ［嶋根］のようにとらえる場合にそうはならないであろう。

ここに、嶋根郡を含む島根半島は、「國」・「三埼」が国引きされたものの集合であり、「嶋」と記されていないことに注意する必要がある。さらに、注意しなければならないのは、弓ケ浜が「夜見嶋」のように「嶋」と記されていることである。とすると、シマ（夜見嶋）は、ハネ［羽根］のハ［羽］に相当する場所であることになり、嶋根郡はやはり（ツナのネ［根］ではなく）シマ（夜見嶋）のネ［根］に当たる場所であったと言うことができることになる。

嶋根郡のシマネは、国引きの後で固定されたものと見ることもできようが、シマ［島］である「夜見嶋」の、ネ［根］に当たる場所であると考える方がおもしろいように思われる。

㈡　新潟

県名の第二として、新潟について考えることにする。

新潟の「潟」は、潮の満干《みちひ》により、見え隠れするところ、とりわけ、干潮により見えるところ（干《ひ》潟《がた》）を言い、「…射水川《いみづかは》　湊《みなと》の渚鳥《すとり》　朝凪《あさなぎ》に　潟《かた》にあさりし〈可多尓安佐里之〉潮満《しほみ》てば　妻呼《つまよ》び交《か》はす…」（萬葉集三九九三《四〇一七》）のような例があるが、特に問題はない。

問題は、むしろニヒ［新］にある。

ニフ［新］とニヒ［新］

ニヒ［新］

新潟《にいがた》・新津《にいつ》など、新《にい》〜という地名がある。上代にも

　ニヒバリ［新治］　新治《にひばり》〈迩比婆理〉筑波《つくは》を過《す》ぎて　幾夜か寝つる（古事記・景行・二五、地名）

のような例が確認できる。ニヒバリ［新治］の後項ハリは、開墾する意の動詞ハル［墾］「草陰《くさかげ》の　安《（あ》努《の）》な行《ゆ》かむと　墾《は》りし道《みち》〈波里之美知〉安《あ》努《（の）》は行《ゆ》かずて　荒草立《あらくさだ》ちぬ」（萬葉集三四四七［三四六六］・東歌）の連用形が名詞化したものと見られる。

　ニヒ［新］は、固有名詞の他にも、

　ニヒサキモリ［新島守］　今替はる　新防人《にひさきもり》が〈尓比佐伎母利我〉舟出《ふなで》する　海原《うなはら》の上《うへ》に　波《なみ》な咲《さ》きそね（萬葉集四三三五［四三五九］）

　ニヒムロ［新室］　新室《にひむろ》の〈尓比牟路能〉こどきに至《いた》れば　はだすすき　穂に出《で》し君《きみ》が　見えぬこころ（萬葉集三五〇六［三五二七］・東歌）

などの例がある。

　和名類聚抄・二十巻本の地名の、ニヒ［新］の例を挙げる。助詞ノを伴うものを除いて、

　ニヒキタ　新分尓比支多（＊筑前国・鞍手郡、[高]迩比位［伎］多）

　ニヒクラ　新座尓比久良（武蔵郡・郡名）

ニヒタ　新田迩比太（陸奥国・郡名）・新田尓比多（播磨国・揖保《イヒボ》郡、[高]無訓）

ニヒノ　新野尓比乃（遠江国・城飼《キカフ》郡、[高]無訓）（＊隠岐国・周吉郡、[高]迩比乃）・新野迩比乃（☆美作国・勝田《カツマタ》郡、[急]無訓）

ニヒバリ　新治尓比波里（常陸国・郡名）

ニヒミ　新見尓比美（＊備中国・哲多郡、[高]迩比美）

ニヒヤ　新野尓比夜（＊攝津国・嶋下《シマノシモ》郡、[高]迩比夜）、新屋尓比也（＊上野国・甘樂《カムラ》郡、[高]新居迩比也）

ニヒヰ　新居仁比井（伊豫国・郡名）（駿河国・益頭《マシヅ》郡）（＊駿河国・有度《ウド》郡）（近江国・浅井《アサヰ》郡、[高]無訓）・新居尓比井（筑前国・席田《ムシロダ》郡、[高]無訓）（肥前国・高来《タカク》郡、[高]無訓）、新井尓比井（＊遠江国・城飼《キカフ》郡、[高]迩比為）（＊阿波国・名[方]東郡、[高]迩比為）

の例が見える。

ニフ［新］

ところが、同じく和名類聚抄・二十巻本の地名には、

ニフカハ　新川迩布加波（越中国・郡名）

ニフタ　新田尓布太（上野国・郡名）・新田尓布多（＊武蔵国・多磨《タバ》郡、[高]迩布多）（＊安房国・朝夷《アサヒナ》郡、[高]迩布多）（＊但馬国・城埼《キノサキ》郡、[高]迩布多）（＊備前国・和氣郡）・新田迩布多（☆陸奥国・黒《クロ》川《カハ》郡、[急]無訓）

のように、新《ニフ》〜の例も少なからず見える。新田は、ニヒタ・ニフタいずれの例もある。このニフ—ニヒは、被覆形—露出形（「はしがき」参照）の関係にあると言えるであろうか。

被覆形と露出形

地名を複合名詞と見た場合に、その前項に名詞の被覆形が来ることは当然あるが、名詞の露出形が来ることもある。

タケフ「高生多介布」（武蔵国・横見《(ヨコミ)》郡、高無訓）、タケダ「竹田太介多」（遠江国・敷智《フチ》郡、高無訓）、タテヌヒ「楯縫多天奴比」（出雲国・郡名）

キダ「木田木多」（＊武蔵国・荏原《エバラ》郡、高支太）、キヅ「木津岐豆」（☆若狭国・大飯《オホイタ》郡、急無訓）・「木津岐都」（☆丹後国・竹野《タカノ》郡、急無訓）、ツキハ「月波都木波」（＊常陸国・新治《ニヒバリ》郡、高丹[月]波豆支波）、ウチダ「内田宇知多」（＊伊勢国・安濃《アノ》郡）、ウチベ「内部宇知倍」（＊安藝国・高宮《タカミヤ》郡、高宇知閇）、クビキ「頸城久比岐」（越後国・郡名）、クリクマ「栗隈久里久末」（山城国・久世《クセ》郡、高栗前久利久万）・「栗隈久利久万」（＊讃岐国・鵜足《ウタリ》郡、高久利久末）、クリハラ「栗原久利波良」（陸奥国・郡名）（＊甲斐国・巨麻郡）・「栗原久里波良」（越後国・頸城《クビキ》郡、高無訓）・「栗原久利八良」（長門国・豊浦《トヨラ》郡、高久利波良）

右の他に、イシ〜［石〜］の例が、

石加《イシカ》、石蟹《イシカ》、石川《イシカハ》（2例）、石田《イシダ》（6例）、石津《イシツ》（3例）、石作《イシツクリ》（3例）、石成《イシナリ》(4)、石井《イシヰ》（2例）

のようにある。被覆形—露出形の末音節がア列—エ列乙類のものの少ないこと、石《イシ》〜の例の多いことが、やや注意される。

なお、動詞がその前項に来る場合、終止形のものと連用形のものとがほとんどであるが(5)、前者は母音形態の上で被覆形と、後者は同じく露出形ととらえられて、やはり被覆形・露出形のいずれもが前項に来ることになる。

かくして、この点ではニフを被覆形、ニヒを露出形と見ることに支障はないことになる。

上代特殊仮名遣の問題

問題は、ニヒのヒが、先のニヒバリ［新治］・ニヒサキモリ［新島守］・ニヒムロ［新室］の例のように、上代特殊仮名遣の甲類であることである。ニフの末尾はフ、すなわちウ列であるが、被覆形の末尾がウ列のものに対する露出形の末尾は、被覆形ツク［月］「ほととぎす こよ鳴《な》き渡《わた》れ 灯火《ともしび》を 月《つく》夜《よ》になそへ〈都久欲尓奈蘇倍〉その影《かげ》も見む」（萬葉集四〇五四《四〇七八》）に対する、ツキ［月］「…あらたまの 年《とし》が来経《きふ》れば あらたまの 月《つき》は来経《きへ》ゆく〈都紀波岐閇由久〉…」（古事記・景行・二八）のように、イ列乙類であるのが通常であるので、末尾がヒの甲類であるニヒは露出形と認められるかどうか難しいところがある。

川端善明氏の研究

しかしながら、川端善明氏『活用の研究』Ⅱ(6)が、名詞の「露出形母音構造」において「〔o＝ï〕」・「〔ö＝ï〕」・「〔i＝ï〕」が「事実としては」「存しない」（傍点、川端氏）と、つまり、二音節の名詞露出形において、オ列甲類＋イ列乙類、オ列乙類＋イ列乙類、イ列甲類＋イ列乙類のものがないと述べられ、そして、「ヨモ↓ヨミ（黄泉）、オク↓オキ（奥・沖）、イス・イソ↓イシ（石）のように、音節結合性格上、イ乙に現象することが反撥せられてイ甲にあらわれると解釈される」と述べられている。つまり、二音節の名詞露出形の第一音節がオ列甲類・オ列乙類・イ列甲類の場合は、第二音節がイ列乙類ではなくイ列甲類になる、ということであって、ニフ［新］―ニヒ［新］も、ニヒのニを甲類相当と見てこれに従うものかと思われる。(7)

ニハ・ニフ―ニヘ・ニヒ

ニハ［新］

さて、新しい穀物を神に捧げる祭を表す

ニヒナヘ［新嘗］……新嘗屋《にひなへや》に〈尒比那閇夜尒〉生《お》ひ立《だ》てる 百足《もだ》る 槻《つき》が枝《え》は……（古事記・雄略・一〇〇《一〇一》）

に対して、同様の意を表す

ニフナミ　誰《たれ》そこの 屋《や》の戸《と》おそぶる にふなみに〈尓布奈未尓〉我《わ》が背《せ》を遣《や》りて 斎《いは》ふこの戸を（萬葉集三四六〇《三四七九》・東歌）

ニハナヒ　丁卯《ひのとうのひ》に、天皇《すめらみこと》新嘗《にはなひ》を御《きこ》す〈丁卯、天皇御《キコす》（二）新‐嘗《ニハナヒ（ヲ）》（一）〉（日本書紀・皇極天皇元年十一月・岩崎本平安中期点）

のような例もあって、先に見たニフ［新］―ニヒ［新］の他に、ニハ［新］の形もあったと見られる。

ニヘ［贄］

ニヘ［贄］　苞苴擔、此をば珥《ニ》倍《ヘ》毛《モ》莵《ツ》と云《い》ふ〈苞苴擔　此云㆓珥倍毛莵㆒〉（日本書紀・神武即位前）

神に捧げる食料を表すニヘ［贄］について、『時代別国語大辞典上代編』には、「新嘗祭の意のニハナヒ・ニヒナヘなどのニハ・ニヒと関係ある語か。これらニハ・ニヒ・ニヘは新稲を意味するのではないかといわれている。」（ニヘの項）、「ニハ・ニヒは、大嘗《オホニヘ》・贄《ニヘ》のニヘとともに新稲をあらわす語であったかとも思われ、」（ニヒナヘの項）とあり、『岩波古語辞典』には、「古形ニハの転。ニヒ（新穀）と同根」（ニヘの項）とあって、このようにとらえるならば、ニヘ［贄］も合わせて考えられる。

ニハ―ニヘは、被覆形―露出形の末音節がア列―エ列乙類のものとして、ニフ―ニヒは、それがウ列―イ列乙類のものではないが、この点は川端氏に従ってウ列―イ列甲類のものとして、また、被覆形ニハと被覆形ニフとは等価的交替ととらえられ、ニハ・ニフ―ニヘ・ニヒを被覆形―露出形の対応と考えることができる。

図示すると、次のようである。

ニハ［新］―ニヘ［贄］
ニフ［新］―ニヒ［新］

なお、ニヒナヘのナヘは助詞ノ＋アヘ［饗］の約《つづ》まったものと見ることが多いが、「ナヒ・ナヘは動詞語尾ナフの名詞形として考えることができよう。」（『時代別国語大辞典上代編』ニヒナへの項）・「ナヒは接尾語」（『岩波古語辞典』ニハナヒの項）のようにも考えられ、ナヘ・ナヒ・ナミをどうとらえるかはっきりしないところがある。例えば、『岩波古語辞典』（ニヒナへの項）は、「ニヒ（新穀）ノ（助詞）アヘ（饗）の約。」としていて、一貫していないように見える。

それにしても、新《ニヒ》が新稲を表すものであるとすると、正に新潟は米所《こめどころ》である訳である。

ウヒ［初］・ハツ［初］

ウヒ［初］

ウヒ［初］我はけさ うひにぞ見つる 花の色を あだなるものと いふべかりけり（古今四三六）

むかし、をとこ、うひかうぶりして平城《なら》の京、春日《かすが》の里《さと》にしるよしして、狩《かり》に往《い》にけり（伊勢物語）

『岩波古語辞典』（ウヒ［初］の項）は、「事にあたって、初心で、不慣れで、ぎごちない意。」として、合わせて、

▽類義語ニヒ（新）は、まだ誰も手をつけていない、未経験の、…したばかりの意。（略）ハツ（初）は、起源的にはハツハツ（端端）などのハツと同じく、ちらっとその端だけを示す意が根本。多く、その季節の最初にちらっと現れた自然の現象にいうのが古い用法。（略）

としている。これは、ウヒ［初］とニヒ［新］とハツ［初］との比較から見た記述である。

ウヒ［初］は、『角川古語大辞典』に、「（略）生れて初めての意を表す。新鮮で汚れなく珍しく好もしい意を伴って用いることが多いが、時に未熟の意を伴うことがある。」とあるように、「生れて初めて」の意が本来であろう。

ニヒ［新］の本来の意は、これまでに見てきたように新稲を表すと見られる。新稲はその年にまだ誰も食べていないものであり、そのことから「まだ誰も手をつけていない」意になると見られる。

ハツ［初］

ハツ［初］　初雪《はつゆき》は〈波都由伎波〉千重《ちへ》に降《ふ》りしけ　恋《こ》ひしくの　多《おほ》かる我《われ》は　見《み》つゝしのはむ（萬葉集四四七五）

ハツハツニ　四四九九　はつはつに〈波都波都尒〉人を相見て　いかにあらむ　いづれの日にか　また外《（よそ）》に見む（萬葉集七〇一）

ハツカ　常世《とこよ》へに　雲立《くもた》ちわたる　たゆまくも　はつかまどひし〈波都賀末等［比志］〉我《われ》そ悲《かな》しき（丹後国風土記逸文［釈日本紀］）

ハツハツニは、『時代別国語大辞典上代編』に、「ほんのわずか。ちょっと。ハツはハツカのハツと同じ語。」（ハツハツの項）とあり、ハツカは、同じく、「僅かに。ハツはハツハツ（二）のハツに同じ。」（ハツカニの項）とある。そして、『岩波古語辞典』が述べるように、ハツ［初］は、ハツハツニ・ハツカのハツとともにとらえられ、「ちらっとその端だけを示す」意と見られる。これらのハツは、ハタ［端］「大宮《おほみや》の　遠《をと》つ端手《はたで》〈袁登都波多傳〉隅傾《すみかたぶ》けり」（古事記・清寧・一〇五）と母音交替の関係にあると見られる。
類聚名義抄のアクセントを見ると、
初穂ハツホ（上上平）（観法下一一［7オ］）
縁ハタ（上上）（観法中一三四［68ウ］）
のように、いずれも高く始まる高起式であるので、このように見てよいと考えられる。

ニヒシ［新］

なお、ニヒ［新］が接尾辞シを伴った形容詞ニヒシ［新］「更新《またにひ》しき館《むろつみ》を難波《なには》の高麗《こまの》館《むろつみ》の上《ほとり》に造《つく》る。〈更造(二)新館《ニヒシキムロツミを》於難波《の》高麗《の》館之上《ホ(トリ)》。(一)〉」（日本書紀・推古天皇十六年四月・岩崎本平安中期点）は、専ら日本書紀の古訓に用いられる点で、特色のある語である。

注

（1）［1966・5 角川書店］第一篇第一章第一節
（2）同氏『日本語の語源』［1978・9 講談社新書518］第一部1では、「地形を意味」するとされる。
（3）郡名「出雲」には訓注がないが、国名「出雲」には「以豆毛」と訓注がある。
（4）高山寺本では「石生」とある。
（5）第二章二の注（2）参照。
（6）［1972・2 大修館書店、1997・4増補再版 清文堂出版］第二部第一章第三節(一)

（7）　蜂矢「上代特殊仮名遣に関わる語彙」（「萬葉」198［2007·6］）第二節参照。

他に、市名を二つとり挙げることにしたい。その第一は、三重県のツ［津］であり、第二は、福井県のツルガ［敦賀］である。

三　津・敦賀――市名から

㈠　津

ここにとり挙げる津《つ》は、三重県の県庁所在地であるが、これは、現在の地名であり、古くは安濃津《あのつ》である。和名類聚抄・大東急記念文庫本には「安濃安乃」（伊勢国・郡名）とある。

いや、ここで述べたいことは、一音節の地名についてであり、一音節の地名は古代から見えるので、古代とは異なる現在の地名が題になっているが、現在の地名について中心的に述べることを意図しているのではないことをお断りしておく。

なお、ツ［津］は、第二章二に見たように、「船の泊る所。船着き場。」（『時代別国語大辞典上代編』）の意であり、その点に問題はない。

一音節の地名

金田一春彦氏の記述

伊勢・志摩・伊賀、および、紀伊の一部からなる三重県の県庁所在地は「津」であるが、「津」と言うと、金田一春彦氏『日本語』（岩波新書）[1]にある話が思い出される。

三重県の津市へ行く用事があって、東京駅の切符売場で「ツ一枚、ツ一枚」と言ってみたがさっぱり通じなかった。「参宮線の津一枚」と言ってはじめて切符がもらえた。参宮線で、ツという一拍の駅名が通用しているのは、関西方面では、こういう一拍の単語をツーと二拍の言葉のように長く言う習慣があるからである。関東のような一拍の単語を短く言う地方には、こんな一拍の駅名は発生しまい。

右に「参宮線の津」とあるのはこの新書の初版が発行された一九五七年の頃の話で、一九五九年に紀勢東線と紀勢西線とがつながって紀勢本線になる時に、参宮線の亀山―相可口（現、多気）間は紀勢本線に繰り入れられ、参宮線は相可口（多気）―鳥羽間のみになったので、その後は「紀勢本線の津」と言うことになる。

和名類聚抄の地名の例

さて、この「津」のように一音節を伸ばして言う地名を、本居宣長『地名字音転用例』および遠藤邦基氏「古代東国語の音節構造――中央語との比較から――」[2]を参照して、和名類聚抄・二十巻本から拾うと次のようである（○印は宣長に、△印は遠藤氏によるものである）。

キー：○△紀伊無訓（国名）・△紀伊支（山城国・郡名）・紀伊無訓（＊山城国・紀伊《キ》郡）・△紀伊無訓（＊讃岐国・刈田《カッタ》郡）、○△基肄無訓（肥前国・郡名）・基肄木伊（肥前国・基肄郡、【高】無訓）

ヒー：○△斐甲[伊]無訓（＊出雲国・大原《オホハラ》郡）、△毗伊比（＊筑前国・早良《サハラ》郡）、○△肥伊無訓（＊肥後国・八代《ヤツシロ》郡）

ヰー：○△渭伊井以（＊遠江国・引佐《イナサ》郡、【高】為以）

ツー：○△都宇津（備中国・郡名）・○△都宇無訓（＊近江国・浅井《アサヰ》郡）・○△都宇無訓（＊安藝国・沼田《ヌタ》郡）、○△都有豆宇（☆越後国・頸城《クビキ》郡、【急】都宇無訓）、○津宇無訓（＊備後国・沼隈《ヌノクマ》郡）

ユー：○△由宇無訓（＊周防国・玖珂《（ク）ガ》郡）・田[由]宇無訓（長門国・駅名(3)）

エー：○欸[穎]娃江乃《ママ》（薩摩国・郡名）

テー：○△弟翳弖／國用手字（☆備中国・下道《シモツミチ》郡、【急】勢(4)）

ソー：○△噌唹曽於（大隅国・郡名）

トー：○都於無訓（＊石見国・那智[賀]郡）、○斗意無訓（＊備後国・奴可《ヌカ》郡）、○覩唹無訓（＊日向国・兒《コユ》陽[湯]郡）

ノー：△濃唹無訓（安藝国・駅名）、△野應無訓（＊紀伊国・名草《ナグサ》郡）

ホー：○△寶飯[飫]穂（略）（参河国・郡名）

ヲー：○△呼唹乎（＊和泉国・日根《ヒネ》郡、【高】呼於乎）

右に示したように、訓注のあるものには、伸ばす音を示しているもの（傍線部）も示していないものも見えるが、地名の漢字表記から見ていずれも（無訓のものも）伸ばす例である。
右の地名の地域は、遠藤氏の指摘されるように、東海道の遠江国（静岡県西部）、北陸道の越後国（新潟県の本州の部分）が最も東で、西日本に偏在していて、「津」のある伊勢国もこの範囲に入る。

二字を用いること

和名類聚抄・二十巻本の地名が、「津」ではなく「都宇」とか「津宇」とかになっているのは、「凡《およ》そ諸国部内郡里等の名は、並《とも》に二字を用《もち》ゐ、必ず嘉名を取れ〈凡 諸國部内郡里等名 並用(二)二字(一)必取(二)嘉名(一)〉」（延喜式二十二）とある(5)ように二字で示すのが原則であったからである。
一音節の地名で、伸ばす音を表記することによるのとは別の方法で二字にしているものもある。
温泉湯（伊豫国・郡名）・温泉由（＊但馬国・二方《フタカタ》郡）（＊石見国・迩摩郡）
がそれである。これらも西日本の例であるので、「由宇」とともにユーの例であろう。

一音節の普通名詞

一音節を伸ばす普通名詞については、柳田征司氏『室町時代語を通して見た日本語音韻史』(6)に多くが挙げられる。
カー［蚊］　蚊蚋蝱(虻)蠅（略）上二字、加安《カー》〈上二字 加安〉（略）（新訳華厳経音義私記《しんやくけごんきょうおんぎしき》）
ヌー［沼］　池沼（略）［下］順に云《い》はく（略）奴《ヌ》（去）〈川[順]云（略）奴（去）〉（略）公に云はく（略）ヌウ（平上）〈公云（略）ヌウ（平上）〉（類聚名義抄・図三二一）

ヤー〔輻〕(7) 輻（略）ヤ（平、東か）(8) ヤア（上平）（略）クルマノヤ（略）（類聚名義抄・観僧中九〇［46ウ］）

そして、ヌー〔沼〕など去声〔上がるアクセント〕の語と、ヤー〔輻〕など平声軽〔下がるアクセント〕の語の多いことが指摘されている（カー〔蚊〕は、上声〔高いアクセント〕の例である）。

地名のアクセントは不明のことが多いが、先に挙げたもののうち、キー・ヰー・ツー・ノーおよびユーは、それぞれ「木」「井」「津」「野」および「湯」かと思われ、いずれも低いアクセントである平声かと見られて、地名の場合は必ずしも去声・平声軽が多いとは言えないようである。

普通名詞は、去声・平声軽の場合には上がるアクセント・下がるアクセントであるので伸ばす音を表記する傾向が強いが、上声・平声の場合には必ずしもそれを表記しないと考えられ、これに対して、地名は、二字で表記するという原則によって、去声・平声軽に限らず伸ばす音を表記したことから、このような差違になったかと考えられる。

(二) 敦賀

今一つの市名として、福井県の敦賀をとり挙げる。県庁所在地ほど有名な地名ではないかも知れないが、古代においては重要な土地であった。旧越前国にある。

nをルに用いる

敦賀は、ツルガと読む。「敦《トン》」字をツルと読む訳であるが、nをルに用いる例である。

本居宣長の研究

このような地名については、本居宣長『地名字音転用例』に詳しく、「ンノ韻ヲラノ行《クダリ》ノ音ニ轉ジ用ヒタル例」として、

○するが　駿河國　須流加《スルガ》　駿ハシユンノ音ナルヲ、シユヲ直音ニシテ、スニ用ヒ、ンノ韻ヲ轉ジテ、スルニ用ヒタリ、○くるま　群馬上野／郡　久留末《クルマ》　○つるが　敦賀越前／郡　都留我《ツルガ》　敦《トン》ヲ、トヲツニ轉ジ、ンヲルニ轉ジテ、ツルニ用ヒタリ、但此《シ》ノ名モトハツヌガニテ、古書ニ角鹿《ツヌガ》トアリ、○くるへ　訓覇勢／郷　久留倍《クルヘ》　○訓覓藝／郡　久留倍木《クルベキ》／以上ンノ韻ヲルニ用ヒタル

とあり、nをルに用いるものとして、敦賀《ツルガ》が、駿河《スルガ》、群馬《クルマ》、訓覇《クルヘ》、訓覓《クルベキ》とともに挙げられている。

それぞれ、右に引かれている和名類聚抄・二十巻本の地名では、次のようである。

スルガ「駿河須流加」（国名）、クルマ「群馬久留末」（上野国・郡名）、ツルガ「敦賀都留我」（越前国・郡名）、クルベ「訓覇久留倍」（＊伊勢国・朝明《アサケ》郡、高久流倍）、クルベキ「訓覓久留倍木」（＊安藝国・高宮《タカミヤ》郡、高久流閇岐）

角鹿《ツヌガ》

『地名字音転用例』に「古書ニ角鹿《ツヌガ》トアリ」とあるように、古くは、

……百伝《もゝづた》ふ 角鹿《つぬが》の蟹《かに》〈都奴賀能迦迩〉 横去《よこさ》らふ 何処《いづく》に至《いた》る……（古事記・応神・四二）

のようにツヌガであり、

高志《コシ》 前《のみちのくち》の角鹿《つぬが》に〈於㆓高志前之角鹿㆒〉仮宮《かりみや》を造りて坐《いま》せき（古事記・仲哀）

越《こし》の海の 角鹿《つぬが》の浜ゆ〈角鹿(ノ)濱従〉大舟に ま梶貫《ぬ》き下ろし……（萬葉集三六六）三六九

などのように「角鹿」と表記される。

地名「角鹿」の起源説話

一《ある》に云《い》はく、御間城《みまき》天皇《のすめらみこと》の世《みよ》に、額《ぬか》に角有《つのお》ひたる人《ひと》〈額有㆑角人〉、一《ひとつ》の舩《ふね》に乗《の》りて、越国《こしのくに》の笥《け》飯浦《ひのうら》に泊《とま》れり。故《かれ》、其処《そこ》を号《なづ》けて角鹿《つぬが》と曰《い》ふ〈故号㆓其處㆒曰㆓角鹿㆒也〉。問《と》ひて曰《い》はく、「何《いづれ》の国の人ぞ」といふ。対《こた》へて曰《まう》さく、「意富加羅《オホカラ》国《のくに》の王《こきし》の子《こ》、名《な》は都怒我阿羅斯等《ツヌガアラシト》〈名都怒我阿羅斯等〉。（略）」とまうす。（日本書紀・垂仁天皇二年）

の例は、地名「角鹿」の起源説話であり、「額《ぬか》に角有《お》ひたる人《ひと》」の船が停泊したので「角鹿」と言うとし、かつ、その人の名がツヌガアラシトであると述べる。

この起源説話によるならば、角を持った人の舟が停泊した場所をツヌガと言うとするのであるから、角鹿《ツヌガ》の後項カは、アリカ「凧のうへに ありかさだめぬ ちりの身は ゆくへもしらず なりぬべらな

り」（古今集九八九）・スミカ「里ごとに 鳴きこそ渡れ 郭公《ほととぎす》 すみか定めぬ 君たづぬとて」（後撰集五四八《五四九》）などのような場所を表すカかと見られる。さらに、角のある動物を表し、かつ、カと訓《よ》むところの「鹿」字がその表記に選ばれたかとも考えられる。

ツルガ

ツルガの例は、先に見た和名類聚抄の地名の例の他に、

越前の都魯鹿《ツルガ》の津〈越前之都魯鹿津〉（日本霊異記《にほんりょういき》・中二十四）

のようであり、「敦賀」の表記は、

敦賀郡（正倉院文書・越前国正税帳・天平三[731]年二月二十六日）

が最も古いかと見られる。

ツヌガ—ツルガは、ナ行—ラ行の子音交替[9]ととらえられる。

ツノ［角］

ツノガ

また、ツノガとある例もある。右に挙げた日本書紀・垂仁天皇二年条の例は、北野本（この巻は室町時代書写）に、「曰(二)角鹿(一)也」および「都怒我阿羅斯等」の箇所が、

曰二角鹿《都怒餓》《ツノガ》一也。

都怒我阿羅斯等《ツノガアラシ》

とあって、「都怒餓」「ツノガ」と訓がある。

日本書紀において、萬葉仮名「怒」は、いずれも歌謡の例であるが、ヌの例とノ甲類の例とがあり、ヌの例では、助動詞ズ〔打消〕の連体形ヌ、助動詞ヌ〔完了〕として、ノ甲類の例では、名詞「野《ノ》」「～野《ノ》」として用いられていて（大野晋氏『上代仮名遣の研究』[10]による）、ヌを表すともノ甲類を表すとも見られる。北野本の萬葉仮名訓「都怒餓」は日本書紀私記によるものであろうが、現存の日本書紀私記には見えない。その「怒」もヌともノとも見られる。従って、確実にツノガと訓《よ》むのは、北野本の片仮名訓のみということになる。

古くはツヌガであったものが下ってツノガと訓まれるのは、「角」をツノと訓むところからのものかと見られる。

ツノ［角］・ツヌ［角］

ツノ［角］については、第二章一に述べたが、再度、例を挙げると、

蟋蟀《きりぎりす》の 妬《ねた》さ慨《うれた》さや 御園生《みそのふ》に参《まゐ》りて 木《き》の根《ね》を掘《ほ》り食《は》むで おさまさ 角折《つのを》れぬ〈津乃遠礼奴〉おさまさ 角折《つのを》れぬ〈津乃遠礼奴〉（神楽歌五五・小前張蟋蟀）

角（略）野王案、角（略）豆乃《ツノ》〈角（一）（略）豆乃〉は獣の頭の上に出る骨なりといふ（和名類聚抄・二十巻本十八）

のようで、その確例は平安時代に下っている。

仮に上代にツノ［角］があるとすると、有坂・池上法則（「はしがき」参照）の第二則により、ウ

列のツと共存するノはオ列甲類と推定され、また、第二章二に見たように、ウ列とオ列甲類との母音交替はありやすいので、ツノ［角］に対してツヌ［角］の形もあったかと推定される。先に見た地名「角鹿《ツヌガ》」の起源説話から見ても、ツヌガが「角鹿」と表記されることから見ても、ツヌ［角］の形があったかと見られる。

注

（1）旧版［1957・1　青版265］。この話は、新版（上）［1988・1　新赤版2］にない。
（2）「叙説」（奈良女子大学）2［1968・4］
（3）工藤力男氏「古代地名の西東」（『日本語学の方法　工藤力男著述選』［2005・11　汲古書院］、もと「日本歴史地名大系歴史地名通信」50［2005・1］）によって補う。
（4）訓は、セよりテの方が正しいと見られる。
（5）「畿内七道の諸国の郡郷名は、好字を著けよ〈畿内七道諸国　郡郷名　著(二)好字(一)〉」（続日本紀・和銅六［713］年五月二日）とあり、また、「拝志郷《はやしのさと》（略）天《あめ》の下造《したつく》らしし大神《おほかみ》の命《みこと》、（略）此処《ここ》の樹林《はやし》茂盛《さかり》なり。その時《ときの》詔りたまひしく、「吾《あ》が御心《みこころ》の波夜志《ハヤシ》」と詔《の》りたまひき。故《かれ》、林《はやし》神亀三年、字を拝志と改む。と云《い》ふ。〈尓時詔　吾御心之波夜志　詔　故云(レ)林神亀三年　改字拝志〉」（出雲国風土記・意宇郡）などのように、神亀三［726］年に二字に改めた例があるので、和銅六年以降からこのような原則であったと見られる。
（6）［1993・6　武蔵野書院］第一章第三節
（7）車輪の中央部と周りの輪とをつなぐ放射状の棒の意。

（8）望月郁子氏『類聚名義抄の文献学的研究』〔1992・2 笠間書院〕本論第二部第二章（もと『類聚名義抄四種声点付和訓集成』〔1974・3 同〕）参照。

（9）ナ行―ラ行の子音交替には、少しもの意のホノサモ「人ホノサモ无キニ」（今昔物語集十七-三十三）―ホロサモ「人ホロサモ无キ寺ニ成ヌ」（今昔物語集十九-二十三）などがある。

（10）〔1953・6 岩波書店〕後篇二・三

四　城崎・和倉——温泉名から

次に、温泉地の地名（温泉名と言ってもよい）を二つとり挙げることにしたい。兵庫県のキノサキ［城崎］と石川県のワクラ［和倉］とである。

㈠　城崎

城崎《きのさき》のキが、漢字表記が「城」であるそのままにキ［城］「加羅国《からくに》の城《き》の上《へ》に立《た》ちて〈基能陪尓陁致底〉大葉子《おほばこ》は　領巾《ひれ》振《ふ》らすも　日本《やまと》へ向《む》きて」（日本書紀・欽明・一〇〇）の意であるかどうか確かではないが、キ［城］は、「柵をめぐらして区切った一廓。外敵の侵入を防ぐためのとりで。」（『時代別国語大辞典上代編』）、「まわりに垣を構えめぐらして、内と外とを区切った所。敵を防ぐためのもの。また、墓所。奥つ城（き）。」（『岩波古語辞典』）とされる。

城崎《きのさき》のサキは、サキ［崎］であろう。「山・岡・島などの突き出した端の所。」（『時代別国語大辞典上代編』）とされ、同じくサキ［前・先］の項の【考】に、「岬の意のサキもこれに基づく。」とある。サキ［崎］とミサキ［岬］との関係については、第三章一㈠に見た。『岩波古語辞典』は、サキ［崎］

とサキ［前・先］とをまとめて、「《しり（後・尻）の対。前方へ突き出ている部分、先端。転じて、前途・将来の意。（略）》」（サキ［先・崎］の項）としている。なお、シリ［尻・後］の対義語は、サキ［先］の他に、クチ［口］であったりマヘ［前］であったりもする。

このように見ると、城崎《きのさき》はそれほど問題のある地名とは思われないかと見られるが、キ［城］とサキ［崎］とをつなぐ連体の助詞ノに注意して見たい。

「城崎」と「城の崎」

志賀直哉「城の崎にて」

城崎と言えば、志賀直哉の「城の崎にて」がまず思い出される。と、記してみれば直ちに知られることであるが、表記が「城崎」と「城の崎」とで異なっている（九画の「城」と十画の「城」〔十画の「城」は「戊」の中が「丁」の形〕との字体の差は、今は問わない）。この小説の題では「城の崎」が用いられているが、通常は、例えば郡名や町名としては「城崎」が用いられ、しかも、この小説の中にただ一箇所見える例も「城崎温泉」となっていて、題と本文とが一貫していない。

「城崎」のようにノを「之」などと表記しないでノと読ませるものは、ノの読添えと呼ばれる（現代の地名でも、兵庫県の西宮市《にしのみやし》など、読添えの例はかなりある）。また、地名は「凡《およ》そ諸国部内郡里等の名は、並《とも》に二字を用ゐ、必ず嘉名を取れ〈凡 諸國部内郡里等名並用㆓二字㆒必取㆓嘉名㆒〉」（延喜式二十二）[1]とあるように、二字で示されるのが原則であった。志賀直哉が何故に題にのみノを

「の」と表記したかはよくわからないが、ノなどを表記すれば三字になるので、読添えにされるのが普通であると見られる。

ノなどの読添え

試みに、和名類聚抄・二十巻本に見られる地名から読添えの例を挙げてみると、ヲグルス「小栗乎久留須」（＊山城国・宇治郡、高乎久流須）のように三字を二字にするために省略された文字（「小栗栖」の「栖」）に当たる訓（ヲグルスのス）が読添えのように見えるものを別にして、連体の助詞ノ・ツ・ナ・ガおよび助数詞ツの読添えの例が見える。城崎も、「城埼支乃佐木」（但馬国・郡名）、「城埼木乃左木」（＊但馬国・城埼《キノサキ》郡）のようにノが読添えになっている。なお、読添えのないキサキ「城埼木佐支」（肥前国・佐嘉郡、高無訓）の例もある。

ノの読添えは多く、コシノミチノクチ「越前古之乃三知乃久知」・コシノミチノナカ「越中古之乃三知乃奈加」・コシノミチノシリ「越後古之乃三知乃之利」、キビノミチノクチ「備前支比乃三知乃久知」・キビノミチノナカ「備中吉備乃美知乃奈加」・キビノミチノシリ「備後吉備乃美知乃之利」（いずれも国名）など、およびミチノオク「陸奥三知乃於久」（国名）の〜前《ノミチノクチ》5例・〜中《ノミチノナカ》2例・〜後《ノミチノシリ》6例・〜奥《ノオク》1例、計14例、および、ソフノカミ「添上曽不乃加美」・ソフノシモ「添下曽不乃之毛」（大和国・郡名）など、多くは郡名に見える〜上《ノカミ》11例・〜下《ノシモ》6例、計17例が目につく。

助詞ツの読添えの例は、カミツフサ「上総加美豆不佐」・シモツフサ「下総之毛豆不佐」、カミツケノ

「上野加三豆介[乃]」・シモツケノ「下野之毛豆介乃」（いずれも国名）などの上《カミツ》[2]〜15例・下《シモツ》〜6例、ナカツヤマ「中山奈加豆也末」（☆越前国・今立《イマタチ》郡、急無訓）、ナカツヰ「中井奈加都井」（＊備中国・英賀《アカ》郡、高奈加豆為）などの中《ナカツ》〜3例、チカツアフミ「近江知加津阿不三」・トホタアフミ[3]「遠江止保太阿不三」（国名）の近《チカツ》〜1例・遠《トホツ》〜1例、ムカツクニ「向國武加津久尓」（＊長門国・大津《オホツ》郡、高无加豆久迩）の向《ムカツ》〜1例、計27例に限られている。

助詞ナの読添えの例は少なく、ウナカミ「海上宇奈加美」（上総国・郡名、下総国・郡名）の2例、エナツ「榎津江奈都」（☆摂津国・住吉《スミヨシ》郡、急以奈豆）・「榎津衣奈都」（＊武蔵国・男衾《ヲブスマ》郡、高江奈豆）の2例、計4例のみである。

助詞ガの読添えの例はさらに少なく、アガツマ「吾妻阿加豆末」（上野国・郡名）の1例のみである。因みに、代名詞＋助詞＋〜のものは、他にソノキ「彼杵曽乃支」（肥前国・郡名）・「彼杵曽乃木」（肥前国・彼杵《ソノキ》郡、高曽乃岐（杵島《キシマ》郡））の2例がある。

助数詞ツの読添えの例としては、ミツキ「三城美都木」（筑前国・下座《シモツアサクラ》郡、高美奈岐）の1例、ヤツシロ「八代夜豆之呂」（甲斐国・郡名）・「八代夜豆志呂」（肥後国・郡名）などの3例、計4例がある。

ノの読添えの例の、右の他のものは、ヰノイヘ「井家井乃以倍」（加賀国・石川《イシカハ》郡、高為乃以倍（加賀郡））・ヌノクマ「沼隈奴乃久万」（備後国・郡名）など前項が一音節のもの33例、カハノヘ「河邊加波乃倍」（摂津国・郡名）・ウツノヤ「内屋宇都乃也」（＊駿河国・有度《ウド》郡、高宇都乃夜）など後項が一音節[4]のもの37例、そのうち、ソノキ「彼杵」（前掲）・ツノヰ「津井都乃井」（＊因幡国・法美《ハフミ》郡、高豆乃井）

など前項も後項も一音節のもの8例、があり、その他のものは、インノシマ「☆因嶋印乃之末」（備後国・御調《ミツキ》郡、[急]周〔因〕嶋与〔印〕乃之万）・タマノオヤ「玉祖多末乃於也」（＊河内国・高安《タカヤス》郡、[高]多万乃於乎《ママ》）など14例である。そして、城崎は、前項が一音節の例である。

他方、右のノの例のうち後項に頻出するものは、ヤマノヘ「山邊夜万乃倍」（大和国・郡名）などの〜邊《ノヘ》15例、ヰノヘ（ヰノウへの約《つづ》まったもの）「井上井乃倍」（甲斐国・山梨《ヤマナシ》郡、[高]為乃へ）などの〜上《ノヘ》6例、シホノヤ「塩屋之保乃夜」（下野国・郡名）などの〜屋《ノヤ》6例、サカノヰ「坂井佐加乃井」（越前国・郡名）などの〜井《ノヰ》4例、ウタノシマ「歌嶋宇多乃之万」（＊備後国・御調《ミツキ》郡、[高]宇多乃之末）などの〜島《ノシマ》3例、カタノハラ「形原加多乃波良」（参河国・寶《ホ》飯〔飫〕郡）などの〜原《ノハラ》3例と、地形・位置・建造物など何らかの意味で場所を表す名詞が多い。そして、城崎は、後項が地形を表す名詞の例である。

和名類聚抄の地名の読添えはおおよそ以上のようであり、ノの読添えで、前項が一音節であり、後項「崎《サキ》」が地形を表す名詞であるところの城崎もその傾向の中にあると言えよう。「城の崎にて」の「の」から右のようなことが考えられた。

なお、二〇〇五年四月一日、城崎郡城崎町は、豊岡市・城崎郡竹野町・同日高町・出石郡出石町・同但東町と合併して豊岡市になった。同日、城崎郡香住町と美方郡村岡町・美方町とが合併して美方郡香美町になり、城崎郡はなくなった。

㈡ 和倉

温泉地の地名の第二は、和倉《わくら》である。今の、のと鉄道と西日本旅客鉄道（JR西日本、「鉄」の字体に注意）七尾線とをつなぐ駅名が「和倉温泉」であるように、和倉は温泉で知られるところである。

ワ＋クラか

和倉《わくら》を分析すると、漢字表記に従って、ワ＋クラのようになるであろうか。その場合に、和《わ》は音で、倉《くら》は訓であるという、音訓混用の中の重箱読《じゅうばこよ》みであることが、気になる。恐らく、ワは和の意ではないであろう。

和語ワには、人称代名詞ワ［我］や感動詞ワもあるが、それらではないと思われる。残るのは、ワ［輪］で、その可能性はあるが、ワ［輪］とともにとらえられるものに、湾曲した土地を意味するワ［曲］があって、地名にはこれが適当かもしれない。

ワ［曲］の例は、和名類聚抄・二十巻本の地名に、カハワ「河曲加波和」（伊勢国・郡名）（＊安房国・安房郡）があり、ミノワ「箕曲美乃和」（＊伊勢国・度會《ワタラヒ》郡、高箕田［曲］美乃和）もそうであろう（ミはミ［水］か）。ワダ［曲］「楽浪《ささなみ》の 志賀《（し）が》の 一に云《い》ふ「比良の」大わだ〈志我能 一云比良乃大和太〉…」（萬葉集三一）も、入り曲がった土地の意であり、ワ［曲］の例に加えられよう。ワダ［曲］のタは、ハタ［端］（第三章二(二)参照）・ヘタ［辺］などのタであろうか。

他方、クラ［倉］「倉下、此をば衢羅餌《クラジ》と云《い》ふ〈倉下 此云(二)衢羅餌(一)〉」（日本書紀・神武即位前）は、『時代別国語大辞典上代編』（クラ［座］の項の【考】）に、「高い柱の上に板を水平に置き、神を招き迎え、祭るのに用いるものをクラと呼んだが、本来は、倉庫のクラも地名の岩倉のクラも鞍も高い所に設けられた場所の意である。」とあるように、クラ［座］「天磐座、此をば阿麻能以簸矩羅《アマノイハクラ》と云《い》ふ〈天磐座 此云(二)阿麻能以簸矩羅(一)〉」（日本書紀・神代下・第九段本書）なども含めて、高いところを言うかと見られる。

とすると、和倉《わくら》は、湾曲した高い土地の意であることになりそうであるが、ワ［曲］の例であるカハワ［河曲］・ミノワ［水曲］・ワダ［曲］がいずれも水辺について言うものであって、高いところを表すクラ［倉・座］と共存するか、些か疑問である。

ワク＋ラか

右とは別に、和倉《わくら》を分析する際に、ワク＋ラととらえることはできないであろうか。その場合には、ラを接尾辞と見ることになろう。

ここに、三音節の名詞で～クラの形のものに、サクラ［桜］とマクラ［枕］があるのが、注意される。サクラ［桜］やマクラ［枕］に見えるラは、接尾辞であると考えられる。

サクラ［桜］「花妙《はなぐは》し　桜《さくら》の愛《め》で〈佐區羅能梅涅〉…」（日本書紀・允恭・六七）に対して、動詞サク［咲］「本毎《もとごと》に 花《はな》は咲《さ》けども 〈婆那播左該騰模〉…」（日本書紀・孝徳・一一四）がある。両者は、サク［咲］ものが、サクラ［桜］であるという関係にある。

同様に、マクラ［枕］「道《みち》の後《しり》 古波陁《（こはだ）》嬢子《をとめ》を… 相枕《あひまくら》まく〈阿比麻久良麻久〉」（古事記・応神・四五）に対して、動詞マク［枕］がある。マク［枕］は、マク［巻］とともにとらえられ、「…ま玉手《たまで》玉手《たまで》さしまき〈多麻傳佐斯麻岐〉…」（古事記・神代・三）・「…繊細《ひはぼそ》 撓《たわ》や腕《がひな》を 枕《ま》かむとは〈麻迦牟登波〉吾《あれ》はすれど…」（古事記・景行・二七）などのように、巻くように手枕をすることから枕にする意として用いられるものと見られていて、さらに、娶《めと》る意のマク［娶］「…八島国《やしまくに》 妻《つま》まきかねて〈都麻〻岐迦泥弖〉…」（古事記・神代・二）もともにとらえられる。つまり、これもマク［枕］ものがマクラ［枕］であるという関係になる。[5]

このように見てくると、地名ワクラは、ワクところではないかと考えられよう。ワクものではなくワクところであるのは、地名であるからである。ワクとは動詞ワク［湧］「湧沸（略）訓、二つ同じ 和《ワ》久《ク》〈和久〉」（新訳華厳経音義私記《しんやくけごんきょうおんぎしき》）であり、何が湧くかと言えば、それは温泉である。

かくして、地名和倉《わくら》は、ワク＋ラと分析され、温泉が湧くところの意であるととらえることができようかと思われる。ワ＋クラととらえるより、この方がよいであろう。

ワク［湧］＋ウラ［浦］

さらに、和倉《わくら》は、ワク［湧］＋ウラ［浦］「乎布《（を）ふ》の崎《さき》 漕《こ》ぎたもとほり ひねもすに 見《み》とも飽《あ》くべき浦《うら》にあらなくに〈宇良尓安良奈久尓〉」（萬葉集四〇三七《四〇六一》）が二つの母音ウの連接を忌避して約《つづ》まったものととらえることができる。

長崎県の市名の松浦は、今マツウラと訓《よ》むが、「松浦《まつら》佐用嬪面《サヨヒメ》〈松浦佐用嬪面〉」（萬葉集八七一序《八七五》）・「…松浦《まつら》佐用姫《（さよ）ひめ》〈麻通良佐用比米〉…」（萬葉集八七一《八七五》）のように、古くはマツラであった。奈良県高市[6]郡明日香村の豊浦は、今トヨウラと訓むが、「等由羅《トユラ》の宮〈等由羅宮〉」（元興寺縁起）・「豊浦《トヨラ》の宮」（日本書紀・推古天皇即位前・岩崎本平安中期点）のように、古くはトユラないしトヨラであった。和名類聚抄・大東急記念文庫本の地名には、トヨラ「豊浦止与良　国府」（長門国・郡名）もある。[7]

このように、和倉《わくら》をワク〔湧〕＋ウラ〔浦〕の約《つづ》まったものととらえるならば、和倉《わくら》は海中に温泉が湧くところということになる。

そして、日本歴史地名大系17『石川県の地名』によると、天文十三[1544]年の『独楽亭記』に「涌浦」の表記が見え、加賀藩が延宝二[1674]年に公式に「和倉」とした後も、両者の表記が混用された由である。実際に、海中に湧く温泉があるので、このとらえ方が最もよいかと思われる。

ワクウラのような後行母音がウである母音の連接は、上代では基本的に忌避されるが、平安初期にウ音便が成立して以降は普通にあり得るので、ワクラを「涌浦」とするような表記はあるいは平安初期以前のものである可能性すらあろう。

とすると、「涌浦」から「和倉」に表記を改めたのはなぜかということになる。平安中期以降では、「涌浦」のままではワクラではなくワクウラと訓まれる恐れがあって、それを避けようとしたのであろうか。「~浦」の表記の松浦や明日香村の豊浦は、今、マツウラ・トヨウラと訓《よ》まれている。しかし、一説に「…飽の浦の〈飽(ノ)浦(ノ)〉…」(萬葉集一一八七《一一九一》)の地とされるところの、岡山市の児島湾南岸の飽浦《あくら》という地名もあるので[8]、表記を改めない方がよかったのではないかとも思われる。

注

(1) 第三章三㈠の注(5)参照。

(2) カムツミチ「上道加无豆美知(略)」(備前国・郡名)などの上《カムツ》~とある例を含む(高山寺本では上《カムノ》~になっている1例、同じく上《カッ》~になっている1例を含む)。

(3) トホツアフミのツが、後項頭のアに同化して、トホタアフミになっている。

(4) 約《つづ》まったものはもとの形に戻して音節数を考える。以下、同様。

(5) サク[咲]とマク[枕]とは自動詞と他動詞との差があって、サクラがサク[咲]のに対して、マクラに(して)マク[枕]という差違がある。

(6) 現在の郡名はタカイチであるが、上代ではタケチ「大和《やまと》の この高市《たけち》に〈許能多氣知尓〉小高《こだか》る 市《いち》の高処《つかさ》…」(古事記・雄略・一〇〇《一〇一》)であった。これも母音の連接を忌避して約《つづ》まった例である。

(7) 注(8)参照。

(8) 山口県下関市豊浦町はトヨウラであるが、山口県立豊浦高等学校(下関市長府宮崎町)はトヨラである。

あとがき

私は、大阪大学大学院文学研究科の国文学・東洋文学講座に所属し、国語学専門分野を担当して、主に、時代で言うと古代を、研究分野で言うと語構成、語彙史、上代語を専門としている。

国立大学の法人化の時、同じ専門分野の金水敏氏（現、コミュニケーションデザイン・センター長、広報・社学連携室委員）が、全学の教育・情報室委員になり、大阪大学と朝日カルチャー・センターとが提携するHandai-Asahi中之島塾の企画等をも担当されるようになって、私にそこで話すようにと言って来られた。彼の苦労がよくわかるので、一回か二回のつもりで引き受け、二〇〇五年の三月から、必ずしも私のつけた題ではないが、「地名の謎を解く」という題で話すことになった。ところが、評判がよいのでとかおだてられて、その年に三回話すことになり、次の年には、「古代語の謎を解く」と題を改めて続けることになった。受講者が少し減ってきた時もあるが、シリーズになっているからなどと言われて、年に三回の話を続けてきた。

「古代語の謎を解く」になってその二回目の前に、大阪大学出版会の落合祥堯氏から連絡があり、その回の後に会いたいとのことで、そして、お会いしてみると、これらの話を出版することにしたいがよろしくとのことであった。新しく大阪大学出版会の会長になられた、文学研究科出身の鷲田清一副学長（現、総長）からの意見であるという。その時、明確な返事はしなかったが、その方向で努力してみることになった。そして、その後、何度か落合氏と相談したりもし、その努力の結果がこのようなものである。近年の大学の忙しさなどもあって、必ずしも十分なものとは言えないところもないではない。とりわけ、できるだけわかりやすく述べることを心がけたが、その点は不十分なところがあろうかとも恐れる。ともあれ、こうして一冊の本の形になるに当たっては右に挙げた方々のお世話になったので、その経緯を些か記して、ここに感謝の微意を示すものである。

Handai-Asahi 中之島塾で話した際の題・年月日と、それが本書のどの部分に当たるかという対照を、記録として次に示しておく。他の場所で話したこととの関係については一切省略し、また、他に書いたものとの関係については、既に本文の注に記したことの他は省略することにしたい。第三章二・三は、そこで話したものではないが、落合氏から第三章をもう少し増やした方がよいとの意見もあり、また、他の章に比べてやや短いものが多いこともあるので、他のものを幾分か補ったものである。なお、二〇〇九年にも三回話しているが、それらは、時間的な事情もあり、ここに入れてはいない。またの機会があればと思っている。

「地名の謎を解く」

淡路／信濃	二〇〇五年三月五日	第三章一
城崎／和倉	二〇〇五年六月二五日	第三章四
鳴門と瀬戸	二〇〇五年八月六日	第二章二

「古代語の謎を解く」

縦と横　二〇〇六年三月一一日　第一章一

高低と深浅など　二〇〇六年六月二四日　第一章五

男と女　二〇〇六年八月一九日　第一章二

ト［利］　二〇〇七年三月一七日　第二章一

ヲ［小］とコ［小］　二〇〇七年六月二三日　第一章三

メ［目］など　二〇〇七年九月一五日　第二章四

多少と大小　二〇〇八年三月八日　第一章四

テ［手］など　二〇〇八年五月三一日　第二章三

ワラフ［笑］とヱム［笑］　二〇〇八年七月二六日　第一章六

ところで、二〇一〇年は平城遷都千三百年である。思い返せば、私は小学校四年生から九年余り奈良県に住み、中学生で平城遷都千二百五十年祭を見ている。大学の二・三回生頃には、平城京・藤原京を国道バイパスによる破壊から守る運動に関わった。これらが古代語に親しむ契機でなかったとは思うが、平城遷都千三百年の定年は記念すべきことかもしれない。

二〇一〇年三月の定年退職を控えて

蜂矢真郷

（著者紹介）

蜂矢　真郷（はちや　まさと）
1946年生まれ。
京都大学文学部卒業。同志社大学大学院文学研究科修士課程修了。博士（文学）〔大阪大学〕。現在、大阪大学名誉教授。
専門は、国語学（語構成、語彙史、古代語、形容詞、古代地名）。
1998年、第17回新村出賞受賞。萬葉学会元代表、訓点語学会名誉会員、国語語彙史研究会元代表幹事、国語文字史研究会代表。
主著：『国語重複語の語構成論的研究』［1998・4 塙書房］
『国語派生語の語構成論的研究』［2010・3 塙書房］
『古代語形容詞の研究』［2014・5 清文堂出版］
『古代地名の国語学的研究』［2017・3 和泉書院］

阪大リーブル 21

［オンデマンド版］古代語の謎を解く

発行日　2010年3月15日　初版第1刷　〔検印廃止〕
2018年8月3日　オンデマンド版

著　者　蜂矢真郷

発行所　大阪大学出版会
代表者　三成賢次
〒565-0871
大阪府吹田市山田丘2-7　大阪大学ウエストフロント
電話：06-6877-1614（直通）　FAX：06-6877-1617
URL　http://www.osaka-up.or.jp

組　版　亜細亜印刷株式会社
印刷・製本　株式会社 遊文舎

ISBN 978-4-87259-631-1　C1381